TUDOR CHIRILĂ

EXERCIȚII DE ECHILIBRU

Foto copertă: Alexandra Sandu

www.polirom.ro

Editura POLIROM
Iaşi, B-dul Carol I nr. 4; P.O. BOX 266, 700506
Bucureşti, Splaiul Unirii nr. 6, bl. B3A, sc. 1, et. 1,
sector 4, 040031, O.P. 53, C.P. 15-728

Descrierea CIP a Bibliotecii Naționale a României:

CHIRILĂ, TUDOR

Exerciții de echilibru / Tudor Chirilă; pref. de Cătălin Tolontan. – Iaşi: Polirom, 2012.

ISBN : 978-973-46-3183-4

I. Tolontan, Cătălin (pref.)

821.135.1-92

Printed in ROMANIA

TUDOR CHIRILĂ

EXERCIȚII DE ECHILIBRU

Prefață de Cătălin Tolontan

POLIROM
2012

PREFAȚĂ

Am un blog, dar singura legătură autentică pe care o am cu bloggerii este aceea că nu-mi plac. Nici bloggerii nu se plac între ei, dar se citesc. Fix ca mine.

Ca jurnalist, am impresia că ei au grăbit dizolvarea redacțiilor puternice și înlocuirea lor cu o cacofonie digitală. O opinie falsă, desigur. Lucrurile sunt mult mai complicate și nu libertatea bloggerilor a dus presa în vremuri pe care ni le vom aminti, vorba unui analist de la *Times*, „în cel mai bun caz drept cumplite pentru ziaristică".

Din acest punct de vedere, al disprețului generalizat, Tudor Chirilă este o excepție. Aceasta este și rațiunea textului de față.

Nu scriu prefața cărții lui pentru că l-am îndrăgit și am lucrat împreună cu tatăl său, cronicarul Ioan Chirilă. După nume nu mai e nevoie de atribute. Scriu pentru că îl respect pe Tudor Chirilă pentru liniștea, bucuria și prospețimea textelor sale de pe blog. Mai cred că toate aceste postări vin din atitudinea liberă pe care o are Tudor Chirilă în viața de zi cu zi. Nu s-a pretins niciodată un model, n-a reclamat un tratament preferențial și și-a asumat ieșirile și derapajele vieții de artist.

Tudor Chirilă e un om care se iubește pe el. Doar așa îi poți înțelege și accepta pe ceilalți. Adesea, cel mai valoros element din postările sale este atitudinea caldă la adresa celorlalți. Din Grecia în Delta Dunării și de la fețele copiilor din nisip până la elogiul amar al râsului ca „pedeapsă capitală a românilor", Tudor alege să participe la viață prin a fi normal în raport cu oamenii din jur. Tocmai pentru că se respectă pe el, privește în jur și spune, simplu, „asta îmi place", „asta nu", și o face într-un fel care nu ghilotinează realitatea, ci, dimpotrivă, o însoțește în rotația ei misterioasă.

Textele lui se aștern firesc în carte, ca o revanșă amicală a literei scrise în fața lumii digitale. Înainte de a fi blogger, înainte de a fi cântăreț, înainte de a fi actor, Tudor Chirilă a fost un copil care adormea cu paginile cărții înghesuite în colțul pernei.

Nu lectura l-a învățat, desigur, să trăiască nestingherit și egal cu el, dar poate că acele cărți ale copilăriei l-au împins să ne picure pe blogul lui alfabetul albastru de cerneală al unei vieți libere.

Cătălin Tolontan

CUVÂNT ÎNAINTE

Prin decembrie 2006, o prietenă mi-a făcut un cont pe www.blogger.com ca să am un loc unde să-mi urc fotografiile. După un timp am scris o povestire care a avut succes online. Era o ficțiune prilejuită de venirea celor de la Rolling Stones în România. A avut cam 6.000 de cititori într-o zi. Mi s-a părut fascinant. Aşa a început istoria blogului meu. Am continuat să scriu, din ce în ce mai des. A devenit curând un blog atipic, pentru că nu urmam regulile de conținut ale blogurilor de succes. Nu scriam texte scurte, nu abordam subiectele zilei, nu scriam despre personalitățile intens mediatizate, astfel încât blogul meu să apară în căutările populare.

Am amestecat textele de proză scurtă cu poezii sau pagini de jurnal, însemnări de călătorie, pastile vesele sau texte motivante. Foarte repede, toată chestia asta s-a transformat într-o provocare şi un exercițiu. Un exercițiu de jurnalism, dacă vreți. Mi-am propus să scriu zilnic, iar o bună perioadă am reuşit.

Ideea că există un public care îmi aşteaptă textele mi-a făcut bine şi m-a responsabilizat în acelaşi timp. Era o perioadă în care îmi pierdusem încrederea în mine, iar publicul tot mai numeros de pe blog mă ajuta să-mi păstrez echilibrul. Adevărul e că un artist are nevoie mereu de public. Cine îşi doreşte o sală goală?

De fapt, *tudorchirila.blogspot.com* a însemnat o altă formă de expresie. Am încercat să o iau în serios. Am încercat să scriu mai bine, în fiecare zi. Majoritatea textelor adunate în această carte au fost scrise în viteză. Nu e o scuză, e un fapt. Am scris între două repetiții, prin săli de aşteptare, în tren sau după decolarea avionului, în maşina de turneu sau în maşina mea, prin parcări, în cabina de la teatru, înainte să adorm sau trezit din somn, în timpul afectat celor iubiți – am scris oricând am simțit o nevoie apăsătoare să o fac.

Aş putea spune că este o sumă de momente. Am ales să le public în ordine cronologică tocmai pentru a puncta această călătorie de la Tudor la Tudor. Adesea o carte îți oferă posibilitatea de a citi printre rândurile vieții autorului său. Această carte nu este însă un jurnal. N-aş fi putut să țin un jurnal. Cartea de față adună încercările mele de a-mi folosi o nouă voce. O voce pe care am descoperit-o întâmplător. Simțeam sau ştiam că o am pe undeva, dar nu apelasem niciodată la ea. Şi uite că vocea asta a început să existe.

De ce o carte? Pentru că, adunate într-o carte, aceste texte oferă un tablou complet al autorului, temelor şi ideilor lui. Pe blog, luate pe sărite, textele par întâmplătoare, desprinse dintr-un context pe care nu-l poți dibui. Să le parcurgi într-un timp de lectură unitar e complicat. Cred că nici măcar cititorii loiali ai blogului n-au parcurs toate aceste texte. Paginile se răsfoiesc mai uşor.

O carte, pentru că textele mele sunt mai potrivite aici. O carte pentru o întâlnire mult aşteptată cu oameni care nu mă cunosc nici de pe blog, nici de pe scenă, nici din muzică. O carte, pentru că paginile ei proaspăt tipărite miros frumos. O carte, pentru că aminteşte. O carte pentru cei care vor să mai descopere un povestitor. Sau pe Chirilă. Altfel.

Tudor Chirilă

DE CE SĂ DORMI DACĂ NU AI REFREN?

25.03.2007

Încerc o senzație ciudată. Aceea a timpului care fuge de mine. Aş putea să folosesc timpul în favoarea mea, dar el fuge de mine. Nu am de unde să-l apuc, nu am cum să-l manevrez, nu e palpabil, nici măcar nu-i mai simt curgerea. Mă dezintegrez în miile de lucruri pe care aş vrea să le fac. Toate lucrurile astea zboară prin aer, rezultat al unei explozii, după care nimic nu se va repune în locul în care era. Ființa mea pare să se îndrepte către alt puzzle. De acum înainte am un alt puzzle de rezolvat. Fără să fi înțeles mare lucru din cel dinainte. Timpul fuge de mine. Aş vrea să beau un ceai verde fierbinte şi să mă uit pe pereți, dar trebuie să deschid laptopul şi să mă conectez. Ce-ar fi să pun apa la fiert până se deschide laptopul? Sună telefonul şi trebuie să stabilim ora de plecare spre Braşov, mâine. Răspund şi mă plimb prin camera plină de balastul lui Tudor Chirilă. Închid telefonul exact în momentul în care privirea mea se opreşte pe aparatul de fotografiat în care sunt vreo trei fotografii cu care aş putea demonstra că mai există fericire şi linişte pe pământul ăsta dacă aş găsi cablul alb ca să le descarc în laptopul care mă anunță că s-a deschis. Nu mai e timp să pun ceaiul verde la fiert. Ar trebui să scriu versurile pentru piesa asta nouă. Îmi bântuie mintea. Ce vor oamenii să audă? Mai vor să audă ceva? Crezi că-i mai preocupă muzica ta, Tudore? Prostii. Când mi-am pus problema asta? Eu nu scriu pentru oameni. Eu scriu pentru mine – sau mă mint că scriu pentru mine, ca s-o pot face în continuare. Cum facem, Tudore? Te apuci odată de versurile alea? Trebuie să dorm, nu? Mâine e „Biloxi"[1] la Braşov şi vrem să iasă cel puţin la fel de bine ca până acum. Cum să dormi dacă nu ai refren? Nu e nimic mai plăcut decât somnul care vine după ultimul cuvânt al unui cântec nou. De dimineaţă te apropii cu înfrigurare de paginile scrise în dezordine. E bine. Uşurare. Pe cine să suni să-i citeşti... Timpul fuge de mine în seara asta. Sunt în afara lui. Vrea oare Dumnezeu să intervină pe bursa asta a miilor de lucruri care ne macină dorinţele? Să îngheţe puţin cifra de afaceri în continuă creştere a viselor noastre? Ar fi singura soluţie. Natura umană duce o singură luptă. Împotriva limitelor. De orice fel. Care e oare vârsta minimă la care un copil va accesa şi înţelege un site porno? Ce sens are să faci sex la 14 ani dacă nu te-au bântuit închipuirile izvorâte din prima strângere de mână? Cum va fi? Când va fi? Cu ea va fi? Timpul se retrage din vieţile noastre, iar odată cu retragerea lui rămâne brutalitatea răspunsurilor venite prea devreme. Timpul fuge de mine în seara asta. Poate că singura noastră şansă e să fugim noi după el. Cu voia lui Dumnezeu. Nu găsesc cablul alb de la aparatul de fotografiat. Mai bine. Aş putea să mă apuc de ceaiul ăla verde care-mi va permite să mă uit în gol câteva minute. Trebuie să dormi, Tudore. Ce sens are să dormi dacă nu ai refren?

1. „Biloxi Blues" – spectacol de teatru în regia Iarinei Demian, după piesa lui Neil Simon.

21 DE CUVINTE
(citeşte şi dă mai departe)

29.03.2007

M-am gândit la un joc. Pentru că vorbim mult, dar ne înțelegem din ce în ce mai puțin. Paradoxal, cuvintele nu ne mai ajută în secolul comunicării. Am senzația că s-au înmulțit peste măsură sau că vorbim fără măsură. Nu mai există contrastul dintre Linişte şi Cuvântul care o sculptează. Pentru că nu mai există Linişte. Astfel mi-a venit ideea acestui joc şi a scenariului ce va urma. Se numeşte „21 de cuvinte".

A fost odată în viitor, când oamenii vorbeau mult... cuvintele se rostogoleau de-a valma prin gurile lor cu o viteză înfricoşătoare şi nimeni nu mai apuca să asculte pe nimeni, în ciuda performanțelor crescânde ale urechilor care aveau capacitatea de a desluşi de patru ori mai multe cuvinte decât în trecut. Pauza, punctul, virgulele şi tot felul de nuanțe care pe vremuri dădeau culoare conversațiilor dispăruseră cu desăvârşire, făcând astfel loc şi mai multor cuvinte. Oamenii însă nu se mulțumeau doar să vorbească, pentru că, nu-i aşa, vorbele zboară...

Folosindu-se de o rețea inventată cu câteva sute de ani în urmă şi care avea ca scop inițial şi înălțător facilitarea comunicării şi circulația cât mai rapidă şi liberă a informației, s-au apucat care mai de care de scris. La început, e adevărat, doar cu scopul de a comunica şi de a-şi exploata mai eficient timpul dedicat profesiei sau afacerilor.

Uşor, uşor, Rețeaua s-a dezvoltat şi oamenii au văzut că pot avea acolo propriile spații unde puteau scrie tot ce le trecea prin cap, ba chiar puteau să-i invite şi pe alții să citească şi să-şi dea cu părerea. Aşa a început nebunia.

Febra scrisului în Rețea a cuprins toată omenirea. Toată lumea vorbea cu toată lumea prin intermediul Rețelei. Oameni care nu se văzuseră sau auziseră vreodată îşi împărtăşeau cele mai intime secrete, dezvăluiau cele mai ascunse drame, îşi publicau gândurile în Rețea şi aşteptau înfrigurați comentarii care nu întârziau să apară şi care generau alte şi alte comentarii, atrăgând mii şi mii de alți oameni care îşi dădeau cu părerea, judecau, pronunțau sentințe, părăsind apoi discuția pentru a se îndrepta către alte poveşti şi alte comentarii.

Se organizau în grupuri sau forumuri sau rețele locale, în funcție de interese, preocupări sau opinii aparent comune. Copiii învățau cel mai repede să folosească Rețeaua, jucându-se cu o viteză furibundă, astfel încât dezvoltarea şi îmbunătățirea performanțelor Rețelei se făceau în funcție de ei. Au apărut bolile şi dependența de Rețea.

Nu exista om al planetei care să nu beneficieze de un terminal şi o conexiune, cele două condiții pentru accesarea Rețelei. Viteza era atât de mare, încât oamenii nu mai apucau să se gândească la ce voiau să Spună sau să Scrie. Important era să o faci. Important era să Scrii, să Vorbeşti, să Urli, să Exişti, să te faci auzit într-un colțişor al Rețelei, iar urletul tău, cu cât mai puternic, cu atât era mai bun, pentru că atrăgea alți şi alți oameni care-l amplificau, îl preluau şi îl duceau mai departe distorsionat, deşănțat, deformat.

Fiecare om dorea să fie lider al unei părți cât mai mari din Rețea şi ar fi dat oricâte cuvinte ca să-şi îndeplinească visul. Rețeaua însă era diabolică, pentru că posibilitățile ei erau infinite. Cu cât se încărca mai mult de participanți, cu atât alte şi alte spații apăreau ca din neant, gata să fie folosite şi umplute de preaplinul omenirii. Nebunia era în toi. Omenirea urla, scria şi alerga prin Rețea. Nimeni nu părea dispus să se oprească măcar o clipă în loc şi să contemple spectacolul agonic al cuvintelor. Oamenii foloseau cuvintele cu scopul exclusiv al creşterii propriei notorietăți. Omenirea renunțase la dorința de a mai spune ceva. Important era să ai o insulă cât mai mare în Rețea.

Consiliul Superior al Apărării Rasei Umane asista neputincios la degradarea Omului. Se căuta o ieşire. Dar nimic nu părea să poată opri haosul cuvintelor. Era nevoie de o soluție radicală care să-i învețe din nou pe oameni să se exprime. Să gândească. Să asculte şi să înțeleagă. În linişte. Specialiştii consiliului au început să caute soluția. Au analizat Rețeaua. Au studiat cele mai mari insule şi cele mai importante comunități. Apoi au tras o concluzie:

> Oamenii nu mai gândesc ce spun pentru că au la îndemână prea multe cuvinte şi prea puțin timp.

— Cum e posibil aşa ceva? a întrebat Preşedintele Consiliului.

— Este, a răspuns un specialist. Odată cu dezvoltarea omenirii, cuvintele s-au înmulțit, iar timpul s-a împuținat. Din lipsă de timp, când vor să exprime un gând, oamenii folosesc mai multe cuvinte sinonime cu semnificațiile acelui gând pentru a fi siguri că se vor face înțeleşi şi nu vor da greş. Pe scurt, nu-şi pierd timpul să găsească singurele cuvinte potrivite gândului lor. Interlocutorii lor sunt puşi în dificultate de multitudinea de cuvinte atribuite acelui singur gând şi înțeleg altceva (de obicei ce li se năzare). Ei răspund primului cuvânt, amplificând neînțelegerea - iar de aici până la haos e o cale scurtă. Prin urmare, credem că oamenii trebuie să vorbească mai puțin sau să folosească mai puține cuvinte.

La două săptămâni după această discuție, C.S.A.R.U. decretează:

1. Există o mulțime finită de cuvinte.
2. Accesul fiecărui om la mulțimea cuvintelor existente va fi restricționat.
3. De acum înainte, pentru a se exprima, fiecare om se va putea folosi de un număr fix de 21 de cuvinte.
4. Cele 21 de cuvinte trebuie să fie cele mai importante 21 de cuvinte din viața fiecărui om.
5. Cele 21 de cuvinte pot reprezenta aspirații, idealuri, amintiri, sentimente, noțiuni, stări, senzații etc.

6. Cele 21 de cuvinte trebuie să fie cuvintele fără de care omul respectiv nu poate trăi, care îi definesc cel mai bine personalitatea, trecutul, prezentul şi viitorul.

7. Cele 21 de cuvinte sunt codul de bare al fiecărui om.

8. Pot fi folosite substantive, verbe (la infinitiv), adjective. Nu sunt acceptate prepoziţii, conjuncţii, locuţiuni, cifre, onomatopee. Se acceptă cel mult două nume proprii.

   Consiliul sfătuieşte: sunt cuvintele cu care vă veţi exprima de acum înainte. Vă sugerăm să vă gândiţi mai bine înainte de a alege un cuvânt cu un sens foarte general – *iubire*, spre exemplu. Încercaţi mai degrabă să vă reprezentaţi ce înseamnă iubirea pentru voi şi să alegeţi acel cuvânt în loc de *iubire*. Alegerea va fi astfel foarte personală şi interlocutorii îşi vor face o idee cât mai complexă despre personalitatea voastră. Desigur, dacă simţiţi că „iubire" este cuvântul care vă reprezintă şi nu un alt derivat al lui, aveţi libertatea să alegeţi cuvântul „iubire".

9. Nu se poate reveni asupra alegerii celor 21 de cuvinte. Ele vor fi imprimate în creierul fiecărui om în parte. În afara celor 21 de cuvinte alese, niciun alt cuvânt nu va putea fi articulat.

10. Acest decret intră în vigoare la două săptămâni de la emiterea lui în regim de urgenţă, cu termen de execuţie nelimitat.

C.S.A.R.U.
14 decembrie 2067

Acesta este jocul meu... 21 de cuvinte... Cele mai importante 21 de cuvinte... L-am încercat într-o seară cu nişte prieteni şi am fost uimiţi... Odată lista întocmită, persoana din faţa ta se dezvăluie într-o cu totul altă lumină... Şi dacă am fi forţaţi să folosim doar 21 de cuvinte pentru tot restul vieţii... Sigur, e o fantezie şi probabil că nu e posibilă... Dar hai să ne jucăm puţin... Care sunt cele 21 de cuvinte ale tale? Arată-te într-un alt mod. Şi poate te vom înţelege mai bine. Poate ne vom înţelege mai bine. Haideţi să înfiinţăm comunitatea celor care vorbesc mai puţin şi simt mai mult. Ficţiunea celor 21 de cuvinte. Nu trebuie decât să trimiţi cele 21 de cuvinte care te reprezintă. Şi să duci mai departe acest joc. Te-ai gândit că în toată lumea asta s-ar putea să existe o persoană care alege aceleaşi cuvinte ca tine?

Pentru ca totul să fie limpede, iată o parte din cuvintele pe care le-a ales unul dintre prietenii mei:

Abur – Cald – Soare – Sânge – Doi – Carioca – Deget – Cal – Copil – Alge – Zâmbet – Zbor – Ana – Vânt – Sărat – Zi – Cuvânt – Cireaşă – Prieten

Doamnelor şi domnilor, acesta este în proporţie de 95% Paul.

ÎNTRE ȚIGANI

18.09.2007

— Vrei să mă duc în casă să iau toporu'?

— Nu, nu cred că e cazul... Dacă vrei, le şterg, am spus eu împăciuitor.

— Nu vă ştim noi care veniți şi filmați şi dup'aia ne faceți de belea pe la televizor, mai zice unul.

— Nu mai ne filma, n-auzi?

— Dar nu e camera de filmat, e un aparat de fotografiat...

Țigăncile curățau de cozi nişte buruieni care semănau a urzici. Erau şi ridichi în castroanele lor.

— Lasă, mă, că ştim noi, nu mai filma, că dup'aia ne faceți jegoşi şi scrieți urât de noi...

Țiganul cu toporul mă privea fix. De sub tricou îi ieşea o burtă care nu avea nimic comic. Şi nici nu prevestea ceva bun. Se adunaseră toți în jurul nostru. Vestea că în sat erau un aparat de fotografiat, un BMW şi trei oameni necunoscuți a circulat cu viteza fulgerului în comunitatea de patru sute de suflete de pe lângă comuna Brezoi. La început s-au lăsat fotografiați cu condiția „să nu fie dați la ziar".

Pe copii îi fascina ideea şi se doreau traşi în poză fără prea multe întrebări.

— Hai, fă şi mie una, nene...

Apoi veneau repede lângă mine să verifice displayul:

— Aaaa... ce faină-i...

Nimic nu se repetă în acest loc aflat la câteva sute de metri de civilizație. De-a lungul unei ulițe al cărei praf îl ridicau doar copiii, căruțele şi mai rar câte o maşină se înşirau în dezordine case făcute din orice. Ulița se rătăcea la stânga dinspre drumul național care tăia munții spre Obârşia Lotrului. Chirpici, bălegar, cărămizi furate de prin cadavrele altor construcții, bârne, butuci şi trunchiuri de copaci se întâlneau nepotrivit în structurile caselor. Acolo oamenii nu păreau să fi construit, ci mai degrabă să fi îngrămădit şi baricadat. „Verande" cu scaune de maşini pe post de şezlonguri şi cauciucuri a căror întrebuințare nu era foarte clară. Ceaune, tigăi, linguri şi hamuri atârnau pe zidurile colorate, amintind de chemarea originară a seminției. Covoare, paturi, cearşafuri, țoale şi cârpe balansate de vânt creau o senzație de vapor uriaş în tangaj. Mai toate casele aveau uşile şi geamurile deschise, găuri negre care te priveau amenințător. Mizeria, veselia şi asimetria se pierdeau în lungul uliței prăfuite. Verde, ciclamen, roşu, mov, maro, turcoaz, albastru, alb, verde, ciclamen, roşu, mov, maro, turcoaz, albastru, alb, verde... Pe fiecare acoperiş, o antenă parabolică trona îndreptată spre vest, garanție a victoriei tehnologiei. Țiganii au televiziune.

În urmă cu şaptesprezece ani, cinci familii fuseseră detaşate în acest loc. Acum sunt patru sute de oameni şi au format un sat. E un sat sau o tabără de refugiați? Trăiesc din ajutorul social al copiilor şi din lemnul pădurilor pe care le chelesc. Nu e de condamnat în comparație cu jaful organizat al gaterelor ilegale din România.

Suntem însoțiți de unul dintre oficialii comunei de care aparțin sufletele exilate aici. Oamenii se strâng imediat în jurul lui şi încearcă să-şi scuipe nemulțumirile, prin țipete şi gemete nearticulate, bolboroseli şi urlete ininteligibile din care se desprinde când şi când cuvântul „bani". Exercițiul democratic primar se naşte sub ochii mei. Omul nostru pare să se bucure de încrederea lor, pentru că îl privesc familiar. La mine se uită circumspect, arborând un uşor dispreț pe fețele lor nestilizate. Dispreț şi ciudă față de un om care vine dintr-o lume pe care n-o vor atinge niciodată. Lumea BMW-ului – pe care, de altfel, îl admiră sincer, imaginându-se la volanul minunii:

— Mamă, mamă, ce rachetă!...

Țigăncile îşi țin în brațe plozii şi gravitează pestriț pe orbita oficialului nostru.

— Păi de ce nu l-ați votat, întreb eu, că omu' vrea să v-ajute?

— I-auzi-l, fă, şi p'ăsta! Păi parcă io nu l-am votat – l-am votat, da' ce ştiu io unde să pun ștampila aia, că io nu ştiu să citesc ce e pă buletinele alea...

Țiganca strânge la piept o mogâldeață creață, jamaican de creață şi cu burta în afara hainelor rămase mici, îmbrobodită amuzant cu un batic colorat.

— Ce fetiță drăguță! zic.

— Nu e fetiță, e băiat, râde țiganca.

— Vrei să mă duc în casă să iau toporu'?

— Băi, n-auzi, domnul e cu mine – a venit să facă nişte poze pentru că încercăm să vă ajutăm să aducem nişte fonduri aici, minte oficialul ca să detensioneze situația.

— Lasă, mă, că ştim noi... nu mai filma, că dup'aia ne faceți jegoşi şi scrieți urât de noi...

Mă cuprinde un sentiment ciudat. Nu este frică la gândul apariției toporului. Este mai degrabă o senzație de jenă, vinovăție şi milă. Mă simt prost că le fac poze acestor oameni, resemnați cu statutul lor. Mă simt prost că invadez o lume care nu vrea să se arate lumii. Ce şanse au copilaşii ăştia care stârnesc praful uliței? A câta oară se pune întrebarea asta devenită retorică în absența vreunei inițiative?

— Hai, mă, c-am glumit, da' dă şi tu nişte bani că ne faci poze...

— Eu să-ți dau bani? Poate tu să-mi dai, frățioare, că te fac celebru, încerc eu să glumesc.

Burtosul zâmbeşte amar şi se încruntă.

— Dă, mă, şi tu nişte bani...

— N-am, frate...

Ne urcăm în maşină printre cerşeli şi rugăminţi... Pornim în sus spre o păstrăvărie din capul uliţei. În spatele nostru se desfăşoară clişeul copiilor care aleargă după maşină prin praful uliţei. Parcă aleargă după o altă lume.

— Nenea, strigă o fetiţă care a ţinut pasul cu noi şi răsuflă greu, fă şi mie o poză! Da' cu ei!

Din praf mai apar doi puradei... Le fac o poză. Se uită pe display. Râd. Sunt mulţumiţi.

— Dă-mi şi mie un ban...

— Nu le da, că nu mai scapi de ei...

Cumpărăm peşte. Ne întoarcem prin satul care nu mi se mai pare vesel. Oamenii se uită lung după maşină. Pe partea stângă, o fetiţă stă pe marginea drumului. Oprim. Se apropie de maşină. E frumoasă. Murdară şi frumoasă. Vântul îi trezeşte firele de păr. Are o frumuseţe care răscoleşte în mine durerea trecerii timpului. Ochii, negri şi trişti, nu privesc nicăieri.

— Ia, ţine o ciocolată...

Fetiţa ne priveşte absent. Întinde o mână timidă şi primeşte ciocolata. Vântul îi răsuceşte părul şi genele. Geamul se ridică. Fetiţa rămâne în urmă. Nu se aude decât zgomotul roţilor care strivesc pietrele. Încep să apară munţii. Şi drumul care duce spre ei. Mă mai uit o dată înapoi. Fetiţa se pierde printre copiii care declanşează lupta pentru ciocolată...

ROLLING STONES. SMARANDA, LUCA. MUZICA CAPITALISTĂ

17. 07. 2007

Bucureşti, 1980

O seară liniştită de primăvară comunistă. Este puţin trecut de ora unsprezece noaptea. Un vânt cald adie printre blocurile şi aleile din Drumul Taberei. Din când în când, o maşină străbate cu frică parcă bulevardul pustiu şi slab luminat care taie cartierul. La parterul blocurilor, spaţii mari în interiorul cărora abia poţi distinge de la distanţă câteva produse pe rafturile aproape goale. ALIMENTARĂ, MĂCELĂRIE, LIBRĂRIE, LOTO-PRONO, ABC sunt cuvinte care compun reclame luminoase pâlpâind incomplet. Întunericul se înfăşoară strâns pe blocurile mari şi tăcute. Câteva ferestre luminate îndrăznesc să spargă această dominaţie neagră. Este sâmbătă seara şi nu se aude niciun sunet. Programul de câteva ore al televiziunii publice s-a încheiat. Ultimele imagini cu stema României şi acordurile imnului naţional lasă loc invaziei puricilor. Televizoarele se resemnează, rând pe rând. Ca şi oamenii care se pregătesc de culcare. Cei bătrâni îşi pregătesc sticlele mari de lapte şi scăunelele pentru cozile de a doua zi. Câţiva, mai îndrăzneţi, butonează radiouri cu unde scurte pentru a prinde postul libertății: „Europa Liberă". Sistemul pedepseşte grav cu anchete şi, de cele mai multe ori, arest sau chiar închisoare pe cei care ascultă acest post. Este o seară liniştită de primăvară comunistă.

Cu toate astea, dac-ai asculta mai atent, ai putea auzi muzica venind dinspre una dintre ferestrele luminate. Dincolo de geamuri, şase tineri se înghesuie vesel într-o sufragerie mică şi se zbânțuie hazliu. Băieții se mai opresc din când în când şi îşi toarnă în pahare bere din sticle de un litru. Pe o masă mare se aşterne un soi de bufet care conține roşii, brânză, salată de vinete şi parizer aşezate pe farfurioare albe. Două franzele mari, nefeliate completează tabloul culinar. Parizerul dispare în viteză. În dreapta mesei, pe un fel de noptieră mai înaltă, un pick-up Unitra şi două „boxe" generează muzica. Boxe argintii. Deasupra lor, într-un echilibru precar, sunt aşezate discuri de vinil: The Beatles, Led Zeppelin, Rolling Stones. Coperțile sunt mari şi colorate. Cele mai multe îi reprezintă pe membrii formației într-o fotografie de grup. Undeva pe jos, în alt colț al camerei, un covor făcut sul dezvăluie parchetul devenit ring de dans. Fetele poartă sandale platformă care scot în evidență glezne fine şi mobile în mişcări sacadate. Două dintre ele poartă baticuri „hippie" înflorate şi fuste colorate peste genunchi. Şi cercei lungi. Cea de-a treia are părul lung, prins în două cozi groase, şi tenul măsliniu care îi accentuează ochii negri, vii. Este înaltă şi slabă şi arborează tot timpul un zâmbet firav în contrast cu ochii pătrunzători. Are un aer de prințesă țigancă, rod al unei nopți de iubire întâmplătoare. Poartă blugi evazați, ca şi cei trei băieți care se zbenguie în jurul ei. Se dansează continuu. Cu ochii închişi, toți îşi aruncă mâinile în toate direcțiile, îşi îndoaie trupurile, se învârtesc pe loc, inventează mişcări, se întrepătrund. În vitrine, paharele şi farfuriile familiei dansează şi ele, stimulate de cei şase. Dintre băieți, unul cu părul lung şi o bentiță roşie de lână împletită se agită şi stăpâneşte ferm ringul de dans improvizat. Se trânteşte în genunchi şi se înfăşoară jur-împrejur cu cablul unui microfon imaginar. Prințesa țigancă intră în jocul lui şi se desfăşoară lasciv deasupra. El se lasă uşor pe spate, cântând la chitară, în timp ce ea îl încalecă şi apucă microfonul. Cântecul se termină şi cei doi rămân pe poziție, zâmbind stingheriți. Îi salvează o baladă. Ea se prelinge uşor şi-i caută buzele. Celelalte două perechi dansează îmbrățişate. Unul dintre băieți fumează ritmic, în timp ce îşi ține strâns partenera de mijoc. Trage cu sete din ţigară, apoi îşi coboară mâna lungă pe lângă corp şi suflă fumul într-o parte, după care îşi aşterne buzele pe gâtul iubitei sale. Toată lumea se sărută lung. Ultimele acorduri ale baladei îngheaţă orice mişcare şi, pentru o fracţiune de secundă, se aude hârşâitul acului pe disc. „I can't get no satisfaction!!!" Grupul sare brusc în picioare şi toţi încep să ţopăie la unison ca scoşi din minţi. Niciunul dintre ei nu aude bătăile în uşă până când melodia nu se opreşte, moment în care cel mai scund dintre băieţi, un puşti cu chelie şi pulover roşu, croşetat, se repede către pick-up şi ridică acul care zgârie discul aflat încă în mişcare. Discul se învârte în gol.

— Miliţia! Deschideţi uşa!!!

Smaranda îşi aranjează cozile şi cerceii şi se îndreaptă spre uşă.

Înainte să deschidă, se uită la cei cinci. Luca îşi scoate bentiţa de pe capul care încuviinţează. Ceilalţi se numesc Rodica şi Ion, Aura şi Mitea, cel cu pulover roşu.

— Deschideţi uşa, c-o spargem! Miliţia!!!

Smaranda trage aer în piept şi deschide. Trei miliţieni intră în casă şi se opresc în mijlocul ringului de dans. Cei trei formează un triunghi isoscel, al cărui vârf e reprezentat de un plutonier gras cu mustaţă, ochi negri mici, faţă rotundă şi ceafă de taur. Ceilalţi doi, în vizibilă stare de subordonare faţă de vârful triunghiului, privesc curioşi în jur, încercând să arboreze un aer ridicol de anchetă.

— Ce faceţi aici, tovarăşi?

Nimeni nu răspunde.

— Ce faceţi, mă, aici?

— Ascultăm muzică, şopteşte gâtuită Smaranda.

— Nu mai spune, răspunde grasul. Ia uite, bă, parizer. Parizer la studenţii ăştia. Ce credeţi, mă, că nu ştim că ascultaţi muzică? Păi se-aude de la parter. Aveţi idee cât e ceasul, tovarăşi?

— Zece treizeci, răspunde Luca, dar e sâmbătă şi nu ne-am gândit că...

— Ce muzică ascultați, tovarăşi?

— Beatles, Rolling Stones, se repede Ion, fericit.

— I-auzi, mă, ascultă muzică capitalistă...

— Păi da, zice Luca, pentru că suntem în Bucureşti.

— Ce-ai zis, mă? se întoarse brusc grasul.

— Păi suntem în capitală şi ascultăm muzică capitalistă, că capitala e cea mai tare cu muzica capitalistă, în timp ce o lucire ciudată i se aprinse în ochi.

— Bă, studentule, cum te cheamă pă tine?

— Luca Pamfilov mă numesc.

— Luca, nu... şopti încă o dată Smaranda.

— Tovarăşu' Luca, ai buletin la tine?

— Da, am.

— Am dansat şi noi puțin şi ne-a luat valu' şi-am dat muzica prea tare, ştim că e trecut de zece şi... încercă timid Mitea.

— Ia scoate buletinu', tovarăşe Luca.

— Pentru ce?

Bulanul lovi în plin şi sângele inundă pe loc fața lui Luca.

— Ce gura mă-tii pui, mă, atâtea întrebări?

Şi bulanul lovi din nou. Luca dădu să riposteze, dar cei doi milițieni îl imobilizară, în timp ce grasul se întoarse amenințător spre ceilalți.

— Ce faceți, mă, aici? Vă adunați împotriva partidului, mă? Păi nu dorm tovarăşii din bloc din cauza voastră, mă?

Sângele şiroia pe fața lui Luca.

— Scoateți, mă, buletinele, că vă ia dracu' pe toți, urlă grasul ca scos din minți. P-ăsta duceți-l la maşină, să vorbim cu el la secție!

— Tovarăşe milițian, încercă Smaranda.

— Ce e, tovarăşă? Vă ascult, răspunse plutonierul schizofrenic de calm.

— Nu-l duceţi la secţie, vă rog...

— Astea se confiscă pentru interogatoriu, replică grasul, indicând vinilurile rock.

— Tovarăşe miliţian, vă rog să vă legitimaţi, rosti deodată Ion limpede şi articulat.

— Ce-ai zis, mă, vagabondule?

— Vă rog să nu mă insultaţi şi să vă legitimaţi.

Rodica începu să plângă încet şi constant.

— Legea cere să vă legitimaţi înainte de a ne legitima pe noi.

Plutonierul începu să se caute prin buzunare cu ochii de porc măriţi de uimire. Şiroaie de transpiraţie se iveau de sub caschetă, în timp ce îşi căuta actele prin uniforma strâmtă.

— Să mă legitimez... Păi mă legitimez, mă, imediat mă legitimez... cum să nu mă legitimez... Poftim, tovarăşe, legitimaţia.

Ion o luă şi o verifică cu deznădejde. Ceilalţi doi miliţieni îşi fac apariţia în cadrul uşii de la intrare.

— L-am băgat în maşină, tovarăşu' Bâzgă, da-i curge sânge rău şi o să păteze bancheta, rosti unul cu năduf, ca şi când ceva neprevăzut strica munca unei zile întregi.

— Luaţi-l, mă, şi pe ăsta. Tulburarea ordinii şi liniştii publice. Luaţi şi discurile alea, ca să vadă băieţii ce făceau ăştia p-aici. Tu rămâi cu tovarăşele şi tovarăşu' student şi ia-le datele. Asta-i ţară serioasă, mă, jigodiilor, în care se munceşte. Şi sâmbătă seara se odihneşte lumea, mă, nu dă muzica tare noaptea, mă, jigodiilor... Aşa mulţumiţi voi statului, mă? Statu' vă dă carte, mă! Vă dă carte şi voi, în loc să învăţaţi, ascultaţi muzică capitalistă şi vă pregătiţi să fugiţi din ţară, mă? Paştele mamii voastre de studenţi... Hai, mă, luaţi-le datele şi hai să mergem! Vă aştept jos...

Miliţianul se învârte pe călcâie şi dă să iasă, dar o forţă invizibilă pare să-l ţină încă în loc. Se întoarce şi caută ceva cu o privire tâmpă, încremenită pe figura de porc şi nu-şi poate explica de ce nu vrea să plece. Smaranda îl priveşte uimită şi asta îi luminează trăsăturile feței, scoțând la iveală o frumusețe curată şi smeadă. Milițianul răsuflă greu. Deodată privirea îi încremeneşte pe un aparat de radio lângă o fereastră. Antena e improvizată dintr-un fir înfăşurat pe mânerul de metal.

— Ia să vedem ce radio ascultați voi, tovarăşi studenți, rosteşte milițianul lovit parcă de o revelație.

Smaranda nu face nicio mişcare. Ştie. S-a terminat. Se gândeşte că nu trebuia să fie decât un chef cu parizer şi bere şi muzică rock. Ce repede şi uşor se prăbuşeşte totul în viață, apucă să mai gândească. Plutonierul învârte pontențiometrul şi vocea limpede, baritonală a crainicului de la „Europa Liberă" invadează camera, condamnând comunismul şi şase tineri.

Bucureşti, 17 iulie 2007

Smaranda îşi caută locul în mulțime împreună cu soțul ei, un bărbat scund şi slab, cu aer de turist stresat. În jurul ei, mii de oameni vibrează în aşteptarea marelui eveniment. O orchestră de gânduri pestrițe încearcă să se acordeze la unison. Lumea e veselă, binedispusă. Unii stau în picioare şi îşi strigă prietenii de pe aiurea, ridicând pahare din plastic. Se bea bere. Multă bere. Smaranda simte o durere în piept. De fapt, simte durerea din piept. S-a obişnuit cu ea de ceva vreme. Nu e o durere – e mai degrabă o apăsare şi senzația că va izbucni în plâns dintr-un moment în altul. Îşi mângâie cerceii, privind distrată hoardele de tineri de pe gazon care aleargă să prindă un loc în față. Stadionul se umple încet-încet. Smaranda îşi mângâie cerceii. Sunt aceiaşi cercei din ziua în care a ajuns în beciurile Securității pentru că asculta „Europa Liberă". I-au luat pe toți – pe ea, Ion, Rodica, Luca şi Mitea, Aura, pe toți. Îşi amintea limpede şi constant bătaia peste buze, peste sâni, sacii cu apă şi bulanele, răbdarea anchetatorilor şi umilința. Mai ales umilința. Încercase fără speranță să-şi scoată din cap toată acea perioadă. Era însă ceva ce ducea cu ea, un apendice agățat de locul unde se formează amintirile, un macaz care nu-i lăsa mintea să se inunde cu alte amintiri şi să uite. Ultimele raze de soare părăseau stadionul. Nu mai era mult. Soțul Smarandei se întoarce cu două pahare de bere. Din spatele bulelor aurii o privesc serios Mick Jagger şi ceilalți Stonesi. „Au îmbătrânit şi ei", se gândeşte Smaranda. Pe Luca nu l-a mai văzut niciodată.

Puşti cu rucsacuri şi pantaloni largi se hârjonesc pe teren. Mulți oameni îşi cară copiii în cârcă. Nici pe ceilalți nu i-a mai văzut. O bună perioadă după ce a ieşit din arest nu a mai avut voie să vadă pe nimeni. Părinții ei au fost sancționați. Pe ea au urmărit-o aproape doi ani. Peste tot. Tatăl ei s-a pensionat. E întuneric. Smaranda se gândeşte cu frică la ce urmează. Rolling Stones la Bucureşti. Nu ştie dacă a venit la concert pentru Jagger sau Keith Richards, ca să audă „Angie" sau pur şi simplu cu speranța gâtuită de durerea din piept că Luca ar putea fi pe stadion. Sau Mitea, sau Rodica.

E întuneric. Trupa din deschidere a terminat de mult. Un freamăt traversează mulțimea de la un capăt la altul, izbindu-se de peluze. Brusc, o bubuitură fenomenală lasă zeci de mii de oameni cu gura căscată. Sunetul traversează stadionul ca scos din minți. Smaranda încremeneşte şi nu mai poate să gândească. Un ecran cât un bloc cu patru etaje se aprinde. Jagger e pe scenă şi cântă. Smaranda nu-şi poate reveni din şocul exploziei de sunet şi lumină. O forță incredibilă se prăvăleşte continuu peste miile de oameni care îşi revin uşor şi îşi amintesc de ce se află acolo. Smaranda nici nu apucă să realizeze că apendicele trecutului s-a rupt. Pentru prima dată în atâția ani, beciurile Securității au dispărut înghițite de rock'n'roll. Al patrulea cântec. Smaranda e în picioare. Odată cu toată lumea. Paharele de plastic se rostogolesc pe scări. Oamenii dansează furibund. Linişte. Keith Richards se apropie de microfon. Mătură stadionul cu privirea şi fumează. Trage o dată. De două ori. Microfonul amplifică hârşâitul fumului care iese din plămâni – „It's been some shit... but the show must go on... This place... is empty without you...". Lacrimile țâşnesc din ochii Smarandei. Pieptul i se zguduie, încercând să se scuture de durerea care a pus stăpânire pe el. Smaranda plânge, eliberată de toată durerea acestor ani, plânge pentru toată tinerețea trăită fără Luca şi prietenii ei, plânge pentru toate loviturile peste față, peste buze, peste sâni, peste suflet, plânge pentru toate visele distruse într-o seară de primăvară comunistă, plânge şi nu ştie că odată cu ea plâng sute de oameni pe acelaşi stadion, legați de aceeași durere a tinereții netrăite, durere care le-a încins pieptul ani de zile și de care acum se scutură cu toții pentru că, iată, în ceasul al doisprezecelea Rolling Stones e aici și libertatea a învins, deși ei au pierdut și copiii lor îi privesc uimiți și nu înțeleg acest sentimentalism patetic față de o trupă de bătrânei simpatici, dar până și ei, copiii, se isterizează și încep să plângă pentru că Jagger urlă „I can't get no satisfaction" și tot stadionul e în picioare și urlă imnul generației libere. Undeva în mulțime Luca își pipăie fața. Pentru prima dată în treizeci de ani, sângele nu îi mai curge șiroaie pe față...

POEM DIGITAL

22. 07. 2007

Iubita mea, să nu mă superi tare...

Că te transform în cifre şi te împart de mii de ori la cinci

Şi te-nmulţesc cu trei.

Două necunoscute am să fac din sfârcurile tale dulci

Şi am să le rezolv din când în când...

Picioarele-am să ţi le las în viaţă şi am să te-alerg

Pe câmpuri blonde-n vânt, te prind de gleznă şi de 25 de 72 şi 43

Te tăvălesc şi încerc să te-nţeleg, dar tu eşti radicali şi rădăcini

Care se-ncolăcesc în jurul meu: două perechi de 88 sunt ochii ce-au fost verzi,

Sărutul tău e o mulţime vidă din care picură uşor în mine zecimale

Atât de mici şi de mărunte ca boabele de rouă de la munte.

Eşti matematică, iubita mea, eşti derivată din dorinţa mea...

Tot ce exprimi acum e digital, se poate măsura, matricea mea...

Dacă te tai la deget, ajungi la –4 şi-un x pătrat ori doi îmi trebuie ca să te bandajez, să nu mai curgă cifre...

Am să te adun şi am să te scad şi trupu-am să ți-l trec prin permutări şi-un suflet factorial până când o să obțin un algoritm pe care-am să-l aplic.

Şi-atunci de-abia am să te fac la loc şi dragoste cu tine...

VÂNĂTOAREA DE SÂMBĂTĂ NOAPTEA. CHIPUL CU CĂŞTI

31. 07. 2007

Raze reci, albe şi puternice mătură încăperea imensă, înaltă. Din penumbră prind viaţă obiecte măturate în viteză de lumină. O vitrină imensă din oglindă plină cu sticle, canapele albe din imitaţie de piele, candelabre uriaşe spânzurând de tavan, pereţi din cărămidă aparentă, coloane rotunde şi groase la distanţe mari unele de altele. În faţa canapelelor sunt mese de sticlă pe care se află frapiere. Şampanie, gheaţă, pahare, sticle de whisky sau vodcă neatinse, neîncepute. Muzica impersonală se scurge din boxele mari agăţate în colţurile sălii. Volumul e dat la minim, doar cât să întreţină atmosfera. E un drum'n'bass ieftin, doar beat şi başi în extrem. Picolii îmbrăcaţi în uniforme alb-negre traversează din când în când încăperea.

E sâmbătă seara, ora 21, iar animalele sunt încă adormite. Două femei pitice freacă podeaua de piatră şi sticlă, încercând să acopere cu detergenţi mirosurile vânătorii de vineri. Un barman şterge plictisit şi ritmic pahare mici de 40 ml. Pahare de „shot"-uri. Ne aflăm într-un subsol uriaş din care niciun zgomot nu are cum să răzbată la suprafaţa oraşului. Intrarea în subteranul grandios se face printr-o stradă nu foarte circulată dintr-un cartier modest. Aproape că poţi pierde din vedere uşa clubului străjuită de vitrinele magazinelor care au un cuvânt de spus în comerţul oraşului. Doar taurii cu tricouri şi pantaloni negri şi pantofi scâlciaţi care păzesc intrarea atrag atenţia asupra uşii. Dar acum sunt relaxaţi. Scuipă molcom din când în când şi se întreţin cu un şofer de taxi care nu are clienţi. Nici nu are aerul că şi-ar dori. Este 21:30 şi animalele sunt încă adormite. Taurii se scobesc în nas, scuipă şi-l ascultă pe taximetrist când cu mâinile la spate, când cu braţele încrucişate. Se încruntă şi nu zâmbesc. Au aerul că nu înţeleg până la capăt tot ce le spune şoferul. Cutele frunţilor desenează întrebări nerostite. Nerostite rămân. Taurii nu trebuie să înţeleagă totul, altfel ce rost ar mai avea să sară la bătaie?

Pe marginea trotuarului se adună căţeii nopţii. Sunt copiii care parchează maşinile. Amuşină în dreapta şi în stânga, îşi rotesc ochii vii şi dau din coadă când se apropie vreo maşină luxoasă. Ghidează maşinile cu gesturi largi şi mature împrumutate de la agenţii de circulaţie, după care se reped să deschidă portierele din spate şi aşteaptă cu înfrigurare răsplata. Uneori primesc bani, alteori lovituri şi dispar schelălăind în noapte. Sunt înţeleşi cu taurii şi conducerea subteranului. Nu parchează decât maşinile foarte scumpe şi cele apropiate locului. În subteran, pregătirile se apropie de sfârşit. Piticele şi-au terminat treaba şi fumează pe hol în dreptul toaletelor. Picolii s-au înmulţit dintr-odată şi se învârtesc şi mai repede printre coloanele încăperii uriaşe. Lumina candelabrelor creşte pentru a scădea mai târziu în noapte. Este ora 22:30 şi animalele încep să se trezească. Afară taurii îşi modifică poziţia. Nu mai scuipă, îşi îndreaptă trunchiurile grele şi depărtează picioarele.

Creaturile nopţii încep să sosească. E timpul manejului, al expoziţiei, al defileului şi vânătorii de sâmbătă noaptea. Din diverse colţuri ale străzii îşi fac apariţia girafe cu cizme albe pe tocuri nesfârşite, fuste scurte lipite de bucile deja transpirate. Puştoaice cu ochelari de soare imenşi acoperindu-le feţele până la boturile umede sunt însoţite de pantaloni albi şi tricouri mulate pe burţi sau pe bicepşi, încrustate cu pietre din plastic sclipitor. Un D şi un G sunt cea mai des întâlnită monogramă. Femele în vârstă îşi cară pe braţe genţile grele din piele de toate culorile şi caută din ochi masculi care să le aşeze la vreuna din mesele cu canapele albe. Lumea se scurge uşor în subteran. Sunt puţini acum şi se studiază tăcut. Nimeni nu vorbeşte. Toată lumea pândeşte pe toată lumea şi gesturile sunt rare. Păunii în tricouri pestriţe care nu poartă ochelari de soare mestecă scârbiţi şi lent sau dau roată cu privirea în căutarea unui loc mai bun sau a vreunei fuste scurte cu carnea tare. Sandale aurii, maiouri transparente, pantofi albi cu vârful ascuţit, şlapi de mătase, lanţuri masive din aur şi priviri grele de foame continuă să alunece în subteran.

Afară încep să sosească maşinile luxoase. Se aliniază. Căţeii le parchează în viteză cu strigăte scurte. Glezne fine şi gambe lucrate lucind în luminile nopţii îşi fac apariţia din spatele portierelor. Un picior... al doilea... şi gata... gazela e în picioare, aşteptând să fie luată de mână şi condusă uşor sub pământ. Taurii zâmbesc înfierbântaţi şi încasează bacşişul de la mistreţul mic de statură care îşi lipeşte mâinile de fundul bombat al gazelei. Ea lasă capul uşor pe spate, aferată, şi se prelinge uşor pe scările ce duc în inima clubului. În faţă, unul dintre taurii în tricou negru împarte coate în dreapta şi în stânga şi-i conduce la canapelele din faţa unui panou imens de sticlă în spatele căruia se zbate un chip cu căşti. Cei doi se aşază. Lumea îi priveşte cu ură şi admiraţie. Taurul salută şi se îndreaptă spre ieşirea din subteran. Gazela se mângâie şi soarbe şampanie. Mistreţul se uită dispreţuitor în jur.

Este ora 23:30 şi animalele s-au trezit. Subteranul se umple încet-încet. Barmanii se mişcă în viteză şi livrează licori. Paharele apar şi dispar într-un joc nebun. Se soarbe, se linge, se bea, se suge, se dau paharele peste cap. Paharele vin şi pleacă, sticlele se golesc. Picolii se furişează prin mulţime cu tăvile deasupra capetelor. În spatele panoului, chipul cu căşti savurează mulţimea şi măreşte volumul. Un curent străbate fibrele muşchilor. Începe mişcarea. Se dă din cap pe beat. Nimeni nu renunţă la scârba din priviri. Este ora 24 şi începe vânătoarea. Miroase a carne şi dorinţă. Privirile îşi caută perechea. Broboane de sudoare urmează cursul muşchilor. Ochii se tulbură, ţâţele ies în faţă şi buzele plescăie senzual. Gazelele freamătă, excitate de sunet şi de prea multă atenţie. Îşi freacă picioarele umede.

Chipul cu căşti împinge volumul la maxim. Toate braţele se ridică, eliberând glandele şi mirosurile. Parfumurile se amestecă între ele şi cad greu peste lume. Mâini întinse imploră candelabrele de sticlă care în schimb reflectă sute de feţe în transă. Totul e din ce în ce mai repede. Se sare în sus într-un ritm infernal. Nimeni nu apucă să vorbească. Vânătorii încearcă să iasă la atac. Burţi păroase şi pachete lucioase de muşchi acoperite de cămăşi sau tricouri încearcă să se apropie de căprioarele îmbătate de *groove*. Le suflă în urechi sau pe gât, se freacă de ele şi le ademenesc către canapelele albe. Ameţite de muzică şi efort, unele cedează. Cele mai rezistente se retrag către alte colţuri ale subteranului ca să-şi continue ritualul frenetic. Altele se îmbrăţişează perechi şi-şi freacă părţile libere ale cărnii. În jurul lor se adună porci rânjiţi cu ochelari negri şi lanţuri grele, aşteptându-le să se despartă pentru a le ataca separat. Băuturile curg neîntrerupt. Tulburate de alcool, puştoaicele încearcă să bea în mişcare şi băutura se scurge adesea pe gât, către umeri şi sâni, întărindu-le sfârcurile tinere. Masculii în vârstă privesc disperaţi, sprijinind tejgheaua sau plimbându-se prin mulţime, aparent liniştiţi. Ei nu pot să atace, cel puţin nu aşa cum o fac tinerii. Carnea lor fleşcăită nu face doi bani la vânătoare. Pentru ei vânătorea începe din buzunare. E devreme însă şi hienele însetate de bani întârzie să apară. Plus că trofeul suprem e căprioara cu fusta prea scurtă şi carnea tare şi sâni răzvrătiţi.

Este ora 2 şi animalele sunt dezlănţuite. Deasupra, la intrare, taximetrele se amestecă cu maşinile scumpe. Degetele delicate, strânse în sandale de pai, coboară şi se îndreaptă cu paşi mărunţi către subteran. Alte căprioare şi gazele transpirate mirosind a poveste de-o noapte, scandal sau dorinţă se pierd înăuntru. Taurii, cu nările fremătând, le urmăresc lung cu privirea lor bovină şi încruntată. După cele mai singure şi fără apărare aruncă glume grele. Sunt înfierbântaţi de atâta trafic şi aşteaptă greşeala vreunui novice, vreunui armăsar rebel şi fără conexiuni ca să-şi poată face dreptate cu pumnul. Se-ntâmplă adesea când vreo gazelă ieşită din simţuri atacă un mânz în călduri, undeva pe la bar sau toalete, se întâmplă atunci ca mistreţul gazelei să cheme taurii să rezolve problema.

Pe marginea străzii, căţeii nopţii îşi numără banii făcuţi în parcare. În subteran, chipul cu căşti împinge volumul la maxim. Vitrina din oglindă vibrează presată de başi. Odată cu ea sticlele se mişcă jur-împrejur. Barmanii privesc mulţimea cu ochi obosiţi şi blazaţi. Lumea e agresivă, rânjeşte tulbure, dansează, urlă şi cere băutură. Adunarea se transformă uşor într-o mare familie de-o noapte cu legături neînţelese şi tulburi. Hainele atârnă, ude şi grele, fardurile întinse urâţesc. Vânătorii ameţiţi îşi hăituiesc vânatul cu urlete şi rânjete băloase. Podeaua musteşte de sudoare şi alcool, păstrând fierbinte dorinţa. Nimeni nu mai judecă. Toată lumea vrea, arde sau consumă ce mai e de consumat. Femelele se alintă aiurea, se-mpleticesc şi încearcă să se aranjeze. Se mişcă lent, sunt o pradă uşoară. Băuturile cad greu în burţile asaltate de başi. Împerecheaţii de-o noapte se retrag să pângărească aşternuturi albe. Cei care nu au reuşit rătăcesc haotic, fluturi de noapte în căutarea luminii. Porcii cu tricouri mulate şi brăţări de aur fraternizeză la bar, în timp ce masculii bătrâni şi gri negociază cu hienele. Restul lumii dansează în continuare electrizată de chipul cu căşti care priveşte impersonal mulţimea savurând o piersică feliată în linişte din spatele panoului de sticlă.

Este ora 4 dimineaţa şi animalele se retrag... De undeva dintr-un colţ al subteranului, o pereche de ochi ascuţiţi şi pătrunzători supraveghează mulţimea... Din când în când face doi-trei paşi în lumină, se opreşte, numără şi se întoarce speriat înapoi. Poartă o cămaşă înflorată, are mers de bursuc şi cap de şobolan. Îşi freacă mâinile pline de inele cu pietre şi reia ritualul: face câţiva paşi în lumină, numără şi se întoarce înapoi...

Afară taxiurile vin goale şi pleacă încărcate de participanţii la vânătoare. Mistreţii şi porcii îşi târăsc prada spre maşinile lor. Urmează ospăţul. Ceilalţi, mai săraci, o îngrămădesc în taxiuri. Căprioarele care au rezistat asaltului părăsesc victorioase subteranul, împleticindu-se în grupuri de câte trei-patru. Căţeii nopţii se reped după ele, aţâţaţi de miros şi de fraţii mai mari. Subteranul se goleşte văzând cu ochii. Vreo doi-trei mânji cu cămăşile scoase din pantaloni rătăcesc ameţiţi spre ieşire... Picolii îşi trag sufletul şi fumează undeva după tejgheaua înaltă de marmură... În spatele panoului, chipul cu căşti verifică subteranul. Nu mai e nimeni. Schimbă muzica. Din boxele încinse se revarsă uşor Chet Baker. Chipul cu căşti îşi aprinde o ţigară. Trage cu sete şi coboară din spatele panoului. Se aşază pe o canapea albă. O picoliţă îi aduce o cafea. Din întuneric îşi face apariţia bursucul cu cap de şobolan şi cămaşă înflorată. Se cocoaţă pe canapea lângă chipul cu căşti. Face un semn barmanului. Acesta se apropie mestecând un sendviş cu carne de miel.

— Câţi crezi că au fost azi? întreabă bursucul cu gâtul întors spre chipul cu căşti.

— Vreo opt, nouă sute...

— Noi cât am făcut?

— Doişpe mii, cam aşa, răspunde barmanul cu gura plină de miel.

— Bun aşa, se freacă bursucul.

Tăcere. Vocea caldă a lui Chet Baker mângâie atmosfera. Dintr-odată bursucul se întoarce spre barman:

— Auzi? Mi-aduci şi mie ceva de futut?

Afară strada e pustie... Lumina albastră a zorilor înghite lent reclamele albe de neon... Chipul cu căşti merge agale pe stradă şi se gândeşte că în cluburi lumea nu prea se mai sărută...

FEMEILE AU NEVOIE DE PROTECȚIE, TANDREȚE ŞI...

7. 08. 2007

Recomandare – Conținut explicit. Celor pudibonzi şi prețioşi le recomand în lectură înlocuirea cuvântului „pulă" prin cuvântul „floare". Sensul va rămâne neschimbat. Vă mulțumesc. Nu voi tolera comentarii cu același conținut. Decență, vă rog...

Femeile au nevoie de protecție, tandrețe şi pulă. Bărbații ştiu asta, dar sunt convinşi că pula le poate înlocui pe primele două. Ei nu ştiu că pula este în multe cazuri primul lucru de care femeia s-ar dispensa în căutarea fericirii. Bărbații uită mereu de tandrețe şi protecție. Uită pentru că sunt suficienți, învingători, virili şi lipsiți de nuanțe. Până şi orgasmul e lipsit de nuanțe la bărbați. Nici măcar nu-l putem mima. Astfel că prima întrebare care-i vine în minte bărbatului înşelat este: o fi mai bun la pat decât mine? Apoi, invariabil: are pula mai mare? Nici prin cap nu-i trece bărbatului suficient, învingător şi viril că adversarul care tocmai i-a luat urma prin aşternuturile iubitei a avut mai mult timp, a pus întrebări nerostite de mult, a mângâiat, a avut răbdare şi a ascultat atent, cu blândețe în priviri. Ce are cheliosul ăla cu burtă în plus față de mine? Ăla e bărbat? Ce dracu' are ăla în plus? O pulă mai mare? Nu, frate, are mai mulți bani! vine invariabil eternul răspuns. Aşa e, de multe ori zicem şi noi. Dar nu despre acele femei şi acei bărbați vorbim.

Nimănui nu-i trece prin cap că bărbatul cu chelie şi burtă înțelege să prețuiască femeia de lângă el cu disperarea celui care poate pierde ultimul tren. Trecut prin multe, cu cicatrice în suflet şi dezavantajat fizic, trecut de prima tinerețe, el ştie că unica şansă este să mângâie, să asculte, să înțeleagă, să fie atent să deschidă uşa înainte ca ea să sune. Şi mângâie, ascultă, înțelege. Desăvârşeşte un ritual al gesturilor care contează, este mereu prezent, gata oricând să întindă un braț nu foarte puternic, dar mereu oportun. Mai presus de orice, nu cere nimic în schimb, cel puțin nu în mod evident, pentru că, să nu uităm, şi el e bărbat, vânător experimentat.

Cu lacrimi în ochi, vărsate pe ascuns în timp ce maşina rulează monoton şi ea priveşte absent peisajul de pe scaunul din dreapta, femeia va decide să renunțe la pula care îi dă fiori de multe ori pe săptămână – nu e de ajuns. El, tânăr carierist şi stresat, conduce şi nu înțelege ce dracu' ar mai trebui să facă pentru liniştea cuplului. Că doar depune toate eforturile. Trage maşina pe dreapta şi se uşurează în plin câmp. Se urcă înapoi fără să-şi aducă aminte că ea l-a rugat să-i aducă puloverul din portbagaj. Vor ajunge în curând la munte.

Undeva la acelaşi hotel se vor întâlni cu un bărbat jovial, trecut de prima tinerețe, dar cu zâmbet irezistibil şi poveşti fantastice. Femeile au nevoie de protecție şi tandrețe. Femeile renunță cel mai uşor la pulă. Bărbații renunță la tandrețe şi protecție. Acest război surd al neînțelegerii va da naştere profitorilor. Cine sunt ei? Pe termen scurt, amanții. Pe termen lung, cei înțelepți şi răbdători. Pe drumul de întoarcere el este bucuros şi uşurat că ea şi-a revenit. E vorbăreață şi nu mai priveşte absentă pe geam. Şi zâmbeşte ca în prima zi. E prea neatent ca să realizeze începutul sfârşitului. Pe terasa hotelului, bărbatul jovial, trecut de prima tinerețe, savurează un coniac... Pe buza paharului este zahăr...

CÂND S-A ÎNGROPAT IUBIREA?

15.08.2007

Dacă peste zece ani ai fi oarbă, dintre toate mâinile care îți vor fi modelat sânii, le-ai recunoaște pe ale mele? Dacă mi-aş apropia buzele de urechea-ți, cum am făcut-o de atâtea mii de ori, de-mi spuneai că se aude marea din gura mea înfiorată, oare s-ar mai auzi atunci? Mi-ai mai recunoaşte limba fierbinte? Printre toate aromele care îți vor fi bântuit dorințele, ți-ai mai aminti mirosul verde-crud-lăptos al trupului meu? Ai mai şti că degetul care îți scrie apăsat pe spate „te iubesc" e acelaşi pe care îl sărutai hazliu înainte să-ți pui mâna sub cap ca să te conducă în împărăția somnului?

Dintre sutele de paşi care au bătut drumul nocturn de la patul tău în bucătărie şi înapoi, i-ai mai recunoaşte pe ai mei, apăsați şi stângaci? Spune-mi, iubita mea... Mi-ai mai recunoaşte oftatul dintr-o mie când îmi merge greu? Dacă mi-ai pipăi pielea strânsă-n riduri moi în jurul cotului, ai şti că sunt eu? Dar răsuflarea mea, amestec de tutun şi alcool, păcălită cu vreo cinci lame de gumă pentru copii? Ai mai recunoaşte icnetele tastelor asuprite de mâinile mele în nopțile în care te culcai mai devreme? Oare nu sunt eu singurul care mă strecuram în pat fără să-ți tulbur visele?

Mă opresc puțin din scris acum... Unde vreau să ajung cu atâtea întrebări la care n-aş putea suporta povara răspunsului greşit...? Şi de ce-ar mai conta peste ani precizia amintirilor tale, iubito? De ce-ar mai conta peste ani? Ce ciudați suntem noi, oamenii... Ne proiectăm fericirea şi dramele în viitor, negând iresponsabili prezentul. Căci dacă aş accepta prezentul, iubito, tu n-ar mai trebui, oarbă fiind peste zece ani, să răspunzi la toate incertitudinile unei iubiri îngropate... Dar când s-a îngropat iubirea? În prezent, iubito... în prezent...

JURNALUL UNUI EMBRION

5.09.2007

Începuse să-l deranjeze bubuitul surd din jurul lui. Nu ştia de unde vine şi nu-l mai lăsa să-şi audă chroniculele. Îngerul îi spusese să le zică gânduri, cum le spuneau toţi oamenii, dar el nu voia să renunţe şi le spunea chronicule. Nu îmi mai aud chroniculele de atâta zgomot. Celulele se perindau prin faţa lui într-un ritm ameţitor, conduse haotic de râuri de sânge. Era un tablou care îl fascinase de la început. Încerca să fixeze câte una, dar nu apuca, pentru că alte câteva mii îi treceau prin faţă într-un du-te-vino fără sfârşit. Fusese o zi memorabilă aceea în care văzuse de două ori aceeaşi celulă. Se gândise să-i dea un nume: Rhemynia. Până şi îngerul se mirase. „În stadiul în care eşti nu ar trebui să fii capabil de imaginaţie, creierul tău nu e format încă." „Dar în ce stadiu sunt?" „Eşti un embrion." Suna oarecum jignitor din gura îngerului, dar el se simţea foarte bine în postura asta necunoscută până acum. Embrion.

Îngerul apăruse în ziua primei chronicule. Nu-şi amintea care a fost prima chroniculă, dar îngerul i-a spus că atunci a apărut. Îşi amintea o bubuitură puternică şi luminoasă şi celulele alergând în jurul lui şi atunci a realizat că înainte de bubuitură nu fusese nimic. Pe Rhemynia nu a mai văzut-o de atunci. În jurul lui pereţii se umflau şi se dezumflau cu mişcări lente şi constante. Era o senzaţie de siguranţă pe care o încercase încă de la început – sau mai degrabă nu ştia ce înseamnă nesiguranţa. Confortabil şi nemişcat, deşi nu avea termen de comparaţie, pentru că nu aflase încă ce înseamnă mişcarea. Îngerul avea să-i explice toate astea uşor, uşor.

Tot ce ştia era că nu ştia nimic înainte de explozie. Îl întrebase pe înger ce fusese înainte de explozie, dar îngerul nu părea foarte dispus să-i explice. Oricum, nici el nu se încăpăţâna să afle răspunsul, pentru că noul său univers îi dădea destulă bătaie de cap. În jurul lui materia era în permanentă mişcare. Culorile se amestecau continuu, făcându-l să zâmbească. Îi plăceau mult lichidele gălbui care nu-l lăsau să vadă goana celulelor, pentru ca brusc acestea să-şi facă loc năvălind pe valuri de sânge. În interiorul lor atomii fierbeau necontenit, dar nu-i putea urmări decât foarte puţin, pentru că jocul lor făcea repede loc unei ameţeli plăcute.

Tot felul de zgomote avansau către el, iar pe măsură ce creştea avea senzaţia că sunt tot mai multe şi mai clare, venind de undeva de deasupra. În toată această perioadă pe care avea s-o petreacă imobilizat, înainte să uite totul, un singur zgomot îi va fi fost companie permanentă. Nişte bubuieli surde şi constante care din când în când se accelerau pentru ca mai apoi să revină la normal. Îl întrebase pe înger: „Ce e cu ele?" „Inima. Este inima", îi spusese îngerul. „Ce este inima?" „Inima este ceea ce te ţine pe tine în viaţă. Şi bate constant. Sau bubuie, cum spui tu." „Viaţă?", întrebă el încurcat. „Ce-i aia viaţă?" „Viaţa este ce ţi se întâmplă după ce eşti nimic." „Păi da, dar nu-mi aduc aminte să fi fost nimic." „Exact. Tocmai pentru că nu-ţi aduci aminte că ai fost nimic, ai fost nimic. Viaţa e când îţi aduci aminte." „Nu înţeleg." „Nici nu e cazul acum. E timp pentru toate." Şi-ar fi dorit să-l vadă pe înger, nu să-i audă doar vocea, cum se întâmpla de fapt.

Pe măsură ce creştea, pereţii adăpostului se apropiau de el şi odată cu ei valuri de aer cald şi câteodată rece. De ceva vreme încerca o senzaţie ciudată. „Creşti", îi spuse îngerul, „şi ai început să simţi asta. Îţi cresc mâinile, picioarele..." „De ce cresc?" Îngerul începu să râdă. „Devii om şi odată cu asta pui aceleaşi întrebări." „Afară întreabă de unde venim; aici, de ce cresc. Creşti şi atât." „Ai spus afară?" „Da, afară." „Ce se află afară?" „Afară e lumea, viaţa!" „Şi aici ce e?" „Aici e mama ta!" „Mama mea? Asta ce-o mai fi?" „Mama ta este tot ce se află în jurul tău acum. Iar inima de care ţi-am spus, bubuielile sunt inima mamei tale. Mama ta este ce va fi după ce eu nu voi mai fi. Mama ta va fi când vei uita de mine. Mama ta este aici şi acolo. Mama ta este viața şi înainte de viață. Ea te va ghida afară când eu nu voi mai fi. De fapt, voi fi, dar nu-ți voi mai putea vorbi. Oricum, s-ar putea să nu crezi că eu aş putea fi. Mulți uită de noi." „Mă sperii." „N-ai de ce să te sperii." „Îmi e bine şi cald aici. Şi vreau s-o aştept pe Rhemynia." „Eşti un embrion ciudat. Nu vrei să-ți cunoşti mama prea curând şi te-ai îndrăgostit de o celulă pe care ai reuşit s-o botezi. N-am mai văzut aşa ceva. Mi-eşti simpatic." O zdruncinătură incredibilă reuşi să întrerupă conversația celor doi. „Ce-a fost asta?" „Stai liniştit. Nimic grav. O să mai fie aşa. A strănutat mama ta!" „Mama..."

Zilele treceau şi îngerul era din ce în ce mai ocupat să-i satisfacă tot felul de curiozități embrionului care creştea la adăpostul pereților ca de burete. Încerca să-i furnizeze doar strictul necesar, pentru că ştia că în ziua luminii copilul va uita tot... El trebuia să-i formeze instinctul. Afară, nimeni nu-şi explică instinctul. Instinctul oamenilor îl constituiau acele informații pe care îngerii le furnizau în mod repetat când aceştia se aflau în întunericul mamelor lor, pentru a-i ajuta mai târziu în viață. Instinct. Informațiile îngerilor. „Ce e afară? Ce e acolo?" „Sunt mulți oameni. Ei compun viața. Sunt foşti embrioni, ca şi tine, care au uitat totul şi au luat-o de la început ca oameni. Aşa şi cu tine. Vei fi om. Vei locui pe pământ. De mama ta ți-am vorbit. Vei avea şi un tată." „Tată?" „Da. El este completarea mamei tale."

Embrionul adormea de multe ori în mijlocul acestor lecții despre structura lumii. Nu toate i se păreau interesante şi atunci prefera să se întoarcă la priveliştea gălbuie şi bubuiturile surde care îi aminteau de viitoarea lui mamă. Îngerul îşi făcea însă datoria și își ținea lecțiile: pământ, apă, tată, iubire, delfin, răsărit, muzică, Dumnezeu... „Stai!", spuse embrionul. „Mai zi o dată." „Dumnezeu", rosti calm îngerul. „Dumnezeu... sunt sigur că am mai auzit cuvântul ăsta. Sunt sigur." „Nu aveai când", spuse îngerul intrigat. „Poate l-am auzit când eram Nimic", replică embrionul. Îngerul tăcu. Nu se mai auzea decât vuietul sângelui rostogolindu-se prin vene, semn că afară aveau loc emoții. Embrionul adormi cu gândul la Dumnezeu.

Zilele treceau şi îşi dădea seama că e din ce în ce mai mare. Acum îşi vedea mâinile şi picioarele şi simțea cum clipeşte prin lichidul gălbui. Începea să simtă ceva nou. Nu-i mai ajungeau pereții moi ca de burete şi nici căldura lor. Ceva îl apăsa şi bubuiturile i se păreau asurzitoare. „Libertatea. Se apropie ziua luminii şi ai început să simţi Libertatea." „De ce nu te văd niciodată?" „Pentru că sunt doar o voce... Nu ai ce să vezi." „Dar mi-eşti drag... aş vrea să te văd..." „Sunt peste tot, crede-mă. Eram şi când ai văzut-o pe Rhemynia. Şi când ai vrut s-o revezi tot eu eram. Sunt peste tot." „Dar eu nu te văd..."

Un alt cutremur începu brusc. Mai lung ca de obicei. „E ceva cu mama?", întrebă cu îngrijorare embrionul. „Nu", răspunse îngerul. „E viaţa." „Tot timpul îmi dai răspunsuri pe care nu le înţeleg. Acelaşi lucru: viaţa, viaţa, viaţa. Eu te-am întrebat dacă e ceva cu mama şi tu îmi spui că e viaţa." „Prima revoltă", zâmbi îngerul în sinea lui. Apoi se întrebă fără ca embrionul să-l audă: „Oare de ce nu ne lasă să-i schimbăm? Poate ar suferi mai puţin..."

Lichidul gălbui îl înconjurase complet. Nu mai vedea nimic în jur. O linişte înfricoşătoare se aşternuse peste adăpost. Pereţii îl strângeau de-a binelea şi nu mai era deloc plăcut. Sângele, celulele, atomii dispăruseră fără urmă. La fel şi îngerul de o bună bucată de vreme. La răstimpuri liniştea era spartă de zgomote pe care nu le mai auzise până atunci.

Se întrebă dacă îngerul îl părăsise. Dintr-odată începu să simtă prin tot corpul ceva nou. Un punct înfricoşător se plimba înăuntrul lui. „Nu te speria", apăru îngerul. „E durerea. Am uitat să-ţi spun de ea." „Dar nu-mi place." „Atât mai aveam să-ţi spun. Dar mi-a luat-o înainte. Acolo afară sunt Durerea şi Fericirea. Durerea are două sensuri. Fericirea..." şi îngerul făcu o pauză. „Ce e cu fericirea?" „Nimic, doar că nu îţi pot explica. Trebuie să plec." „Unde?" „Trebuie să plec", spuse îngerul din nou. „Mă sperii. Mai stai, te rog. Vorbeşte-mi despre viaţă. Nu mă lăsa aici." „Nu te speria, te las cu mama ta. Nu ţi-e dor s-o cunoşti? Acolo afară te aşteaptă ca pe o minune." „Dar mi-e frică..." „Normal. Eşti aproape OM". „Durere, fericire... Mă sperii – te rog, stai cu mine până ajung la mama..." „Trebuie să plec..." „Ce-a fost asta?" urlă fostul embrion îngrozit. „S-a rupt apa, stai liniştit", îi strigă îngerul depărtându-se. „Nu pleeecaa, tee rooog..." „Trebuieee..."

Pereţii calzi şi moi începură să se înfăşoare în jurul lui şi să-i strângă picioarele. O forţă nemaipomenită îl împingea parcă de la spate. Era speriat şi în acelaşi timp neputincios, fapt care îl mai liniştea puţin. Apucă totuşi să se întrebe unde era de fapt mama, aici sau afară... Încercă să-şi mişte mâinile. Fără folos. Pereţii îl împingeau înainte.

bubuiturile se accelerau. Simțea lichidul gălbui cum se scurge odată cu el şi cu tot adăpostul care se transformă într-o mlaştină tulbure. Apoi simți cum înăuntrul lui se formează un ghem care creşte şi se îndreaptă spre gură. Se simți apucat odată cu adăpostul şi ghemul şi frica şi amintirea îngerului. O lumină puternică îi izbi fața, răcorindu-l. Apucă să mai tragă după sine din adăpost ultimele cuvinte ale îngerului – Durerea şi Fericirea...

IUBIRE INTERZISĂ

1.09.2007

Îl văzuse, nu cu mult timp în urmă, în clubul acela de pe străzile întunecate. Apoi se mai întâlniseră întâmplător prin vreo două agenții de publicitate. Doar că acele întâlniri întâmplătoare i-au confirmat bănuiala din club. Se îndrăgostise. Rău. De bărbatul acela.

Luminile reci ale „moving-head"-urilor se plimbau peste părțile vizibile ale pielii transpirate, în seara din club. Purta o cămaşă albă, pe jumătate udă de atâta dans haotic. Se mişca frumos, lăsând să se întrevadă muşchii lucrați. Lucrați cu finețe, fără încrâncenarea culturiştilor. Ar fi vrut să-i atingă ligamentele gâtului acolo pe ringul de dans şi să-l privească de aproape în ochii lui negri. Nu ştia cum ar fi putut s-o facă, dar ideea de a-i încolăci mijlocul dezgolit şi răsuflarea lui sacadată, amestec de alcool şi tutun, era o proiecție mentală care îi dădea fiori. Bărbatul nu se simțea privit, şi nici nu-i păsa la o adică. Dansa şi atât, fără să dea atenție celor din jur sau propriei persoane. Asta îi dădea un aer de nonşalanță sexy, combinată cu un soi de siguranță care-i venea bine unui tip înalt. Se gândea la sărut şi la buzele acelea cărnoase. Încă se minuna că un bărbat putea stârni aşa ceva atât de repede ca un fel de răscoală internă, ca şi cum cineva ar fi amestecat cu lingurița, stârnindu-i vârtejul sufletului.

Ştia că nu se putea mai mult în momentul ăla, iar singura bucurie pe care şi-a permis-o în seara aceea a fost o reverie pe drum'n'bass. Se gândea deja la ei doi în diverse ipostaze, toate legate de tandreţe: la micul dejun vorbind, nu neapărat îmbrăţişaţi, ci mai degrabă atenţi, ei doi în parc sau călătorind cu avionul spre vreo destinaţie cosmopolită, privind un film seara târziu pe jumătate adormiţi.

Îşi dorea lucruri normale, care să-i câştige lupta cu singurătatea, îşi dorea un om cu care să poată face împreună nimicurile vieţii, nimicurile despre care auzise că trebuiau să construiască o relaţie. Dar nu putea avea o relaţie. Nu putea să-şi permită o relaţie. Îi era interzis să iubească. Nu, mai degrabă îi era interzis să-şi caute iubirea pentru că, pe aici, prin locurile astea, oamenii interzic iubirile cu urlete şi condamnări. Interzic iubirea cu Ură. Şi tot pe aici, de multe ori, iubirea este obiect de studiu, ca şi cum ar fi apărut de curând pe pământ, şi toţi se înghesuie la geamul noilor îndrăgostiţi să-i vadă cum se comportă sau ce mare ciudăţenie o mai fi şi asta. Aşa că, cel puţin pentru moment, până când situaţia se va rezolva, dacă se va rezolva, nu putea decât să viseze. Într-un club de house. Şi să se mulţumească cu ce îi oferise viaţa până atunci. Ciozvârte de sex. Nicidecum iubire.

A plecat din club în acea seară cu sentimentul dezolării mai prezent decât oricând. Şi-a exersat mersul dezordonat şi a înfruntat cu stoicism privirile intolerante şi curioase ale taximetriştilor de prin intersecţiile aruncate pe drumul către casă. A deschis uşa casei, a închis-o la loc şi a plâns. Amintirea bărbatului nici măcar nu-i făcea bine, semn că era mai mult decât visul unei nopţi de club. Şi asta în condiţiile în care era un sacrilegiu să iubeşti. Aşa crescuse, aşa văzuse în jur, aşa i s-a spus de când începuse să simtă.

De fapt, nimeni nu-i spusese nimic. Auzise oamenii vorbind. Cu ură, cu patimă, cu dispreţ şi cu scârbă. Asemenea iubire nu poate să existe. Şi aşa, încet-încet, îşi reprimase dorinţele, visele, fanteziile. Doar că iubirea, aşa cum citise, dar uitase, e mai presus de noi. Şi în seara aceea, la club, vulcanul sufletului dădea semne din vârful muntelui. Inima începea să-i fumege uşor. Ştia că trebuia să lupte să ducă apa sus în vârf, să îngheţe, să reprime, dar era prea târziu. A închis uşa cu cheia şi a plâns.

A reluat ritualurile solitudinii dinainte de culcare. Ceaşca de ceai, nu foarte tare, ca să poată dormi, duşul fără prosop, pentru că mereu îl uita în dulap şi nimeni nu i-l putea aduce, papucii moi şi roz şi, într-un final, somnul cu perna în brațe, amintindu-i mereu de copilărie. A doua zi era o nouă zi.

Când l-a revăzut în agenție, s-a îndrăgostit pe loc. Pentru că a văzut un cu totul alt om. Sigur, era la fel de înalt şi reuşea să-i intuiască muşchii şi prin cămaşa de birou. Doar că de data asta i-a văzut ochii – negri şi adânci pe de o parte, limpezi şi senini pe de alta. Era un paradox încântător privirea aceea de maur şi de copil cuminte în acelaşi timp. Era groaznic.

Se îndrăgostise de un om pe care îl vedea a doua oară, fără să-i fi adresat măcar un cuvânt, deşi i se părea că auzise o voce plăcută rostogolindu-se în valuri către o colegă din agenție. Nici măcar nu ştia ce făcea omul acela care îi marca prezentul sărac în iluzii şi speranțe. Nu putea să întrebe nimic. Nu avea voie. Odată rostită întrebarea, s-ar fi dezlănțuit iadul – iar balanța precară, greu dobândită, a vieții de zi cu zi s-ar fi dezechilibrat brutal, fără speranță de redresare. Nu putea să-şi permită asta şi nu ştia ce să facă, pentru că încă o ocazie firavă de a iubi se ducea pe apa sâmbetei. Deşi nu ştia nimic despre obiectul efuziunii sale... Simțea însă că, oricare ar fi fost răspunsul lui la vreun eventual avans, trebuia să-şi facă curaj şi să încerce, să se elibereze, să lupte cu sine, pentru sine, să se bată pentru fericire, să lupte cu toți cei care se pregăteau să ridice pietrele oprobriului. Erau însă mulți şi nu puteai să lupți cu toți odată, şi oricât de mult ar fi vrut să-şi strige iubirea, eliberându-se, ştia că lupta va fi inegală, inegală, inegală...

Nodul nedreptății şi durerii i se strângea în gât şi ştia că într-o bună zi o să răbufnească, va face o criză grotescă într-un loc public, cu cât mai public locul, cu atât mai penibilă situația, ştia că va veni o zi în care o să urle cu puterea vocii lui slabe:

— Daaaa, sunt homosexuaaal! Daaaa! Şi ce pula mea vă uitați aşa la mine, jigodiilor?

Da, ştia că aşa avea să izbucnească în ziua aceea care va veni – şi va urla, iar după primele treizeci de secunde vocea îi va fi răguşit şi lacrimile de furie şi nedreptate i se vor fi aşezat pe corzi, îngropându-i sunetele într-un geamăt înfundat.

— Daaa, jigodiilor, sunt homosexual şi o să mă disprețuiți şi o să vă uitați la mine ca la ciumă, da' nu mai pooot, javrelor, pentru că vreau şi eu să iubesc şi să-mi caut un om care e la fel ca mineeee şi voi nu mă lăsați să-l întâlneeesc...

Lacrimile se vor rostogoli pe pardoseala lucitoare a băncii sau a mall-ului unde va face criza şi oamenii vor râde şi vor filma cu telefoanele mobile în timp ce o bătrânică îmbrăcată sărăcăcios va încerca zadarnic să-i întindă o mână de ajutor sau un şerveţel, copii graşi vor râde cu gura până la urechi de bărbatul firav cu voce de femeie beată care se dă cu capu' de ciment şi el nu se va opri.

— Daaaa, sunt homosexuuaaal, futu-vă-n gură să vă fut!

Şi lumea va râde amuzată şi el va urla.

— Da, sunt homosexuaaaal, va distraaaţi, râdeţi, javrelor, râdeţi, dar lăsaţi-mă să ţin pe cineva în braţe şi nu vă uitaţi la mine ca la closetele voastre când trageţi apa! Sunt homosexuaaaal, daaa, şi ce vreţi, să mă omoooor, mă, javrelor, să mă duc pe insula leprei, mă, javrelor!

Şi vocea i se va stinge încet, încet şi nu va mai putea să articuleze pentru că sunetul nu se va mai forma pe corzile obosite de lacrimi şi de nedreptate şi niciun sunet nu se va mai auzi, doar hârşâitul răsuflării lui disperate, neputinţa se va transforma în mai multe lacrimi şi în spasme şi lumea va începe să se împrăştie uşor, uşor, lăsându-l ghemuit cu pumnii încleştaţi, cu buzele muşcate de durere şi nimeni nu va fi acolo să-l ridice şi nimeni nu va răspunde la telefon să-i spună să nu se mişte de acolo, că vine imediat după el şi nimeni nu va fi nicăieri şi va fi începutul sfârşitului, pentru că lumea va fi aflat şi de atunci va trăi cu carnea sufletului arsă de pecetea orientării lui sexuale.

La asta se gândea acolo, în birourile agenţiei, şi se ruga să-i dea Dumnezeu putere să ţină cât mai departe ziua în care va izbucni şi se va elibera, urmând să trăiască o viaţă în dispreţul semenilor. Pentru că aici, în locurile astea, oamenii acceptă doar un singur fel de iubire. Monoiubirea. Pe aici oamenii nu acceptă bolile şi nici anomaliile şi sunt gata să te pună la zid cu viteza gândului. Pe aici, pe la noi, oamenii omoară toleranţa. Şi iubirea. Cu ură. Pe aici, pe la noi, oamenii Îl omoară zilnic pe Isus... Din fericire, Isus e mai presus de noi... Ca şi iubirea...

P.S. Dedic acest articol tuturor prietenilor şi amicilor mei homosexuali cărora, dintr-un motiv sau altul, le este frică să-şi declare identitatea sexuală.

SINUCIGAŞUL. MOARTEA DUPĂ PLUTIRE

18.09.2007 – 5.02.2008

Se uita la maşinile care înaintau încet. Nu păreau să înainteze. Asta şi din cauza distanţei. Sunetele claxoanelor ajungeau până la el întrerupte de vântul călduţ de septembrie. Era o zi frumoasă, cu nori trecători alergând pe cerul sticlos. Fusese surprins că nimeni nu restricţionase accesul pe terasa blocului. Ar fi putut veni oricine aici. Pe de altă parte, se gândea că nu sunt atât de mulţi sinucigaşi. Nici el nu-şi mai amintea momentul exact când hotărâse să facă asta. Şi nici de ce trebuia s-o facă nu-şi mai amintea prea bine. Adică dacă cineva ar fi urcat acum pe terasă şi l-ar fi întrebat de ce vrea să plonjeze în gol, pentru ce, nu ar fi ştiut să-i spună ceva precis, concret. Avea doar senzaţia că pierduse pe toate planurile. Deşi asta i se părea relativ, în acelaşi timp. Se instalase însă în el senzaţia asta, aşa, ca o durere surdă din cauza unei carii aflate în faza mijlocie, netratată.

Stătea pe marginea blocului, gata s-o facă. Nu simţea frică. Nici regrete. Era împăcat şi senin. Se gândea că din sutele de oameni care treceau pe bulevard nici măcar unuia nu-i dădea prin cap că deasupra lui, la câteva zeci de metri, un om se pregăteşte să moară. Era multă lume pe trotuar. Ideal ar fi fost să-şi poată face vânt cât mai tare şi să se prăbuşească pe carosabil, nu pe trotuar. Ar mai fi putut omorî pe cineva dacă se prăbuşea pe trotuar.

Se gândise mult la cum ar fi trebuit s-o facă. Îi plăcuse cel mai mult saltul în gol, pentru că implica ideea de plutire înainte de moarte. Toată viața tânjise după libertate în cele mai diverse forme, iar moartea după plutire i se părea cea mai frumoasă evadare posibilă. Ăsta era şi motivul pentru care se afla pe un bloc-turn. Cu cât mai mare distanța, cu atât mai lungă plutirea. Nu se gândea la şocul aterizării. Era un detaliu de care se ferea. Detestase oamenii, mai ales în ultima vreme - nu-i mai putea diferenția şi nici nu făcea vreun efort, considerându-i o masă mare şi diformă de rău, şi tocmai din cauza asta se mira că acum, în ceasul al doisprezecelea, era cuprins de grija de a nu omorî pe vreunul dintre ei în cădere. Oare ideea morții te face mai bun?

Se gândea şi la Ea. Încerca o bucurie voluptuoasă la gândul că va afla şi nu va mai putea face nimic. Fie şi numai pentru această răzbunare care-i gâdila orgoliul încă în viață merita să creadă în existența lui Dumnezeu. Se imagina privind-o cum îşi smulge părul din cap de durere - sau cel puțin aşa vedea el scena în care ea afla. Aproape că zâmbea la gândul farsei pe care o pregătea. Îi spusese de atâtea ori că are s-o facă. Eşti nebun, spunea ea de fiecare dată. Ideea că ar fi putut fi nebun o acceptase de mult, ba chiar i se părea că făcuse față cu brio provocărilor vieții în calitate de nebun. Acum, în pragul saltului, nu se mai considera deloc nebun. I se părea că este mai responsabil ca oricând.

Se îmbrăcase în negru. Dintr-o rațiune mult mai simplă decât cea a solemnității momentului. Se îmbrăcase în negru pentru că nu voia să-şi păteze hainele cu sângele împroşcat după şocul căderii. De fapt, nu voia ca lumea să vadă sânge. Toată viața fusese un pedant şi un îngrijit şi îşi regăsise reflexia în percepția celorlalți despre el. Asta îl făcuse mereu atent la reprezentarea în fața oamenilor. Acum, cu puțin timp înainte de moarte, nu voia să abdice de la principiile estetice autoimpuse. Trăise curat şi în afara oricărui exhibiționism şi aşa avea de gând să şi moară, deşi să cazi în mijlocul traficului pe un bulevard intens circulat era o formă de spectacol cel puțin ieşită din comun. Se gândea însă că nu poți împăca şi capra, şi varza.

Pe sub tricou şi pantalonii negri, tot corpul îi era înfăşurat strâns cu bandă pentru izolațiile electrice, în aşa fel încât organele să nu i se poată împrăştia pe asfalt după impact. Urma să fie mai uşor şi pentru cei de la morgă şi, în acelaşi timp, îşi scutea familia de şocul unui cadavru dezintegrat. Oricum, se gândea că poate are noroc la aterizare şi membrele o să-i rămână la locul lor. Detesta spectacolul ieftin şi posibil al împrăştierii unui trup pe care, după săritură, nu l-ar mai fi putut controla. Aşa că se mumificase cu role de bandă izolată şi se îmbrăcase în negru.

Se gândise la toate până în cele mai mici amănunte. Dispreţuia ideea sinuciderilor grăbite de vreun impuls de moment. Nu te poţi juca aşa cu chestia asta, îşi spunea. Era convins că sinucigaşii de moment regretau imediat comiterea gestului. I se părea amuzant să regreţi în aer. Amuzant şi în acelaşi timp înfricoşător. Nu te poţi juca cu viaţa. Ăsta era motivul pentru care îşi pregătise moartea cu minuţie. Totul trebuia bine pus la punct. Căutase blocul vreo lună. După ce se hotărâse asupra lui, încercase cât mai timid şi neobservat cu putinţă să dea târcoale la diverse ore împrejurimilor şi chiar scării blocului. Într-o zi făcuse rost de un maldăr de cataloage de pe la Ikea, reuşind astfel să intre nestingherit în bloc, în chip de curier. Îndrăznise chiar să sune la uşile celor de la etajul 12 şi să afle că ba nu erau acasă, ba nişte muncitori renovau la nesfârşit un apartament, iar a patra uşă de lângă lift ascundea viaţa a două studente la filosofie.

Intrase în vorbă cu oamenii pentru că îi venise ideea de a întruchipa un amărât care încerca să vândă cataloage a căror primă destinaţie era difuzarea gratuită, aşa încât oamenilor nici prin cap nu le trecuse că pârlitul cu ochi frumoşi din faţa lor, atât de însetat de ceva bănuţi, ar fi putut nutri gânduri negre şi prevestitoare de moarte. Află astfel că pe la ora nouă dimineaţa nimeni nu mai era acasă pe palierul de la etajul 12 al blocului-turn. În rest, nu a mai avut nevoie decât de o vestă de la Distrigaz, asta ca să aibă acoperire în caz că cineva l-ar fi văzut urcând pe terasă. I se părea că Distrigaz sună mai credibil, deşi muncitorii de acolo nu prea au treabă pe terase. Aşa că, în acea zi frumoasă de toamnă cu cer sticlos şi adieri de vânt, un băiat cu pantaloni şi tenişi negri şi o vestă albastră Distrigaz privea oraşul pentru ultima oară de pe terasa unui bloc-turn. Urcase pe la nouă şi cinci şi trecuseră deja douăzeci de minute.

Trag de timp, îşi spunea, deşi nici el nu credea asta. Era convins că o va face şi nu frica îl ţinea cu tenişii încă lipiţi de marginea de beton a blocului. Era intrigat de faptul că nu reuşea să tragă nicio concluzie înainte de plecare. Şi-ar fi dorit ca rezumatul nereuşitelor care-l aduseseră în pragul sinuciderii să i se concretizeze într-un singur gând coerent, logic, la sfârşitul căruia să poată respira uşurat, genunchii să se flexeze uşor, pentru ca apoi să-i împingă trupul în gol, în neant. Concluzia întârzia să apară. Ba mai mult, în locul concluziei apăreau tot felul de personaje pitoreşti care-i pigmentaseră viața.

Râsul complet idiot al lui Ivan îi răsuna în cap acum mai mult ca oricând. Ivan râdea tare şi foarte ritmic – de undeva din gât se forma sunetul ca de măgar ce făcea o excursie prin toate vocalele limbii noastre: Ha haha hheeehhihuuhuuhoo... Aşa arăta un ciclu complet – care, dacă gluma era bună, se repeta de zeci de ori, reuşind s-o eclipseze într-un final apoteotic în care lumea, molipsită de râsul Ivanului, uita de gluma care stârnise furtuna. Ivan era cel mai bun prieten al lui. Afemeiat şi grobian, bețiv de ocazie şi optimist frizând de nenumărate ori tâmpenia, era îndrăgostit de sensibilitatea lui excesivă pe care, deşi o considera „boală periculoasă în secolul mizeriei", o cultiva ca pe cea mai mare calitate a „prietenului de pe Saturn", cum îl alinta el. Ivan îl iubea sincer pentru ceea ce alții considerau „slăbiciune şi boală" şi îi încuraja sensibilitatea spunându-i mereu că cei care-şi ascund adevărata natură riscă să uite de ea şi sfârşesc prin a fi altcineva. Şi niciodată nu poți şti ce vei ajunge dacă te negi, adăuga Ivan cu o mutră serioasă arborată pe fața lată.

Ea nu-l suportase niciodată. I se părea că Ivan e un ratat care-i trage iubitul în jos şi nu-l lasă să se schimbe, să evolueze. Trebuie să faci ceva cu viața ta, îi spunea ea. Cu viața noastră. Dar amintirea ei dispăru din nou acolo, pe terasă, lăsând loc zâmbetului provocat de râsul lui Ivan. Ivan va suferi, îşi spuse – şi pentru prima dată inima i se strânse, dar îşi reveni brusc: e patetic să dau înapoi la gândul că va suferi Ivan. Oricum Ivan nu era genul de bocitoare care ridică eterna întrebare, rămasă de secole fără răspuns: „De ce ai făcut asta, maicăăăă, deee ceeee?". Ivan ar fi râs mai puțin după moartea lui – ştia bine lucrul ăsta, şi ochii i se umeziră la gândul grasului care avea să sufere ascunzându-şi ochii înlăcrimați în fața vânzătorului de Mac care îl va fi întrebat într-un moment nepotrivit ceva legat de McNuggets. „O să-mi fie dor de McNuggets", îşi spuse. „O să-mi fie dor de Mac." Singurul refugiu când totul mergea rău, la birou, acasă... Întotdeauna scăpa de oameni şi de chinul dialogului invocând un drum până la Mac.

Ziua în care l-au dat afară în prezența tuturor, ziua aceea, momentele alea au fost mai ușor de îndurat datorită unui *double-cheese*. Îl dăduseră afară. Îi spuseseră să plece. Dar era mai mult decât atât. Era ura față de un om pe care nu-l înțelegeau. Știa bine că oamenii urăsc ce nu înțeleg și toate costumele alea cu mătreață pe umeri și freze optzeciste sau unghiile roșii mirosind încă a acetonă priveau însetate de dispreț la umilința lui, așteptându-l să părăsească încăperea cu capul înfundat între umeri. Și atunci, salvator ca un erou de benzi desenate plasat strategic pe biroul lui, un *double-cheese* i-a făcut vesel cu ochiul.

L-a desfăcut lent, cât mai lent cu putință, în fața tuturor, și mai ales a responsabilului de proiect, un idiot impotent cu viață sexuală dublă (ăsta da paradox!), apoi a mușcat și a mestecat ușor și apăsat în același timp, savurând și prelungind momentul la nesfârșit, reprimându-și lacrimile cu carnea și chifla aburinde. A terminat de mâncat, a râgâit și a părăsit încăperea lăsând pe biroul secretarei ambalajul sufocat de pumnii încleștați. În liniștea prilejuită de plecarea lui, singurul zgomot perceptibil era cel al ambalajului care își revenea din strangulare.

Trecuse o oră de când stătea pe terasă, împărțit între amintiri și hotărârea de a sări. Pe bulevard, viața își urma cursul. Pe blocul-turn, un băiat îmbrăcat în negru și cu trupul învelit în bandă izolantă se pregătea să-l oprească.

Nu credea că îl va mânia pe Dumnezeu... Teoria lui era că Dumnezeu îi iubește și pe cei care au abdicat de la principiile luptei cu orice preț. Altfel nu l-ar mai fi trimis pe Isus, nu? Isus nu a venit pentru cei puternici... Era convins că „lăsați copiii să vină la mine” nu era un îndemn adresat exclusiv copiilor... Avea principii și teorii solide referitoare la mistică și religie, lucru care nu-l determina să gândească prea mult în zona asta, mai ales acum, când trebuia să se hotărască să sară. Îi lipsea însă concluzia supremă, acea frază care să-i dea brânciul final. Or, el era bântuit de amintiri frumoase. Se gândea la căpițele de fân și la paiele care-l gâdilau de fiecare dată când se ascundea prin șoproanele din împrejurimile Cheii, satul bunicilor din Moldova. Fusese o copilărie ca în manualele școlare – cu capre, năzbâtii, draci de copii blonzi și mucoși, urlete și povești înfricoșătoare înainte de culcare. Căpițele de fân stăruiau însă cel mai tare în mintea lui obosită de amestecul ultimilor ani. Acolo se ascundea, mângâiat de soarele vreunei după-amieze de toamnă. Tot acolo a furat primul sărut care i-a lăsat un gust dulce, inconfundabil, de gutuie glazurată şi pe care nu l-a mai regăsit de atunci. Ilinca o chema şi avea cozi lungi împletite perfect... îl lăsase s-o sărute acolo în şopron. Fusese mai mult o hârjoană băieţească în care el încerca s-o imobilizeze, s-o strângă în braţe – şi, dintr-odată, buzele li s-au lipit şi s-a lăsat liniştea... peste şopron, peste lume, nu se mai auzeau decât inimile lor şi plescăitul buzelor care învăţau sărutul... Şi acum era linişte... maşinile îşi urmau cursul... fatalitatea traficului... vrei, nu vrei, trebuie să te deplasezi, se gândea.

Se săturase de tot ce trebuia... tot timpul trebuia să faci ceva ca să înaintezi, să nu pierzi trenurile vieţii, să cobori în gara special destinată vieţii tale şi s-o iei prin nu ştiu ce pasaj care te va fi dus la altă linie, de unde trebuia să iei alt tren ca să nu pierzi oportunitatea de la ora nouă... pentru că numai o dată şi doar la ora nouă puteai să-ţi întâlneşti norocul şi asta în orice caz dacă ai fi răzuit tichetul şi ai fi citit cu atenţie instrucţiunile de pe talon, doar atunci ai fi putut participa la unica şansă a vieţii tale – pentru că cine ştie când ţi s-ar mai fi ivit ocazia, o asemenea ocazie... Oricum, ai grijă cum şi ce vorbeşti, pentru că nu ştii de unde poate să ţi se întindă o mână – şi în general în viaţă nu e bine să te cerţi şi să-i vorbeşti pe oameni de rău sau să-ţi dai cu părerea, pentru că nu se ştie peste cine dai şi după aia s-ar putea să ţi se blocheze oarece intrări sau, după caz, ieşiri... pentru că mereu e nevoie de o ieşire care să te ducă la un alt nivel – şi oamenii te pot ajuta, te susţin, dar sistemul este piramidal, cei de la nivelele superioare aşa au reuşit şi acum ei sunt puternici. Important e să aduni tu zece oameni, iar când i-ai strâns primeşti un număr şi o cheie şi deschizi uşi, ai să vezi că deschizi mult mai multe uşi aşa. În definitiv, cine eşti tu să schimbi lumea? Pe bune, nimic nu e nou sub soare, totul s-a mai făcut şi e mult mai bine să profiţi de val decât să te arunci împotriva lui, nu e nevoie să spui ceva cu orice preţ, fă parte din echipă, lasă-i pe alţii să se afirme, că e mai cald în echipă, o să vezi...

Căpiţele de fân par aşa moi de la distanţă, dar de fapt te înţeapă paiele alea destul de tare.

Jumătate din tenişii lui erau în aer. Călcâiele erau singura legătură cu un prezent incert, apăsând betonul terasei. Corpul îi era puţin aplecat pe spate, ca să compenseze dezechilibrul, astfel încât, fără voie, privea spre cer. Norii alergau nepăsători la drama de pe bloc.

Şi-ar fi dorit o discuţie cu norii. Se gândea că norii ar putea vorbi înainte să se transforme în ploaie. „Ce poezie râncedă mă cuprinde acum..." Nu ştia de ce îi venea să urle, dar urletul ar fi grăbit zborul spre pământ.

Îi plăcea senzaţia asta de echilibru precar. „Aş putea să las vântul să mă omoare. Dacă vântul ar sufla mai tare, acum ar putea decide în favoarea morţii mele." Vântul însă nu suflă şi nu preluă responsabilitatea sinucigaşului. Vântul predă lecţia moralităţii, îşi spunea zâmbind. Va trebui să sar din proprie iniţiativă. Asumă-ţi, îi şoptea curgerea norilor. Oare câte sinucideri privesc norii acum? Câţi oameni, pe câte blocuri, schele sau poduri aşteaptă să sară şi privesc cerul? Câţi oameni de pe pământ fac aceleaşi lucruri deodată? Ideea simultaneităţii îl făcea să se simtă mai puţin singur. Oare jumătatea mea, femeia pe care nu am cunoscut-o niciodată, se pregăteşte să sară odată cu mine? Ne vom regreta unul pe altul în cădere?

Ochii începură să i se umezească – iar povestea iubirii pierdute, cea la care jinduiesc toţi oamenii răsfoind reviste strălucitoare fabricate de artişti neconfirmaţi, se derula înlocuindu-i gândurile. Era convins acum, în timp ce lacrimile îi gâdilau obrajii făcându-l să zâmbească fără voie, că jumătatea lui va sări odată cu el. Îi vedea blugii rupţi, tenişii albaştri cu imprimeuri de trifoi, tricoul negru cu inscripţia „Love is in the air" şi părul roşcat, ca un răsărit de soare în Atlantic. Cicatricea lunguiaţă de pe obrazul drept, o crăpătură albă pe faţa ei mereu bronzată, şi năsucul perfect amintind parcă de personajele din *manga*, benzile desenate japoneze. Plângea la gândul că n-o s-o vadă niciodată, că n-o să-i îmbrăţişeze sânii şi n-o s-o poată privi în ochii verzi care i-ar fi mângâiat pielea cu lumina lor nefirească lumina aceea albă care străpunge aerul înainte ca furtuna de vară să întunece totul. Plângea pentru tot ce ar fi putut avea împreună cu fata visurilor lui şi-şi vindea sieşi iluzia fericirii. În singurătatea teribilă dinaintea saltului găsise soluţia dedublării ca formă de luptă.

Se împărţise ad-hoc în doi indivizi: unul conştient şi pragmatic care se pregătea să sară cu un zâmbet îngheţat pe buze şi care ştia că trebuie să mai ia cu el un idiot îndrăgostit de viaţă în ultimul moment. Primul îi vindea celui de-al doilea iluzia împlinirii în ultimul zbor alături de o Ea fabricată în ultimul moment. Celălalt nu voia încă să abandoneze imaginea femeii care l-ar fi putut salva, deşi ştia că ea se afla în aceeaşi situaţie pe un bloc din Paris sau Nottingham... Norii îşi încetiniseră mersul, interesați parcă de povestea simultană a doi oameni care vor zbura în moarte ținându-se de mâinile care nu se vor fi atins niciodată...

Să fie oare posibil ca undeva în lumea asta cineva să tânjească după mine? Cineva să fie croit pe măsura tenebrelor şi frustrărilor mele? Să fie oare cineva destinat mie şi numai mie? Câți dintre noi nu ne întâlnim niciodată? Toate întrebările astea îl țintuiau încă pe marginea blocului. Întrebările şi imaginea Ei din ce în ce mai vie, din ce în ce mai puternică. Gândul că o Ea în tenişi şi tricou avea nevoie de el, gândul că oamenii sunt făcuți unii pentru alții şi o forță necunoscută le rătăceşte drumurile şi îi amestecă greşit ca într-un puzzle distrus de un copil rău – ei bine, gândul ăsta îl făcea să se sufoce de nedreptate.

Nu se gândea nicio clipă că fata din mintea lui este rodul imaginației în criză, nu se gândea că adrenalina ultimelor momente îi scurtcircuitase benefic creierul care fabrica poveşti din dragoste de viață, nu se gândea la nimic din ceea ce ar fi putut-o face pe Ea ireală. Trăia o revelație incredibilă, aceea că fiecare om de pe pământ are pregătită o jumătate pe care însă cei mai mulți nu o întâlnesc niciodată. Nu era ceva nou sub soare, ştia bine asta, dar vedea fizic şi dureros mii de oameni care mergeau pe străzi sau intrau în gurile de metrou, trecând unii pe lângă alții fără să ştie că de fapt îşi aparțin şi că se îndreaptă spre case în care sunt aşteptați de alte jumătăți nepotrivite cu gânduri destinate altor jumătăți – şi tot aşa, într-un cerc care nu se închide niciodată.

Vedea o fată elegantă cu un aer felinian de *dolce vita* ieşind plângând dintr-o cafenea şi aruncând un buchet de flori, iar în acelaşi timp privea o clădire imensă de birouri în care un avocat ambițios specializat în drept comercial împacheta cadouri de Crăciun pentru mama şi sora lui. Ştia că cei doi sunt făcuți unul pentru altul, însă în ziua în care ar fi trebuit să se întâlnească ceva se întâmplase şi ea nimerise în brațele unui fotograf frustrat de arta neîmpărtăşită, iar el se căsătorise cu o fată dintr-o clinică aflată cu două etaje mai jos.

Mii de asemenea poveşti începură să i se deruleze prin fața ochilor, încurajate de claxoanele care se înmulțeau nefiresc la zeci de metri mai jos. Ai fi zis că gândurile şi proiecțiile îi erau conduse de traficul infernal, ca şi cum cineva l-ar fi conectat brutal la toate maşinile cu destinele aferente. Gândul că oraşul de sub el musteşte de poveşti greşite, ideea că sute şi mii de oameni în maşinile lor suferă inconştienți, abrutizați, resemnați cu necunoscutul stârni în el un sentiment absolut nou. Ceva nedefinit amestecat cu milă.

Nu mai trăise asta niciodată. Un val de căldură îi îmbrățișa tot corpul, înfășurându-l blând. Era un sentiment de culoarea laptelui, călduros ca o zi perfectă de mai în care nu bate vântul. Mușchii se relaxau ca după un somnifer puternic și simțea că sufletul i se lărgește și devine o cameră înaltă ai cărei pereți se extind pe măsură ce căldura crește în volum, nu și în intensitate, iar pereții sufletului se depărtează unii de alții și camera se transformă într-o sală care se mărește continuu până când pereții nu se mai văd, ochiul nu îi mai poate distinge și sala se transformă în câmp – și sufletul e câmp, e iarbă, e cer, e iubire. Atât de mult spațiu se făcu înăuntrul lui, încât pierdu noțiunea timpului și a locului unde se afla și lacrimile țâșniră firesc din ochii obosiți și începu să plângă blând și constant, fără să realizeze că radiază iubire. Căldura însă nu se oprea și aproape că începu să-și simtă sângele alergând prin vene. Era o senzație de goană furibundă la care nu se gândise vreodată.

Oamenii stau pe loc, însă sângele lor gonește neîntrerupt, își spunea cuprins de cea mai frumoasă stare pe care o trăise. Și de parcă toate acestea nu erau de ajuns, căldura, sufletul, iubirea și circuitul sângelui se uniră brusc într-un flux și mai puternic, și mai amețitor, de necontrolat, căruia pur și simplu nu i te mai puteai opune, deși el și-ar fi dorit, pentru că era rușinos de felul lui, dar acum nu mai era loc pentru jumătăți de măsură, căci o forță necunoscută care îi revela simțurile formă în gâtul subțire o gălușcă de cuvinte care explodă fără ca el s-o poată controla sau direcționa. Un sunet ascuțit traversă aerul până în stradă:

— Băăăăăăăăiiiiiiiiiiii fraaaieeeriiiiilooor!!! Nu înțeleeeegeeeți că e voorbaaa de iubireeeeeee???!!! Nu înțelegeți băăăăiii că ne așteaptă undeva după cooolț??? E vorba de iubiiiireee, măăăă!!! Nu înțelegeți că la toți ne e dat să iuuubiiim??? Absolut la toți? În mod egal, măăăă!!! Jumătățiile noastreee ne așteaptăăă, dar noi ne rătăcim, orbecăim în întuneric, măăăă!!! Dumnezeeeu e iubiireeee, măăăă!!! Nu înțelegeți că e atât de simplu???!!! Nu e nimic mai simpluuuu, băăăăăi, vă rooog!!! Nu înțelegeți că trebuie să luptăăăăm să ieșiiiiim din întuneric ca să ne găsiiiiim unii pe alțiii, băăăiiiiii!!! Unde îl căăăutaaați pe Dumnezeeeeu???!!! E simpluuuu!!! Dumnezeu vrea să ne luptăm să găsim iubireeeaaa, măăă!!! Diavolul e în noi și ne face să rătăcim în întuneric!!! Voi nu înțelegeți că Diavolul strică puzzle-ul!!!??? Nu înțelegeeeeeți că noi suntem ori Diavolul, ori Dumnezeu???!!! Nu înțelegeeeți că trebuieee să căutăăăăm??? Universul e în fiecareeee dintre nooooiiiii, băăăăăăăiiiiiiii!!! Nu e filosofieee, băăă!!! Trebuie să ne iubiiiiim, înțelegeeeți???

Pe măsură ce striga, forța creştea în el mai puternică, tot mai puternică, dar nu era de ajuns pentru a se face auzit. Sunetele erau prea slabe ca să traverseze întreaga distanță până în stradă. Îi luă mult timp până când realiză, printre lacrimi, că nimeni nu-l aude acolo jos. Ca împins de un arc, se întoarse şi sări înapoi pe bitumul terasei, apoi o luă la fugă spre uşița care dădea în camera liftului, iar de acolo în casa scării. Gonea sărind câte două-trei trepte şi în mai puțin de un minut ajunse în stradă. Se repezi ca scos din minți în mijlocul traficului. Maşinile staționau şi se puneau în mişcare cu lungi pauze, în perfectă contradicție cu agitația de care era cuprins sinucigaşul. Ca şi cum ar fi descoperit ceva epocal fără de care umanitatea nu şi-ar mai fi putut continua existența, se învârtea printre maşini ca un titirez, încercând cu disperare să capteze atenția întregului trafic în acelaşi timp.

Din maşinile lor cu radiourile date la maxim pe diverse frecvențe, oamenii priveau degajați, nepăsători, scârbiți sau curioşi agitația mută a unui băiat cu alură de ratat şi ochi de nebun. Şoferii încercau să-i evite privirea, ca şi cum contactul vizual direct i-ar fi conectat la o grozăvie de care viețile lor nu aveau nevoie. Dar el nu se lăsa. Alerga bezmetic printre maşini, strigând din ce în ce mai vlăguit, cu corzile prea obosite ca să se mai poată uni şi să formeze un sunet care să se transforme în cuvinte. Gâtul lui emitea din ce în ce mai slab, asemenea unei lanterne care îşi pierde bateria – Dum... zeu e bi îi ee ngetei... măă tt oul eedpre iu iiree... Lacrimi de neputință țâşneau din ochii obosiți, dar nu voia să abandoneze ideea de a convinge lumea, ceea ce transforma totul într-un spectacol grotesc...

Părea o paiață în delir ale cărei mâini mai lungi decât ale unui om obişnuit desenau prin aer traiectorii ciudate. Parcă toată energia sunetelor care nu mai puteau fi emise de corzile lui începenite de durere şi lacrimi se transferase în mâinile care tremurau spasmodic. Începu să-şi piardă echilibrul şi se lovea de maşinile care înaintau încet. Impasibili, şoferii îl ignorau.

Nu mai părea conştient de sine, iar spectacolul pe care îl oferea era vrednic de mila cui ar fi avut răbdare să observe. Gura i se strâmba în articulări mute, iar ochii fixau oblic nişte puncte care îl făceau să pară că priveşte în gol. Devenise o mazetă cu mâini isterice, privire tâmpă şi echilibru precar. Toată ființa lui respira incertitudine şi dezechilibru. Broboane de sudoare i se iviseră între şanțurile frunții încruntate.

În vremea asta, sufletul fierbea în preaplinul dorinței de a le dezvălui oamenilor revelația iubirii. Corpul nu-l mai ajuta însă. I se părea nedreaptă neputința asta de a-şi vărsa sufletul şi vorbele pe străzi.

I se părea nedreaptă şi o lua ca pe o şicană a destinului. Cu toate acestea, nu renunță la ideea de a-i spune lumii despre iubire şi începu să caute alte mijloace de expresie. Tot ce-i venea însă la îndemână în dansul grotesc printre maşini erau gesturi vecine cu o pantomimă săracă, la fel cu aceea a copiilor care tocmai descoperă jocul, iar primele lor încercări sunt şi cele mai rudimentare. Desena cu mâinile în aer inimi nesfârşite pe care le unea cu gesturi ridicole sau le sfâşia pentru a le reuni din nou. Apoi, brusc, se îmbrățişă strâns şi privi spre cer dând ochii peste cap şi clătinându-şi trupul când spre stânga, când spre dreapta.

Nu apucă să observe cum un bărbat solid, a cărui maşină tocmai fusese atinsă în jocul necontrolat al gesturilor, coborî sprinten şi hotărât. Pumnii veniră scurt şi bine plasați, ca două ciocane ritmice. Bărbatul părea un profesionist obişnuit cu acțiunea. Cu o mână îl apucase strâns de gât pentru a-i domoli tremurul, astfel încât pumnii să nu-şi rateze ținta. I se păru că fața izbeşte un zid nevăzut şi căzu moale pe caldarâm. Bărbatul scuipă scârbit peste trupul contorsionat şi se urcă în maşină. Purta o geacă de piele neagră şi pantaloni de trening ieftini, bleumarin cu două dungi albe. Sinucigaşul se dezmetici mult mai târziu privind cerul. Norii îşi urmau cursul de la începutul zilei. Zăcea pe trotuar. Lumea trecea pe lângă el fără să intervină. Până şi lui i se părea normal să nu fie băgat în seamă.

Îşi pipăi fața. Când ajunse la buze tresări dureros. Erau umflate. Tot atunci simți gustul sângelui prin papile. Îi amintea de copilărie. Înăuntrul lui se făcuse gol. Ca şi cum toată iubirea care-l copleşise mai devreme şi cu care voia să contamineze întreaga lume se scursese printr-o gaură nevăzută. În locul ei se instală confortabil un sentiment de ruşine cu care simţea că nu mai poate şi nu mai vrea să lupte. Ruşine pentru spectacolul gratuit pe care îl oferise în stradă, ruşine pentru revelaţia penibilă care îl copleşise mai devreme, ruşine la gândul că cedase unor impulsuri şcolăreşti acolo sus, pe marginea blocului, ruşine pentru pumnii care îl treziseră brusc la realitate.

Nu apucă să-şi pună problema că revelaţia iubirii era unica soluţie şi că oamenii erau prea mici pentru a pune în practică teoria, la unison. Şi nu realiză că niciunul dintre motivele în faţa cărora sufletul lui se umplea de ruşine nu rămânea în picioare contra resorturilor superbe care îl coborâseră în stradă. Nu realiză decât că trebuie să se întoarcă-n viteză acolo sus, pe terasă. Viteza nu se exprima în frecvenţa paşilor sau iuţeala gesturilor, ci mai degrabă într-o luciditate albă, ca raza unui proiector cu lumină inteligentă.

Ştia că va sări. Urcă în viteză câte două trepte, respirând adânc. Ştia că va sări. Fusese prea mult. Se gândea că umilinţa îl împinge spre moarte. De fapt, nu era asta. Acolo jos, printre maşini, în încercarea disperată de a-şi striga iubirea, realizase un lucru înspăimântător. Căuta în oameni ceea ce de fapt lipsea din el. El era gol, părăsit, abandonat de sine. Pumnii bărbatului în trening ieftin şi geacă de piele loviseră un om gol. Pentru ce să convingi un oraş întreg că salvarea e în Iubire? Pentru că, înainte de oricine, te îndoieşti de asta chiar tu – şi a-i face pe alţii să creadă te-ar ajuta şi pe tine. Coborâse în stradă mai speriat şi mai nesigur ca niciodată. Iar acum, când urca înapoi...

SUFLETUL MEU. DEFINIȚIE

21. 10. 2007

Mă gândesc la sufletul meu ca la o cameră mare cu pereți de tablă şi ecou nesfârşit.

Într-un colț zace inima...

Din tavan spânzură un bec. În jurul lui, atrase de lumină, roiesc gândurile.

GHEIŞA URBANĂ SAU DE CE NE CULCĂM CU SECRETARA

22.10.2007

Eşti unul dintre oamenii zilelor noastre. Ai muncit mult, ai avut ceva noroc şi ai o funcţie de conducere într-o companie medie, cu birou şi secretară. Urmăreşti fericirea ca ogarul iepurele. Trebuie să fii fericit şi basta. Ţi s-a inoculat ideea că asta nu se face decât urcând vertiginos pe scara întortocheată și cu trepte roase a societății. „Banii nu aduc fericirea" e un dicton pentru cei slabi, în care tu nu mai crezi de mult. Eşti de acord că trebuie să munceşti ca să ajungi în vârful unui iceberg despre care nimeni nu ți-a spus că se va topi la un moment dat. O să afli mai târziu, de unul singur.

Deocamdată munceşti mult, munca te preocupă, ai acasă o soție pentru care nu prea îți faci timp, cu excepția weekendurilor, când mall-urile sunt pline şi pe tine, snob corporatist, asta te scoate din sărite. Dar să-ți scoți nevasta în oraş e aproape o datorie civică, cu atât mai mult cu cât e mama copilului tău, e adevărat, nu ştii dacă o mai iubeşti sau doar nutreşti față de făptura ei fizică un sentiment vinovat de prietenie. Dinspre partea mentală nici nu poate fi vorba de vreo potriveală – niciodată nu te-a înțeles nici pe tine, nici profesia ta, oricare ar fi ea. Este frustrant pentru că tu crezi că „a înțelege” nu se rezumă la haine curate şi paste aburinde în fiecare seară când ajungi târziu acasă. Nu te înțelege şi gata.

Secretara ta însă e diferită. Ai angajat-o aşa, într-o doară, pentru că trebuia să respecți şablonul cu pricina. E drăguță, subțirică şi îngrijită, nu pleacă niciodată de la birou cu mult înaintea ta. E singură sau cel puțin aşa îți lasă impresia. La început îşi făcea treaba şi atât. Fără prea multe dialoguri sau păreri. După cele câteva crize pe care le-ai făcut în fața angajaților şi pe măsură ce timpul a trecut, fata asta drăguță a început să te înțeleagă, să te protejeze de „duşmanii” corporatişti, preluându-ți telefoanele cu un ton rece şi politicos adresat adversarilor tăi reali sau fabricați de imaginația ei. A început, uşor-uşor, să se identifice cu felul tău de a gândi. Tu ştii că ăsta e apanajul oamenilor slabi şi comozi, acela de a prelua şi a-şi însuşi gândirea celui mai deştept sau mai puternic.

La adăpostul acestei umbrele a gândurilor altuia pentru care nu plătesc drepturi de autor, oamenii slabi şi comozi, dar buni executanți, se feresc de ploaia vieții. Pentru că doar cei tari, care privesc spre cer, se pot lăuda cu o coloană vertebrală care sfidează legile gravitației în plan moral. Există un Newton în plan moral. Să fii moral este o luptă împotriva gravitației generată de eternul compromis. Peste toate astea începi să ai nevoie de privirea ei blândă, de sfaturile tâmpe sau de o atingere întâmplătoare atunci când ți-a adus cafeaua. Nevastă-ta nu te mai întreabă dacă vrei fructe, ceea ce oricum te-ar scoate din sărite venind de la ea. În căsnicia ta inițiativele de orice gen sunt aducătoare de furtună.

Nu ştii când lucrurile încep să se precipite şi cum într-o seară, înainte să pleci de la birou, te trezeşti că vorbeşti despre frustrările tale cele mai intime cu ea, cu fata care acum câteva luni încurca marketingul cu managementul. E calmă, te ascultă şi nu se grăbeşte, coboară pe alocuri timid privirea în pământ pentru a o ridica exact atunci când ai terminat ce aveai de spus. Se sincronizează ideal cu monologul gândurilor tale şi te ascultă ca o gheişă urbană gata să te servească, gata să se sacrifice. Firesc, în mintea ta încolţeşte o întrebare – oare aceeaşi sincronizare s-o întâmpla și în pat? Îți reprimi repede orice variantă de răspuns şi te cuprinde mila față de tine, de soția ta, de căsnicia voastră. Dar întrebarea, odată pusă...

În seara aceea te duci acasă şi spaghetele sunt mai rele ca oricând, iar tăcerea e aproape dureroasă. Nu mai poţi juca teatrul lui „Şi? Ce ai făcut azi?". Capitulezi, te laşi în voia lui „fie ce-o fi" şi îţi recuperezi sufletul lipindu-ţi obrazul aspru de creştetul copilului tău.

Drumul către prima partidă de sex cu secretara ta e inevitabil, ireversibil, lin. Nu te opui pentru că ceva îţi spune că aşa trebuie să fie, aşa e de când lumea... da, aşa e de când lumea... şi nu sesizezi momentul în care te afunzi în apele calde şi spumoase ale imoralităţii. Până şi ea ştie că se va ajunge acolo, la ea acasă, după o sticlă de Merlot, cu tine desfăcându-ţi uşor cravata şi ea care brusc se scuză că trebuie să meargă la baie. Deşi se întoarce neschimbată de acolo, tu ştii că ăsta e semnul, ăsta e momentul – şi, fără să mai spui nimic, o laşi să se aşeze lângă tine odată cu tăcerea penibilă care dispare sub greutatea primului geamăt.

I-ai strâns genunchii şi ai sărutat-o, nu opune rezistenţă, ar fi culmea, doar ştie atât de multe despre tine, iar de o bună bucată de timp te apără de rele şi tu acum închizi ochii şi îţi scufunzi sufletul în sărutul ăsta lung, întrerupt doar de flashurile copilului tău care se joacă în ţarc, dar ea are grijă să te aducă înapoi în lumea sărutului şi simţi cum îţi creşte bărbăţia, Animalul din tine sufocă Omul şi gândurile, smulgi fusta, smulgi cămaşa, răstorni vinul roşu care se prelinge insidios pe parchet şi voi doi odată cu el... şi într-un final intri în mlaştina caldă şi electrică dătătoare de fiori de plăcere...

E un drum pe care îl parcurgi printre spasme şi încolăciri, descoperi forme pe care le-ai tot bănuit şi te bucuri salivând, adolescentin şi pervers... Ea te priveşte în ochi, privire de sclavă, o sclavă de bunăvoie, savurând la rându-i plăcerea ce vine ritmic din tine, mai tare, tot mai tare, mai des, tot mai des... pentru ca în sfârşit s-o umpli cu căldură şi bărbăţie, şi sânii şi coapsele şi mâinile simt pe rând că eşti stăpânul lor, se predau de bunăvoie violenţei, sunt obiectul batjocurii tale dulci. Acum răsuflările voastre sunt una şi toată concentrarea e acolo odată cu stelele şi punctele maro, verzi, albastre, levănţică şi fiorii, sudoarea şi ochii, limbile, sfârcurile şi buclele, strânsoarea, buzele, unghiile scobind carnea, tunetul inimii, venele gâtului, aorta, suflul şi încă puţin... apoi nedescrisul... abisul şi pulberea timpului dilatat într-un geamăt final...

Ați terminat drumul împreună... tăcerea e apăsătoare, nu știi ce să spui, ai vrea să-ți asumi doar orgasmul, nu și consecințele... îți vine un singur gând în minte, în timp ce o ții tandru în brațe: „tocmai m-am culcat cu secretara". Nu, sclav corporatist! Tocmai te-ai culcat cu viitoarea ta soție. Acasă, copilul tău buclat visează că-l mângâi pe creștetul capului...

INSTRUCȚIUNI DE LINIȘTIRE A SINELUI

22.11.2007

Muchiile trebuie să fie drepte. Perfect drepte. Imperfecțiunea dăunează ochiului atunci când nu este asumată. Cum spuneam: muchiile trebuie să fie drepte. Pereții albi, de un alb lăptos care să-mi creeze o senzație de burete. Apoi lumina trebuie să fie difuză, filtrată. Nu trebuie să îi vedem sursa. Ar fi obositor. Podeaua ca de ceară translucidă dintr-o rășină de calitate. Din loc în loc, încastrate în podea la același nivel, forme geometrice de aluminiu sparg monotonia albă.

Camera nu are o ușă evidentă și asta îți dă o senzație de neliniște. Atenuată de un scaun roșu din lemn lăcuit. Nu este un roșu arzător, ci un roșu sângeriu. Nu e plasat chiar în mijlocul camerei. Undeva spre nord-vest, aproape de centru. Ca dintr-o cameră alăturată se aud sunetele unei pianine hodorogite. Nu se cântă la pian. Sunt mai degrabă încercări nesigure izvorâte din degetele unui copil curios. Sunetele sunt astfel inegale ca intensitate. Egale în ritm. Ca distanță.

Lângă scaunul roșu alegeți să puneți orice obiect vă trece prin cap. Pe măsură ce veți auzi notele pianului, obiectul se va topi într-un lichid argintiu, fierbinte asemenea mercurului. Podeaua se va topi la rându-i şi se va forma o gaură. Dacă vă apropiaţi şi priviţi prin gaura lăsată de argintul fierbinte, veţi vedea stelele...

M-AM OCUPAT CU FERICIREA

23. 11. 2007

Este o zi luminoasă de septembrie, într-un parc din această țară. Un parc cu alei umplute de pietrişul acela din care vara se ridică praful ațâțat de roțile groase de cauciuc de la tricicletele copiilor care pedalează furibund în timp ce mamele îi supraveghează agale, cotcodăcind pe vreo temă a zilei. Acum este frig şi parcul e aproape gol. Băncile verde-ros aşteaptă impasibile vreo povară umană. De undeva dinspre leagăne se aude scârțâitul balansoarelor exploatate de nişte adolescenți chiulangii cu voci în schimbare.

Frunzele copacilor trec prin perioada aceeea de indecizie asupra desprinderii. Unele aleg să mai rămână temătoare şi aurii într-o legătură precară cu crengile. Celelalte exersează căderea liberă în spirale line şi completează începutul unui covor care va acoperi pământul. Cerul este albastru. Pe una dintre băncile de mai sus, un bătrân îmbrăcat într-un palton gri priveşte calm spectacolul zilei. Pare încă în putere şi dacă te uiți mai atent poți intui statura atletică a trupului în poziție şezândă. Fața îi e brăzdată de riduri care se risipesc dinspre baza ochilor precum undele unui lac nemişcat în care tocmai ai aruncat o piatră. Mâinile împreunate aşezate în poală şi ochii albaştri care nu clipesc accentuează senzaţia de linişte interioară care se risipeşte în aerul zilei.

— Băi, eşti nebun? Nu se poate, mă, mânca-ţi-aş, să stea trei zile-n vamă că n-aţi ajuns voi cu hârtiile! Ce, mă? Bă, eşti prost? Deci tu-mi spui mie acum ce să fac? Adică tu-mi ţii blocat un tir cu doişpe modele de gresii-n vamă, ăştia mă fut pe mine la birou că stă proiectu' pentru că n-au ăia din ce alege şi tu-mi dai lecţii de timing pe banii mei... Pe banii mei, băi, boule, că io te-am sunat...

Tânărul traversează parcul vociferând. Foloseşte gesturi largi, de parcă asta l-ar ajuta să comunice mai bine. Din când în când se opreşte în loc, semn că la celălalt capăt interlocutorul lui tocmai a spus vreo prostie sau, mai rău, vreo enormitate. Omul nostru ridică vocea şi priveşte în jur de parcă toată conversaţia ar trebui să stea sub semnul discreţiei şi el nu reuşeşte să respecte convenţia. Poartă un costum gri *british-banking* oarecum în contrast cu discursul pe alocuri mitocănesc. Nu pare un băiat needucat. Cară în spate un rucsac de piele negru:

— Băi, eşti dobitoc! Tu trebuia să fii cu hârtiile alea în vamă, că-mi ţii un tir acolo, înţelegi? Ce căcat mă iei, mă, cu procedurile tale? Mă fut pe procedurile tale, băi! Ai termen de livrare în contract şi l-ai depăşit cu trei zile şi mi-o iau io că-s prost şi fac afaceri cu tine... Ce, mah?

Momentul pare culminant, căci tânărul simte nevoia să se aşeze şi nimereşte pe banca învăluită de liniştea serenă a bătrânului nostru. Se aşază brutal, trântind rucsacul între el şi bătrân cu vocea gâtuită de nervi şi neputinţă:

— Băi, nene, băi, tu chiar vrei să mă faci la nervi? Băi, cretinule, dacă tiru' ăla nu e mâine seară-n Bucureşti, io o belesc rău şi mor cu tine de gât, ţăran băşit ce eşti! Era bine când ţi-am dat businessul ăsta, băi, jigodie? Că aveai un căcat de camion de şase tone, pârnaie de om care eşti... Deci fii atent: GATA!!! GAATAAA!!! Bă! Mâine seară să am tiru-n Bucureşti!

Degetul mare apasă cu sete butonul roşu al telefonului în timp ce buzele rostesc şuierând un „futu-ţi gura mă-tii de jegos!".

Liniştea se aşterne din nou peste parcul în care bătrânul nostru priveşte liniştit în zare. Lângă el, tânărul în costum gri încă răsuflă greu în urma luptei telefonice. Bătrânul tace. Ruşinat oarecum de ieşirea prea zgomotoasă, tânărul întoarce de câteva ori capul către dreapta sa, încercând să-l ghicească pe omul de lângă el. L-o fi deranjat? Ar trebui să-i zică ceva? Nemişcarea bătrânului e însă paralizantă. Tânărul dă să-şi apuce rucsacul şi să plece. Ceva însă îl ține în loc... simte că nu poate pleca fără a lămuri dacă urletele lui au stricat sau nu liniştea omului de pe bancă. Bătrânul însă nu pare deranjat. Nu îşi dezlipeşte privirea din punctele lui imaginare. Tânărul decide brusc:

— Mă scuzați, da' aveam o problemă şi... Mă scuzați că v-am deranjat...

— Nu-i nimic! rosteşte bătrânul, întorcându-şi privirea albastră. Se întâmplă...

— Mamă, ce zi am avut! îndrăzneşte tânărul din nou.

— Grea, încuviințează bătrânul.

— Da, foarte. Deci nu v-am deranjat? Scuze, încă o dată...

— Stai liniştit... Să ştii că dacă nu avea avizul făcut la zi, ăia nu-l lăsau cu tiru' să intre în țară. Şi pe marfa nouă avizele se dau mai greu... da' ştii şi tu asta, doar că tu ai nevoie de marfă şi gata. Eh, asta-i cu graba asta. Să-l mulțumeşti pe ăla sau pe ălălalt... Mda...

Bătrânul îşi reia poziția privind în zare. Tânărul e vizibil surprins.

— Lucrați în transportu' de marfă sau ce...

— Nu. Nu mai lucrez de mult.

— Sunteți pensionar?

— Nu, nu sunt. Nu am carte de muncă de vreo treizeci de ani. Am avut.

— Păi şi... iertați-mă... din ce trăiți?

— Am copii.

— Ah... Mişto. Păi şi cu ce v-ați ocupat? Ce meserie aveați?

— M-am ocupat cu fericirea.

Tânărul gândeşte că omul e nebun. Ce zi, îşi spune – am un tir blocat în vamă şi stau lângă un bătrân nebun care se ocupă cu fericirea.

— V-ați ocupat cu fericirea?

— Nu în mod direct. Am lucrat în telecomunicații. La vremea mea am făcut mult rău oamenilor din jur, până când într-o zi am realizat că eu n-am să fiu niciodată fericit. Atunci am decis că trebuie să-i fac fericiți pe alții. Pe cât mai mulți. Altminteri ar fi trebuit să mă omor. Pentru că eu aduceam răul cu mine.

— Răul? Uau, ce tare... Da' ce? Erați vreun profet al răului? Şi de ce erați nefericit?

— Nu ai timp. Ai un tir în vamă, clienți nervoşi, un partener de afaceri prost, n-ai timp de poveştile mele. Mergi.

— Poate îmi fac timp şi vă ascult.

Bătrânul râde...

— De ce râdeți?

— Pentru că tocmai am început să te fac fericit...

Apoi îşi reia liniştit privitul în zare. Frunzele îşi continuă alene drumul spre pământ. Cerul îşi închide încet, încet albastrul.

...

6.12.2007

— Auzi?

— Ce?

— N-ai auzit?

— Ce?

— Lumea... se schimbă. Face zgomot.

— Nu aud...

— Nu eşti atent.

— Nu. Nu aud.

— Fă-mi o poză, te rog.

— De ce?

— Mi s-a făcut dor de mine.

— Şi? Uită-te-n oglindă.

— În oglindă e prezentul. Mi-e dor de cea care eram.

— Ți-e dor de trecut?

— Da.

— De ce?

— Trecutul e sigur. Acolo nu mi se mai poate întâmpla nimic...

— Eu iubesc prezentul.

— De ce?

— E imprevizibil.

— Vezi? Suntem diferiți... Ce iubești la mine?

— Tot ce nu pot fi eu...

— Ninge.

— Da.

— O să cumpărăm cadouri de Crăciun?

— Da.

— O să fie frumos?

— Da.

— Ca în copilărie?

— Nu.

— De ce?

— Nu vrei să-ți fac poza aia?

LA DOCTOR

7.12.2007

— Sufăr de blocuri şi de seminţe, sufăr de praf şi de neputinţe, sufăr de cabluri suprapuse pe cer, sufăr de gri şi de prea mult fum. Mă doare foarte tare Casa Poporului.

— Vă doare zilnic?

— Nu, de vreo trei, patru ori pe săptămână.

— Vă doare şi noaptea?

— Nu.

— Aplecaţi-vă puţin... aşa.

— Sunt dependent de eşapament, de trotuar îngust şi eveniment, de sală şi antrenament, sunt dependent de independent şi independent de raţionament...

— Staţi puţin, astea nu sunt simptome grave, cele enumerate mai sus. E mai degrabă o surmenare, dar partea cu raţionamentul mă preocupă – aţi luat ceva?

— Pentru raţionament am luat neovoluţiune fiole, dar pentru independenţă nu mi-au dat nimic...

— Cine v-a văzut?

— Un medic urbanist.

— Şi v-a dat neovoluțiune fără intradorință? Fiole? De 20 mg?

— Da.

— Ce impostori, dom'le, urbaniştii ăştia. Ştiți câte cazuri avem ca dumneavoastră? Sute! Nesimțiți! Au un *deal* cu casa de asigurări şi prescriu doar neovoluțiune. Criminali. Priviți des?

— Privesc... cam de două ori pe săptămână.

— Ce priviți?

— Cerul.

— Mda, nu e bine, nu e bine deloc. Inhibă procesul de urboforeză şi nu mai dați randament. O să vă trec pe anticer. E foarte eficient. Oricum, e bine că ați venit din timp, că altfel, cine ştie, puteați să faceți un început de Kohlinger.

— Ce e aia?

— Sindrom de stea moartă.

— Mda...

— Ok, deci luați ce v-am dat şi ne vedem săptămâna viitoare.

— Şi cu Casa Poporului?

— Dacă nu vă doare noaptea sau la mişcări bruşte, nu ne îngrijorăm deocamdată.

DE MÂNĂ CU DUMNEZEU

14. 11. 2007

Când eşti mic, Dumnezeu se plimbă cu tine de mână prin lume. Îl ții strâns. La un moment dat vă opriți într-un loc cu multă lume şi culori. Dumnezeu îți spune că lipseşte puțin şi revine. Te roagă să-l aştepți în locul unde v-ați oprit. Apoi pleacă. Tu aştepți puțin în loc, dar lumea şi culorile te atrag către un bâlci cu căluşei.

Te plimbi, te uiți, te învârți, apoi vrei să te întorci la locul în care te-a lăsat Dumnezeu. Nu mai reuşeşti. E multă lume şi nu ştii exact de unde ai plecat. Din acel moment îl vei tot căuta. Ştii că nu te-a părăsit, dar nu îi mai poți fi atât de aproape. Unii oameni nu părăsesc locul şi Dumnezeu se întoarce, îi ia de mână şi merg împreună mai departe...

Ceilalți...

ALERGĂTORUL. EXERCIȚIU

19. 12. 2007

Ecranul telefonului arată 12:45. Intră în panică. Își trage în viteză o pereche de blugi și apucă de pe masă un tricou alb fără mesaj. Cheile. Unde sunt cheile? Converșii intră greu în picioare și nu e timp. Cheile. Parcă erau pe masă. Nu, pe canapea. Sub dvd-uri, poate. Ah, gata, iată-le. În baie. Gata. Închide ușa. Stai. Telefonul. Și lumina. Nu, lumina nu mai contează. Ușa. Yala. Scările. Le coboară câte două. Ritmic. Patru etaje. Împinge cu umărul ușa blocului. Aer rece. Bun. Fugi! Aleargă! Aleea. Strada. Aleargă printre oameni pe trotuar. Respirația e haotică. La început. Nu se regăsește. Fuge repede. Picioarele dor. Se dezmorțesc. Mașinile curg. Paralel cu el. Fuge mai repede. Fețe de oameni se succedă rapid. Un zâmbet. Un hohot. Un gând. O țigară. Un deget în nas. Un copil. Roșu, alb, negru, alb, verde, verde, roșu, alb, gri... Șirul de mașini se termină.

Ajunge într-o intersecție. Prima din zi. Se gândește, o fracțiune de secundă. Profită de o ambuscadă și traversează intersecția în diagonală. O mașină frânează lângă el. Nu se uită. Accelerează. Fuge. Își aude pașii. Răsuflă mai adânc. Și ritmic. Trupul i se destinde. Fuge printre oameni. Sparge un grup gălăgios de puștani de liceu. Fuste de blugi și rucsacuri. Strigă după el. Nu se uită înapoi. Bulevardul ăsta e frumos, gândeşte. Are case, nu blocuri. Fuge. Casele se derulează lent. Maşini în stânga.

Face slalom printre oameni. Un bătrân cu sacoşă şi trenci. Rămâne în urmă. Doi electricieni în salopete albastre, rânjind. Rămân în urmă. Sare peste căţelul unei doamne, apoi o porţiune liberă şi altă intersecţie. Înaintea ei, însă, o stradă se deschide spre dreapta. Virează. E pietruită şi pustie. Claxoanele rămân în urmă ca şi cum cineva ar fi închis o fereastră. Îşi ascultă respiraţia şi înghite aer. Îi trece prin cap să se oprească o secundă. Gândul îi aduce oboseala. În picioare. Forţează revenirea. Face stânga. Un butic cu banane. O maşină de gunoi. Un ţipăt. Zgomotul claxoanelor revine.

În zare se deschide o mare de maşini. Nu mai e mult până acolo. Mâinile dansează aiurea. Le aduce pe lângă corp. Fuge. Din ce în ce mai tare. Plonjează între maşini şi-şi umple plămânii cu noxe. Fete frumoase, imense, zâmbesc de pe blocuri. Copacii sunt rari şi goi. Scuipă. Scuipă şi aleargă. Un chiştoc de ţigară. O bancă. Un xerox. Shaorma. Fuge printre mirosuri. Semaforul e roşu. Semaforul e roşu. Semaforul e roşu. Ce frumoasă e. De ce intră singură într-un loc atât de urât? Gang. O fracţiune de ţigan. Bătrâni. Bătrâni. Bărbat. Oameni. Bătrâni. Privit de foarte sus, dintr-un elicopter sau de pe vreun bloc, alergătorul desenează „s"-uri, linii drepte şi unghiuri, când ascuţite, semn al unor decizii contradictorii, când drepte, care denotă siguranţă. Inima pompează. Fuge, nu se opreşte.

Pieptul începe să-l doară. Aerul rece zgârie traheea. Mai e de alergat. Se depărtează de mulţime şi apucă pe nişte străzi întortocheate cu case boiereşti şi mulţi copaci. Maşini parcate ordonat. Respiră şi inspiră la fiecare două maşini. Se opreşte!... Respiraţia aleargă înainte. Se încovoaie. Îşi sprijină mâinile pe genunchi şi, aplecat, priveşte în jos. Două furnici traversează o crăpătură mare din trotuar. Este linişte. Le urmăreşte cu privirea. Dispar în canionul întunecat, pentru ca să apară câteva secunde mai târziu pe partea opusă. Se îndreaptă şi fuge din nou. Paşii sunt egali. Nu numără, nu gândeşte. Aleargă. Rupe cu pieptul împins înainte obstacole imaginare.

O stradă mai întunecoasă cu o piaţetă mică. Două mame împing cărucioare imense albe. Trece în viteză. Zâmbet de prunc pe retină. Închide ochii puţin. Accelerează. Ştie că se apropie provocarea. Se aude. Mai aproape, tot mai aproape. Nu doar claxoanele. Un murmur care se amestecă printre ele. Sunt oamenii. De data asta sunt mulți. Încă o stradă. Alunecă. Se redresează. Cât pe ce să cadă. Zgomotul se umflă. Aerul se îngreunează. Provocarea e aproape. Inima pompează. Se pregăteşte. Din sensul opus se apropie un alt Alergător. Vine tare. Pare speriat. Privirile se încrucişează. A trecut. Gluga hanoracului încă balansează pe retină. Părea speriat.

Ultima stradă. Se văd maşinile. Încă o sută de metri. Optzeci. Cincizeci. Douăzeci. Bulevardul îl izbeşte puternic. Cât vezi cu ochii, maşini. Mii de maşini ce par că stau. În stânga şi în dreapta alte mii de oameni păzesc traficul. Destine în mişcare. Sunt mulți. O masă mare cenuşie. În continuă mişcare. Alergătorul se aruncă între ei. Sute de chipuri îi trec prin fața ochilor. Cursa pare fără sfârşit. Bulevardul e lung. Inima pompează. Nu se vede capătul. Maşinile se pierd în zare. Semafoare agățate de aer. Verzi. Roşii. Verzi.

Aleargă printre ei. Nimic nu mai doare. Sau aşa pare. Pare că nu doare. Respiră repede. Gândurile cad de undeva de sus. Nu le prinde. Nu le apucă. Fuge printre oameni. E greu acum. Fuge strecurat. Şi totuşi repede. Nu e timp. Nu e timp. Se împiedică. Se loveşte de o iubire. Se dezechilibrează. Vede cerul pentru un moment. Îşi revine. Fuge. Sunt mulți. Oamenii. Din sens opus. Intră printre maşini. Stânga. Dreapta. Stop. O psihoză e gata să dea peste el. Urlete. Magazine. Îşi priveşte sufletul. O secundă. Fuge. Uite-o pe ea. Repede. Nu vrea s-o scape. Eşarfă roşie. Urmăreşte eşarfa roşie. A apărut din nou. Îi dă la o parte. Oamenii curg. Ea intră într-un gang. Nu ajunge. Fuge. Lasă gangul în urmă. Şi anii. Sărută-mă. Acum. Dar nu eşti tu. Sărută-mă. Dar eşarfa roşie? Fuge. Trece pe lângă ani. Întoarce capul. Nu vede nimic.

Capetele oamenilor acoperă anii. Începe să plouă. Picuri fierbinți de transpirație răciți de ploaie. Aburii părăsesc corpul. Nu mai e oboseală. Nu mai e durere. Fierbințeala îi vâjâie prin tot corpul. Nu se opreşte. Nu are cum. Sare peste un tomberon. Cade. E jos. Respiră adânc. Nu-l ajută nimeni. Se înrăieşte. Se ridică. Muşchii gem. Forțează. Forțează. În dreapta se deschide o vacanță. Nu face dreapta. E de neoprit. Răsuflă greu. Nu mai e răsuflare. E doar un jet de aer care-i intră şi-i iese din gură necontrolat. Calcă prin bălți. Stropeşte oameni. Se opreşte ploaia. Vine primăvara. Se face verde. Intersecții blocate. Ani pierduți. Nu e pauză. Pe bulevard. Fuge. Fuge. Îşi vede copiii. Îi depăşeşte. Îi lasă în urmă, nu e timp. Copiii plâng. El fuge. Mă întorc eu, gândeşte.

Mii de maşini. În fugă îşi caută telefonul. Îl găseşte. Se uită la ceas. 12:45. Fuge. Nu se schimbă. Încearcă. Depresiile atârnă pe blocuri. Inima îi bate în pofte. Doreşte. Consumă aer. Fuge. Orgoliul îi dă putere. Bulevardul e lung, din ce în ce mai lung. Altă intersecţie. De aici nu mai sunt străzi laterale. E doar bulevardul. Fără ieşire. Până în piaţa mare. Acolo se termină. Acolo se termină... Îşi vede anii. Se face vară. Trotuarele sunt fierbinţi. Îşi aruncă tricoul. Pielea e zbârcită. Aleargă. Se minte. Îşi pipăie pielea. Se minte. Ce fată frumoasă. Vrea s-o sărute. Din fugă. Fata se fereşte, scârbită. Îşi pipăie pielea. Aleargă. Nu se mai uită înapoi. Se face seară. Mii de oameni străjuiesc bulevardul. Destine în mişcare. Am plecat de acasă pe la 12. Eram grăbit. N-am văzut nimic... Doamne, cât am alergat azi...

DIALOG ÎNTRE LUMINĂ ŞI UMBRĂ

28.01.2008

Lumina: Mă revărs asupra tuturor lucrurilor...

Umbra: Şi atunci lucrurile îmi caută aripa...

L: Nimeni nu poate fugi de mine.

U: Nu poţi fi peste tot... Unde nu eşti tu, sunt eu.

L: Pe tine nu te caută nimeni. Eu sunt Adevărul.

U: Mă caută toţi cei care vor o clipă de odihnă. Sub aripa mea nu arde.

L: Eşti numai minciună. Te vor pentru că eşti iluzie...

U: De ce mă dispreţuieşti? Fără tine n-aş fi nimic. Sunt iluzia pe care tu ai creat-o.

L: Te urăsc pentru că nu apuc să revelez. Eşti propria-mi neputinţă.

U: Ţi-e dor de mine vreodată?

L : Pffuahh... Dispari din calea mea.

U: Asta fac tot timpul. Mă retrag. Marginile rochiei tale albe...

L: Întunericul...

U : Ce e cu el?

L: Mi-e frică de Întuneric.

U: De tatăl tău???

L: Nu e tatăl meu!!!

U: Ba da. El e. Ți-e frică de tatăl tău.

L: Nu m-a înțeles niciodată.

U: Aşa cum tu nu mă înțelegi pe mine...

L: Eşti balast. Lumea are nevoie doar de mine. Toată odată. Dar nu, mereu trebuie să apari tu exact când plec de lângă ei... Nu simți că li se face frig?

U: Nu simți că le e prea cald?

L: Ce e aşa de rău când ți-e cald?

U: Mulți vor să se ascundă... Îi ajut.

L: Vreau să te rog ceva...

U: Spune.

L: N-o să vrei...

U: Spune, nu pierzi nimic.

L: Pleacă!

U: Ce???

L: Pleacă. Pentru un timp... Lasă-mă singură cu ei. Lasă-i să se vadă în toată splendoarea lor. Unii pe alții. Lasă-mă cu ei, te rog... Să mă revărs peste ei. Şi tu să nu fii când eu plec...

U: Nu pot să fac asta.

L: Ştiam. Nu vrei. De ce nu vrei?

U: Nu pot. Cu ce m-ai înlocui?

L: Cu mine. M-aş dărui toată lumii... Aş fi peste tot.

U: Nu pot... Au nevoie de mine. Ca să-şi lingă rănile. Să-şi ascundă fricile. Nu-i pot lăsa... Unii s-ar arde doar cu tine.

L: Dragostea nu arde.

U: E adevărat. Nu arde dacă eu sunt acolo.

L: Aroganță.

U: Nici măcar.

L: Te urăsc. Lasă-mă să aduc lumii bucuria. Bucuria Luminii.

U: Tu nu-nțelegi? Nu-nțelegi că bucuria nu stă numai în Adevăr? Crezi că tot ce luminezi e frumos? Crezi că toți au ceva de arătat? Asta crezi? Eşti copil.

L: Cred că lumea are nevoie de Adevăr. Ca să se spele...

U: Murdăria e în firea lucrurilor.

L: Nu mă mai contrazice. Ştiam că n-o s-o faci. Te urăsc.

U: Te iubesc.

L: Mă faci să râd.

U: Nu am de ales. Exist prin tine şi te iubesc. Sunt jumătatea ta, până la sfârşitul lucrurilor.

L: Când eu nu voi mai fi, tu nu vei mai fi.

U: De asta te iubesc... Mă ții în viață.

L: N-ai să înțelegi niciodată bucuria răsăritului...

U: Nu... N-am văzut niciodată răsăritul... Te iubesc.

TEZA LA ROMÂNĂ

4. 02. 2008

— Chirilă, ce faci, copiezi?

— Da, dom' profesor, nu neg.

— Dă-mi foile şi ieşi afară... Ai 1, ştii, nu?

— Da... dom' profesor.

— Mă, Chirilă, tu nu eşti băiat prost, de ce nu citeşti?

— Mă pregătesc de bac, dom' profesor...

— Și asta nu-i materie de bac?

— Ba da, dom' profesor, da' am luat-o de la clasa a noua.

— Și-n clasa a noua ce făceai, Chirilă?

— Citeam altceva, dom' profesor...

— Bine, hai, ieşi afară.

(*Jumătate de oră mai târziu*)

— Dom' profesor? Nu mă lăsați și pe mine înăuntru? Nu mai copiez...

— Mai sunt douăzeci de minute, Chirilă... Ai învățat pe afară?

— Nu, dom' profesor, am jucat fotbal cu 12 H, că aveau sport.

— Hai, mă, intră, că poate scrii ceva...

Chirilă s-a dus în banca lui, s-a gândit preț de două minute și a ajuns la concluzia că nu poate scrie despre ce n-a citit. Așa că a început din nou să copieze. Profesorul Lungu, un domn veritabil, nu i-a mai deranjat pe ceilalți elevi și l-a lăsat în pace pe Chirilă. Peste două săptămâni, Chirilă a primit 1 în teză.

Chirilă consideră că Lungu a fost unul dintre cei mai buni profesori pe care i-a avut în liceu.

MARKETINGUL IUBIRII. ȘEDINȚĂ-MONOLOG PENTRU 14 FEBRUARIE

5.02.2008

E perioada iubirii. E timpul să facem bani cu fraierii ăştia care se iubesc. Hai să producem vreo două miliarde de inimi cu beculeț. Ăştia se înnebunesc după suveniruri din astea. Sunt zilele iubirii. Hai să inventăm şi câteva drame cu happy-end. Da, cu happy-end sunt dispuşi să cumpere. Inimi cu beculeț şi drame cu happy-end. Nu uita de mâncare. Ah, da. Nu ştiu dacă s-a făcut anu' trecut, dar mie îmi vin în cap acum mititei în formă de inimă şi frigărui sub formă de săgeți. Vorbeşte cu băieții să avem prezervative roşii, neapărat roşii. Care e fructu' iubirii? Măru'! Nu, mă, măru' e al păcatului. Nu cu gust de mere. Cu gust de cireşe. Lumânări în formă de sfârc. Ai vorbit la radiouri? Să nu le dea altceva. Să le dea piese de dragoste. Şi mult house, drum'n'bass, să n-aibă timp să gândească. Dacă iubeşti nu trebuie să mai gândeşti.

Vezi, organizează ceva promoții. Şi neapărat petreceri. Da' nu numai pe 14. Şi înainte. Ăia singuri trebuie băgați în seamă. Se deprimă în perioada asta. Tre' să le vindem speranță. Fă nişte site-uri unde să se întâlnească gratis. Invită-i la petreceri, dă-le băutură, orice, numa' să cumpere şi ceva din tricourile alea cu „love is blind". Au rămas de anul trecut şi am putea lichida stocu' ăla acum.

Bere de iubire am lansat? Cuuum??? Nu avem bere pentru îndrăgostiţi? Bă, voi sunteţi cretini? Ce vă spun io că ăştia trebuie speculaţi la maxim? V-am zis să faceţi bere pentru îndrăgostiţi şi să conţină afrodisiac? V-am zis, mă? Care era sloganu'? „Bea cât iubeşti"? Nu e bun. Mai bine invers – „Iubeşte cât bei". Notează, tâmpitule: „Iubeşte cât bei". De mâine să intraţi în producţie şi într-o săptămână să văd berea asta în toate barurile, m-ai auzit?

Vreau să insist mai mult pe chestia cu inimile. Să le trimiteţi prin poştă oamenilor. Şi la pensionari neapărat. Trimite-le cu talonul de pensie. Păi ce? Ăia nu se iubesc? Fă un concurs, ceva pentru ăştia care au stat mult împreună. Ăştia vând bine de tot, că nu-i prea mai vezi în ziua de azi. Dă ştiri cu ei: ce mult se iubesc, cât de bine le merge, cum au reuşit, prostii d'astea. Bă, vezi să nu-i alegi urâţi. Ăia urâţi nu vând. Se sperie lumea. D'ăştia mai spălaţi.

Bomboane, gumă, ştiri, răcoritoare, radiouri, show-uri tv, promoţii... hai că avem ceva. Hai să dăm nişte vacanţe la ăştia care se combină la party-uri. Da' vezi să nu ne păcălească. Şi pune-i să dea sms ca să se înscrie. Să le luăm banii. Până în 30 de ani. Implică şi nişte politicieni, ceva. Se bagă sigur. Da, mă, ia-le nişte interviuri, pune-i să danseze, mergi pe la ei pe-acasă, filmează-le pe alea să-ţi arate bijuteriile, rodu' iubirii lor. Nu filma copii, distrag atenţia. Doar p'ăia doi, prin dormitor. Şi pune-i să se sărute. O să le iasă, nu te stresa. Ăştia sunt în campanie electorală, le iese orice.

Adunaţi nişte vedete şi faceţi un cântec, da? Să-l cânte împreună. Să fie mai multe fete. Luaţi din solistele cu ţâţe mai mari. Băi, şi nu le lăsaţi să se îmbrace!!! Mai sumar, că e Sfântul Valentin. Aoleo, am uitat. Băgaţi şi voi vreo două airbaguri gratis în oferte la maşini. Pe ideea „noi vrem să te ciocneşti doar în afara maşinii".

Vreau să văd inimi peste tot. Mari şi roşii. Pe blocuri, spaţii publice, prin supermarketuri, aeroport, taxiuri. Peste tot. Căciuli, genţi, compilaţii, hârtie igienică, cearşafuri, pixuri, fulare, şepci, feţe de masă, sticle, pungi, nu vreau să rataţi nimic. Inima trebuie să fie peste tot. De vânzare. Oamenii trebuie să cumpere iubire. Vreau să finanţezi curvele o săptămână ca să facă reducere. O să fie buluc şi ne scoatem banii din volum. Bă, tu înţelegi că lumea trebuie să cumpere iubire sub toate formele? Ce naiba, e aşa de complicat? O dată pe an vă rog să vă faceţi treaba cum trebuie! Hai, mişcaţi-vă, intraţi în producţie că tre' să facem bani. Dacă nu ieşim mai bine ca anu' trecut o să aveţi probleme!

SCRISOARE CĂTRE FĂT-FRUMOS[1]

12.02.2008

Am crezut că într-o zi buzduganul va lovi în uşa mea şi am să ies să te îmbrăţişez. Aş fi vrut să-ţi revăd calul alb. Mi-ai promis că-l voi călări cândva... Şi acum, când în sfârşit aş fi putut... Ne-ai lăsat să rătăcim printre faruri de maşini... Mi-ai spus că trebuie să creştem mari şi să luptăm cu toţi zmeii din lume, dar nimeni nu mai vrea să lupte, Făt-Frumos. Oamenii nu au timp să mai fie viteji... unii dintre ei spun că viaţa e o luptă, dar foarte rar aud pe cineva care să fie sigur că a câştigat sau a pierdut. Mi-ai promis că o să mă înveţi ce e onoarea, Făt-Frumos, dar oamenii nu prea folosesc acest cuvânt. Nici în reclame nu l-am prea auzit... foarte rar prin filme, dar mereu se găseşte câte unul care spune că eşti un prost dacă ai onoare. Ai plecat şi nu m-ai lămurit...

În fiecare seară, mulţi dintre noi ajungem în acelaşi loc, Făt-Frumos, nişte case mici... iar eu ştiu sigur că am fost în castelul tău când eram mic. Mi-ai spus că nu pot sta mult, pentru că venea zmeul şi trebuia să te lupţi cu el... şi toţi oamenii fac aceleaşi lucruri... Cei care sunt singuri intră în casă, aruncă nişte chei pe masă şi se duc la frigider, scot o sticlă de acolo şi beau din ea şi se uită în gol... Apoi se trezesc

1. Versurile piesei cu acelaşi titlu de pe albumul *Vama*, lansat în 2008.

ca dintr-un vis şi se duc în altă cameră unde se aşază pe o canapea şi dau drumul la televizor... Mii de oameni fac aceleaşi lucruri în acelaşi timp seară de seară în aceleaşi case mici, Făt-Frumos.

Am fi putut fi singurii, Făt-Frumos... Mi-ai promis că nu vor fi două nopți în care să dorm în acelaşi loc, Făt-Frumos... că o să zburăm peste munți călare pe caii noştri albi şi vom călători în acelaşi timp cu stelele şi unde vom vedea o luminiță cât de mică acolo vom coborî şi vom înnopta... M-am gândit că s-ar putea să nu pot zbura, Făt-Frumos, dar eram sigur că voi călători... Şi luminițe sunt peste tot, Făt-Frumos. Asta mă doare... nici măcar nu ar fi trebuit să le căutăm... e mult mai simplu decât pe vremea ta şi tu nu eşti aici... Ai spus că trebuie să facem ocolul pământului şi să răspândim Binele în lume, dar nu mi-ai explicat ce înseamnă Binele... Nu ai apucat. Tu ştii cât se ceartă oamenii pe chestia asta cu Binele? Mă enervezi, Făt-Frumos, pentru că eşti iresponsabil. M-ai lăsat cu ochii în soare... Vreau să fac tot ce făceai tu şi să trăiesc cum trăiai tu, Făt-Frumos, şi să-i învăț şi pe alții. Prietenii mei trebuiau să mă ajute, nu, Făt-Frumos? Trebuia să plecăm împreună la drum... Iar eu trebuia să ştiu să-i găsesc şi să-i aleg, nu, Făt-Frumos? Ei bine, află că sunt singur, Făt-Frumos. Şi tu nu eşti aici. Fomilă, Setilă, Păsăr-Lăți-Lungilă... Ei bine, află că sunt înconjurat de nişte idioți în costume gri cu care mă văd în fiecare miercuri la mall şi care cântă cântece despre bere şi nici măcar nu-şi mai amintesc de tine, îmi spun că au cunoscut-o doar pe Ileana Cosânzeana, dar că de tine nu-şi aduc aminte. Și râd, Făt-Frumos, râd de tine, râd de mine...

Ar fi trebuit să fii aici, laşule, să ne înveți să luptăm, să ne vorbeşti despre onoare şi prietenie, să ne povesteşti despre sacrificiu. Ar fi trebuit să rămâi aici ca să te poți apăra, Făt-Frumos, pentru că eu nu o pot face în locul tău, pentru că nu m-ai învățat, Făt-Frumos... Ai plecat ca un laş, Făt-Frumos, şi nu ne-ai învățat nimic.

Ai fi putut măcar să-mi spui cum ai făcut să o iubeşti doar pe ea, Făt-Frumos... O singură fată... Măcar atât, Făt-Frumos, pentru că eu ştiu că ea te-a ajutat mult... Cum ai reuşit să iubeşti o singură femeie... Te urăsc, Făt-Frumos, te urăsc în numele tuturor calculatoarelor din lume. Tastez numele tău şi mii de pagini îmi vorbesc despre tine... Şi tu nu eşti nicăieri, Făt-Frumos... Şi nici măcar Zmeul nu mai e printre noi... Aşa aş fi fost sigur că ai existat. Ai plecat, Făt-Frumos, şi ai luat cu tine şi Binele, şi Răul. Te urăsc, Făt-Frumos! Te urăsc!

MOARTE IDEALĂ

13.02.2008

Când am să mor, să vină Vântul
Să bea vin alb cu mama mea,
Iar soarele să îşi ia gândul
De-a lumina altundeva.

Nu am nevoie, cred, de frunze
Ca să danseze-n jurul meu
Şi nici de bulgări pe coşciug,
A devenit deja clişeu.

M-aş mulţumi cu trei prieteni
Şi cu o Zână din Obor,
Un preot, dar să joace bine,
Să fie, aşa, ca un actor!

Să nu dureze mult cu slujba
Şi să se plângă moderat
Iar cineva s-oprească drujba
De la mormântu-apropiat!

Ce dacă-i cineva şi-acolo?
O dată-n viaţă mor şi eu!
Iar drujba aia poa' s-aştepte
Plus că... ne vede Dumnezeu.

2001

TRUPA DE LICEU

19.02.2008

În liceu mă uitam cu un soi de invidie amestecată cu admirație la băieții din formația liceului. Mi se părea de neatins performanța de a face parte din trupa care concerta o dată sau de două ori pe lună, sâmbăta. Fetele se îngrămădeau în jurul lor, iar ei umblau țanțoși vreo două săptămâni după fiecare concert. Eu eram timid şi arogant. Timiditatea mă împiedica să aspir, iar aroganța mă împiedica să-mi accept timiditatea – un cerc vicios care mă azvârlea centrifugal pe banca publicului.

Azi mergeam pe stradă cu Eugen şi mi-am amintit privirile aruncate în sus către „monştrii" rockului de liceu. Am zâmbit. Nu ştiu când au trecut toți anii care m-au aruncat într-o trupă.

La ora la care scriu aceste rânduri sunt singur în sala de repetiții a unei trupe rock. În stânga mea, un Gibson negru cu cheițe aurii îşi aşteaptă „sculptorul". În colțurile îndepărtate ale încăperii tronează tobele şi clapele. Vreo trei clape. Un fotoliu roşu, o canapea şi alte două fotolii. O stație de bass, un mixer, cutii de bere, pungi, partituri, boxe şi stații. E linişte. În curând trupa va începe repetiția. Sunt vocalistul acestei trupe. Într-a zecea mă uitam la băieții din trupa liceului...

O RELAȚIE SPECIALĂ

21.02.2001

Am o relație specială cu ea. De patru ani de zile, cred. De patru ani de zile e în viața mea zi şi noapte. Mi-a arătat lumea într-o mulțime de feluri. M-a ferit de primejdii. Poate mi-a salvat viața de câteva ori. M-a făcut să văd oamenii cu alți ochi. I-am văzut privind în gol, căutându-şi punctul imaginar care să-i ajute să înainteze. I-am văzut aşteptând cu frunțile în palme. Înjurând şi înjurându-mă. Pe ele le-am văzut plângând de câteva ori. Am văzut prelingerea rimelului atunci când nu ştiau că cineva le observă.

Împreună cu ea mi-a stat inima în loc de o mie de ori. Asta te leagă. Indestructibil. S-a insinuat în mine şi nu se mai poate rupe. Sau nu pot s-o rup. Adeseori n-aş vrea să văd tot ce-mi arată. Trebuie. Face parte din jocul călătoriei. Am văzut câini în spasme şi copaci doborâți de furtună, am imaginat destine neîmplinite... Apoi mi-am făcut cruce. Mereu mi-a arătat ce poți lăsa în urma ta. E o lecție pe care mi-o predă zilnic. Oamenii tind să nu privească decât în față. Ca şi când numai de acolo ar trebui să avem aşteptări. Uitându-mă la ea însă, mi-am văzut dintr-odată viitorul şi trecutul. M-a făcut să văd ce las în urmă şi ce vine spre mine ca într-un joc agresiv al timpului.

Nemişcată, odată cu mine fugind, m-a privit în ochi de mii de ori, incapabilă să-mi ofere vreun răspuns.

Cu ea am de patru ani o relație specială. Este oglinda retrovizoare a maşinii mele. Oglinda stângă.

LA POALELE SUFLETULUI

18.03.2008

În sufletul meu există o cameră izolată. Undeva la etajele superioare. E o cameră mică, pătrată, înconjurată de pereți groşi de sticlă. De acolo vă văd pe voi toți. Numai eu am acces în camera asta. E mobilată simplu, sărăcăcios, aş putea spune. Un pat, o masă şi un scaun. Când mă închid în cameră pentru mai mult timp, îngerii îmi aduc sendvișuri calde. Din camera asta vă privesc, adunați la poalele sufletului meu. Nu vă aud, pentru că pereții groşi de sticlă nu lasă zgomotele să pătrundă până la mine. Vă văd cum urlați, scuipați, rânjiți, vă veseliți sau vorbiți, stați întinşi pe spate şi nu ziceți nimic.

Sunteți mulți acolo jos. E o adunare care colcăie animată de un freamăt ciudat ale cărei origini nu le cunosc. Nimeni nu se încumetă să urce. Am câinii mei, răspândiți printre voi, gata să vă muşte. Sunt nişte dulăi negri, aparent inofensivi. Câteodată îi asmut. De multe ori flegmele ajung să-mi murdărească geamurile. Atunci trimit o femeie să le curețe ca să vă pot vedea din nou. Mănânc în linişte sendvișurile aduse de îngeri.

Mă uit la voi. Nu vă aud, pentru că geamurile sunt groase, v-am spus. Gurile se mişcă grotesc şi nu încerc să intuiesc ce articulează. Îmi face bine liniştea din camera mea. Mă întind pe pat şi tac. Durerea din capul pieptului mă mai lasă atunci.

Nu am voie să stau foarte mult aici. Îngerul care îmi aduce sendvișuri vine după câteva zile şi îmi face semn să plec. Atunci ştiu că trebuie să ies. Trag aer în piept şi mă îndrept spre uşă... Mă mai întorc o dată către înger. Încearcă să-şi ascundă compasiunea, încruntându-se. Părăsesc camera şi mă îndrept uşor spre poalele sufletului... Va mai trece timp până când mă voi putea întoarce din nou în camera cu pereți groşi de sticlă.

AMYNETH, ZEUL TEHNOLOGIEI

24.03.2008

Zeul Tehnologiei privea porumbeii electrici care zburau pe deasupra verandei. Din grădina din spatele casei se auzea voalat zumzetul gândurilor Lumii care torceau uşor, învârtindu-se în motoarele generatorului alb, din cobalt şi crom. Toată interconectarea umanității se făcea prin generatorul din spatele casei. Fibre din conductor de uraniu infinitezimal transportau fricile, planurile, pasiunile şi sentimentele oamenilor exprimate în gânduri. Generatorul fusese ideea lui, pentru a-l scuti pe Dumnezeu de control.

Ceilalți zei dezaprobaseră tacit decizia Stăpânului Orelor şi Vieții de a abandona omenirea în interiorul unei maşinării albe. Ce s-ar fi întâmplat în cazul în care maşinăria ar fi cedat? Zeul Tehnologiei le explicase că invenția lui genera perpetuum mobile, iar singura materie cu care se hrănea era formată chiar din gândurile care străbăteau fibrele de uraniu. Dacă uraniul era schimbat la timp, nimic nu se putea întâmpla. Zeii clasici rămâneau însă circumspecți.

Cu toate astea, Amyneth, căci aşa îi lăsase Dumnezeu numele, se bucura de multă popularitate printre îngeri. Or, se ştie că forța unui Zeu stă în numărul de îngeri care îl venerează. Ei sunt legătura cu Oamenii.

Ei sunt explicația și misterul. Iar îngerii erau fascinați de generatorul din spatele casei lui Amyneth.

Nimic, în afara mașinăriei albe, nu amintea de formele moderne ale tehnologiei. Amyneth alesese să-și facă o căsuță cu pereți din piatră de râu și ferestre din lemn de nuc. Veranda din fața casei avea podele din lemn de trandafir și două balansoare din sticlă caldă, modificabilă, de culoarea oceanului. Casa nu avea camere și era mobilată simplu, cu un pat din lemn de cedru pentru o persoană, o masă sferică din piatră de la piramide cu proprietăți magnetice, o bucătărie cu lavoar din piatră și cuptor de ceramică și multe rafturi în pereți pe care zăceau în dezordine mantiile zeului.

Îngerii îl iubeau pe Amyneth pentru serile din grădină în care transforma gândurile în holograme. Mai ales Îngerii Curieri. Ei se bucurau cel mai mult când Amyneth alegea la întâmplare câteva destine și îi invita la spectacolul vieții în timp real. Îngerii aplaudau, râdeau sau boceau, după fiecare caz în parte. Unii dintre ei se apucau să-i caute pe oamenii ale căror destine tocmai le priviseră și care își făceau apariția la porțile Împărăției. Amyneth era, așadar, foarte popular printre îngeri.

Într-una din serile cu proiecții holografice, Darius, cel mai tânăr dintre Îngerii Curieri, rămase pe verandă împreună cu Amyneth să privească porumbeii electrici pe care zeul îi punea să deseneze ecuații fără soluție pe cerul nopții. Amyneth se odihnea – renunțase să mai rezolve ecuațiile imaginate de propria-i minte. Darius avea multe întrebări în seara aceea. Îl trimiseseră într-un război în deșert și îl însărcinaseră cu echilibrarea speranței între taberele combatante. Doar că era inutil pentru că oamenii credeau din ce în ce mai mult în Tehnologie ca izvor al tuturor lucrurilor.

Darius se simțea nefolositor și trist. În seara aceea îl întrebă pe Amyneth:

— Amyneth, de ce te-a creat Dumnezeu?

— Ca să-i controleze mai ușor pe Oameni, Darius.

— Știi bine că nu-i adevărat, răspunse Darius. Dumnezeu nu are nevoie de tine pentru asta.

— Așa e, râse Amyneth. Îmi place de tine, Darius. Dumnezeu are un plan cu oamenii. Dar mai întâi trebuie să-i conectez pe toți. De asta m-a inventat Dumnezeu. Ca să-i conectez pe toți.

— Pentru asta le-ai dat Internetul?

— Internetul e doar primul pas, Darius. Îi voi aduce pe oameni în situația de a fi conectați perfect unii cu alții. Fiecare om va şti ce gândeşte restul planetei.

— Dar asta e groaznic, Amyneth.

— Asta mi-a cerut Dumnezeu să fac.

— Asta descoperă oamenii acum?

— Da, asta. Le-am dat la început telepatia, ca să nu-i sperii, să îi ajut cumva să nu resimtă atât de tare durerea finală.

— Şi care e planul lui Dumnezeu, Amyneth? Eu nu văd decât distrugere aici. Oamenii au să-şi piardă liniştea!

— Păi ăsta e planul final, Darius...

— De ce, de ce, de ce?

Darius izbucni în plâns. Lacrimile hrăneau cu clinchete cristaline podeaua din lemn de trandafir. Amyneth zâmbi.

— Darius, toate astea sunt spre binele Omului. Pierzându-şi liniştea definitiv, într-o zi Omul va trebui s-o inventeze. Aşa cum a inventat şi Internetul. Omul va trebui să inventeze conexiunea la linişte şi izolarea. Dumnezeu le-a dat Liniştea oamenilor încă din prima Zi. Oamenii însă au pierdut-o. Aşa că Dumnezeu a înțeles că niciodată Omul nu va lua de bun primul Dar. Şi atunci m-a inventat pe mine, ca să-l ajut pe Om să creadă că Liniştea este o mare descoperire. Asta însă numai după ce şi-o va fi pierdut, Darius. Atunci, reinventând-o, o va prețui cu adevărat. Nu mai plânge, Darius! Te rog! Dumnezeu nu-l va lăsa pe Om.

Darius îl privi cu speranță pe Amyneth. Zeul îi facu un semn şi se ridică.

— Darius, hai în spatele casei să priveşti câteva destine frumoase. Nu vreau să pleci la culcare încruntat.

Amyneth şi Darius se îndreptară agale către generatorul de gânduri din spatele casei cu verandă. Pe cerul nopții porumbeii electrici desenau ecuații fără soluție.

DOCTOR FAUSTUS. MODERN APPROACH

8.07.2008

— Îți dau sufletul, Mefisto. Dă-mi tinerețea înapoi.

— Nu mai e un schimb profitabil, bătrâne doctor Faust.

— De ce, Mefisto?

— Sufletul tău e corupt.

— Ce-i rău în asta, Mefisto? Nu de suflete corupte ai nevoie?

— Nu, doctore. Eu am nevoie să corup suflete. Al tău nu mai e interesant. E putred.

— Nicio sclipire, Mefisto? Nicio urmă de puritate?

— Mă tem că nu, doctore.

— Mă laşi să mor, Mefisto...

— Nu-mi stă-n putere să salvez suflete, doctore. Întoarce-te către Dumnezeu...

— Mi-e ruşine, Mefisto.

— Ştiu... şi mie.

— Eşti inutil, Mefisto.

— Se pare că da – am trăit s-o văd şi pe asta. (*râde*)

— De ce râzi, Mefisto?

— Omul, doctore, omul mă trimite la culcare. Nu e asta de râs, doctore?

— Mefistooo...

— Către Dumnezeu, doctoreee, către Dumnezeu... Priveşte într-acolo...

— E prea multă lumină, Mefisto... Îmi ard ochii...

— Nu te speria, doctore... E focul Raiului.

SFÂRŞITUL GÂNDURILOR LUMII. POEM CANICULAR

8.07.2008

Căldura o să ne topească creierii care se vor scurge pe pământ, formând o magmă uriaşă de idei. Iubirile lumii se vor amesteca necunoscute. O nouă Eră chimică va guverna Pământul. Oamenii-şi vor târî existenţele guvernate doar de pofte prin balta mustindă de sinapse şi circumvoluţiuni.

Apoi, dintr-odată, va reveni îngheţul. Mlaştina mondială de creiere se va întări. Bucăţi de gânduri şi dorinţe vor fi încastrate veşnic în cuburi concrete cu care se vor juca eschimoşii sfârşitului lumii.

Voi fi o tristă amintire în mâna unui copil cu ochii oblici şi guler îmblănit. Viscolul nu va mai purta pe aripile sale şoaptele niciunei iubiri...

SUBCONŞTIENT

9.07.2008

Azi-noapte un porumbel negru a fâlfâit prin camera mea...
Aripile au împrăştiat mirosuri grele, decadente...
Am adormit şi m-am cufundat în puţul pământului,
Acolo unde se rostogolesc sufletele grele de păcat.
M-am trezit dintr-odată cu o nevoie arzândă de portocale.

MOARTEA PURICELUI

12.07.2008

Atinge-mă cât s-o putem numi atingere

Lasă loc de-un purice între buzele noastre

Într-un gheţar de salivă am să-ţi îmbrac sfârcul. La vară totul se topeşte şi-o ia la goană spre buric...

Piciorul tău are un deget mare cam pitic pe care gura mea din când în când l-adăposteşte.

— Mi-e frig pentru că-s mic, şopteşte. Iar limba mea îl înveleşte şi-i spune:

— Până la vară mai e doar un pic...

Apoi mă plimb cu vântul sufletului meu prin stepa pielii tale şi stârnesc cutremur...

Începe-o nouă eră a trupurilor noastre: genunchii tăi scobesc în pieptul meu, iar mâinile exersează curcubeu... Cât despre ochi... s-a scris atât de mult şi cu efervescenţă, încât ai noştri, albaştri, se remarcă prin absenţă.

Dar lucrul cel mai grav s-a consumat... strivit de-ale noastre buze, puricele a crăpat.

P.S. Puricele sacrificat pe altarul iubirii va fi comemorat printr-un herpes pe buza ta de sus.

Mai demult...

VINE IARNA

12.07.2008

Vine iarna.
Venele-mi plesnesc de suficiență.
Nimic nu mă oprește să-mi beau din RĂUTATE
Rezerve am, nelimitate.
Din tine mușc doar cât să pot trăi decent:
Sărut mârșav cu fad miros de mentă și-o urmă fină de salivă.
Și apoi mă întreb ce pot să fac cu tine,
Să te mănânc sau să te scuip din mine?
Am fost la doctor, să aflu cine sunt.
Am un borcan cu sentimente în care urinez pentru analiză.
Sunt un amestec trist de-obsesie, dor și pipi.
Mi-aș fi dorit să nu fi scris vreodată „pipi" –
Vrei tu să ștergi cuvântul pentru mine?
Eu nu mai am putere... eu nu mai am rușine...

CITADINĂ

17.07.2008

E târziu şi creierii îmi joacă feste...
Iar berea e un antigel mult prea subţire
Pentru un suflet doborât de ger.
Ţigara arde cam meschin
Spre a-mi trezi măcar indiferenţa,
Iară halatul mă priveşte cu umerii lăsaţi de chin,
Televizoru-ncearcă în zadar să îmi inducă somnolenţă
Însă îmi bagă bine-n cap că sunt un om cu handicap,
Un om cu traficul în vene şi cu oraşul în ficat,
Un om care dizolvă sec efervescenţa
Şi-obţine astfel un lichid puţin dulceag şi cam perfid.
Lichidul ăsta n-are nume, pentru că dac-ar fi avut
Noi toţi ne-am fi ferit... şi-am fi ştiut.

P.S. Ce text tâmpit şi trist vei spune
Îmi dai tu altceva? Hai c-o să râd! Pe bune!

SFÂRŞITUL STELELOR

29.08.2008

În jurul Pământului, Dumnezeu a înfăşurat un pergament de stele. Stă în spatele lui şi învârte flaşneta mileniilor. Iar stelele se desfăşoară în fața noastră. Se nasc, mor şi călătoresc.

Oamenilor li s-a dat moartea pentru că nu au putut înțelege infinitul. Omul nu concepe lucrurile fără sfârşit. De aceea, moartea ne linişteşte într-un fel. Împăcarea cu ideea morții este mai degrabă liniştea ce derivă din finit. Dacă am fi înțeles infinitul, am fi trăit veşnic.

Dumnezeu stă ascuns în spatele stelelor şi proiectează imagini pentru fiecare dintre noi. Un înger s-a dus ieri la Dumnezeu şi l-a întrebat:

— Doamne, pot să văd şi eu filmul lui Tudor Chirilă?

Filmele noastre, milioanele de filme proiectate de Dumnezeu şi vizionate în avanpremieră de îngeri.

În spatele stelelor se află Dumnezeu. Stelele şi universul au un sfârşit. Sfârşitul este Dumnezeu. Şi Dumnezeu este nesfârşit...

ŞTEFAN IORDACHE A PLECAT DINTRE NOI

14. 09. 2008

Brusc, este o duminică tristă. Prima întrebare care-mi vine în minte este: Domnule Ştefan Iordache, şi noi? Noi ce facem acum? Cui lăsați teatrul? Nouă? Ce să facem noi cu el, fără dumneavoastră?

Ştefan Iordache nu mai e printre noi. Vestea pică dur, implacabil, dă buzna în sufletele noastre precum lumina într-o cameră ale cărei ferestre n-au mai fost deschise de mult.

Când pleacă un asemenea Actor, gândul că a trecut într-o lume mai bună nu te alină. Te doare că lumea în care ai rămas tu este mai săracă.

L-am văzut în 1990 în *Fuga lui Bulgakov* la Teatrul de Comedie. Juca alături de mama şi de mulți alți actori frumoşi ai teatrului în spectacolul Cătălinei Buzoianu. Un spectacol fabulos despre sufletul rusesc, ruşi dezrădăcinați în exil. Iordache era magnific. Mi-a rămas în minte urletul despărțirii de femeia lui: Liusia. Era toată fatalitatea sufletului rus într-un strigăt inconfundabil şi răvăşitor.

Acum aflu că Ştefan Iordache nu mai este printre noi.

Nici măcar nu este nedrept, trist sau amar. Este înspăimântător. Pentru că mă uit în jur şi văd că *ei* sunt din ce în ce mai puţini. Şi mai văd că ceilalţi sunt din ce în ce mai mulţi.

Domnule Ştefan Iordache, aţi mai fi putut sta puţin cu noi. Până când ne regăseam drumul... fără dumneavoastră o să mai rătăcim puţin...

Drum bun, Domnule Ştefan Iordache!

E posibil ca pentru oameni ca dumneavoastră „lumea noastră modernă" să fi devenit exil.

Drum bun...

BED TIME STORY

1. 10. 2008

A fost odată un băiețel care își dorea mult să meargă cu tramvaiul. Părinții însă nu-l lăsau. „Ești prea mic ca să pleci din preajma blocului." Însă băiețelul își dorea mult asta. În fiecare zi îi însoțea pe copiii de pe scara lui până în dreptul stației. Se uita cu jind cum traversau strada în fugă, printre mașini, și se urcau în tramvaiul care îi ducea două stații mai încolo, la un cinematograf unde vedeau filme pe furiș. Băiețelului i se rupea sufletul că nu se putea urca în tramvai. Le promisese părinților și voia să se țină de cuvânt. Toată ziulica stătea pe marginea trotuarului și își aștepta amicii să se întoarcă și să-i povestească filmele pe care le văzuseră. Copiii se întorceau veseli și îi povesteau, iar el asculta cu ochii pierduți în zare, după care se ducea acasă și visa la cinematograful aflat la doar două stații depărtare.

Într-o bună zi, prietenii lui nu mai veniră în dreptul stației. Atunci băiețelul își luă inima-n dinți și traversă strada. Fu cât pe ce să fie lovit de o mașină mare. Ajunse în stație cu inima cât un purice, când, deodată, în dreptul lui apăru Tramvaiul. Ușile se deschiseră larg și oamenii începură să urce și să coboare. Dar băiețelul nu se putu mișca. Privea fascinat treptele, bara, picioarele care urcau și coborau. Dar de urcat nu urcă. Trecură câteva ore și câteva tramvaie, iar băiețelul nu-și dădu seama că se înserase, când un tramvai gol opri în dreptul lui. Atunci urcă. Uşa se închise cu zgomot în spatele lui. Începu să respire mai repede. Palmele i se umeziseră şi alunecau pe bara de sprijin. Închise ochii când tramvaiul se puse în mişcare şi îi deschise la următoarea staţie. Apoi îi închise din nou şi tramvaiul iar se opri, şi el coborî speriat.

Era întuneric de-a binelea şi cinematograful lumina puternic de peste drum, dar băieţelului îi fu frică să traverseze. Şi iar aşteptă până când strada se goli. Atunci traversă, căci nicio maşină nu mai trecea pe acolo. Intră în cinematograf. Îi venea să plângă – ar fi trebuit să fie de mult acasă, dar luminile ecranului îl atrăgeau peste poate. Însă filmul din seara aceea nu era pentru băieţei. Se sperie şi se uită îngrozit la ecranul cu băieţi şi fete de mii de ori mai mari decât el. Începu să plângă înfundat de frică să nu-l audă lumea prin sală. Voia să plece, dar ceva îl ţintui locului până la capăt. Doar când se aprinse lumina fugi tremurând din toate încheieturile. Nimeri ultimul tramvai care îl duse acasă. Numără staţiile. Unu, doi.

Acasă, tatăl său îl bătu îndelung, ca să nu mai plece vreodată de lângă bloc. Dar băieţelul nu plânse de data asta – în cap îi rămăseseră fetele şi băieţii de pe ecranul mare şi luminos.

35 de ani mai târziu

Ea (26 de ani): Nu vrei să ştii unde am fost?

El (41 de ani): Nu, *nu* vreau...

Ea: E două noaptea – nu vrei să ştii unde am fost?

El: Ai fost unde ai avut nevoie.

Ea: Nu te sperie nevoile mele?

El: Nu. Nu mă sperie. Sunt nevoile tale şi le iubesc.

Ea: Vrei să încercăm în seara asta?

El: Nu, nu cred că am să pot...

Ea: Vrei să punem un film? Poate te ajută...

El: Bine... Pune.

Ea se îndreaptă către un sertar şi scoate un dvd. Îl pune.

35 de ani mai devreme

Băiețelul încercă să adoarmă, dar băieții şi fetele de pe ecranul luminos i se perindau mereu prin fața ochilor închişi. Spatele începu să-l usture din ce în ce mai tare.

35 de ani mai târziu

Ea: De ce nu te uiți?

El: Mă uit, dar nu simt nimic.

Ea: Mie îmi vine...

El: Aş vrea... să ştii că vreau...

Ea: Şi unde crezi că am fost la două noaptea...?

El: Nu ştiu... La o prietenă.

Ea: Ştii c-am să plec.

El: Unde?

Ea: La o prietenă... şi tu nu poți veni acolo.

El: Am să te aştept...

Ea: E posibil să nu mă întorc... O să vii după mine?

35 de ani mai devreme

Băiețelul stătea pe marginea trotuarului şi îşi privea amicii cum se urcau în tramvai. „Hai, mă, vii? Hai, c-am auzit c-ai fost şi singur." Însă băiețelul nu mai traversă, de data asta.

35 de ani mai târziu

El: Nu, nu am să vin...

35 de ani mai devreme

Băiețelul le făcu semn cu mâna și se întoarse agale către scara blocului. În parcul din spate nu era nimeni. Se mai auzea doar scârțâitul unui leagăn părăsit cu puțin timp în urmă.

VIS NEBUN

12. 10. 2008

Am găsit prin laptop unul dintre visele mele trecute. Mi se pare filmic.

Un personaj în genul lui Darth Vader conducea armatele întunericului...

m-au racolat...

eram într-un hotel, Hilton, cred, şi liftul n-a mai oprit şi m-a dus sus de tot...

...trăgea în mine cu ţepuşe scurte care mi se înfigeau în gât şi m-a trimis pe Pământ să racolez oameni pentru armatele lui, şi mi-a spus aşa: când animalele pe Pământ îşi vor dubla capetele, atunci înseamnă că trebuie să mă suni să cobor să racolez oamenii...

Pe Pământ era război. M-am ascuns sub trupul unei fete violate care se zbătea în agonie... nu ne-am vorbit...

Soldaţii ne-au împuns trupurile cu baionetele, dar nu ne-au omorât (uniforme bonapartiste).

Apoi am întâlnit o mulţime de francezi moderni care mergeau la război contra turcilor la marginea Parisului.

Am oprit la un fast-food şi am văzut o pisică cu cap de leu care traversa strada.

Începuseră să mă apeleze numere negre, ştiam că mă sună el, de-acolo de sus.

Prietenii mi-au zis să nu-i răspund, că acum înseamnă că a rămas fără oşti dacă mă sună...

Mi-a fost frică să nu-l sun înapoi... pentru că ar fi putut să vină pe Pământ să mă găsească oricum...

FĂRĂ TITLU. FĂRĂ MINE

17. 10. 2008

După ce am intrat la facultate, a venit o ploaie caldă şi am dansat pe Matei Voievod şi am simţit pietrele fierbinţi sub picioare.

Am văzut cincisprezece mii de oameni în Piaţa Operei... era lume până la Catedrală.

Apoi am plâns când am făcut dragoste... (şi pentru că există idioţi destul de profunzi, asta riscă să devină headline de tabloid de la jurnaliştii copy-paste).

Am văzut soarele şi luna, nehotărâţi, deasupra unui munte în Spania...

Şi am cântat... pentru mii de oameni am cântat şi mulţi au făcut dragoste pe muzica noastră... şi încă mai fac.

Apoi am suferit şi am văzut ce înseamnă singur şi am aflat că nu e virus, nici boală... e deficienţă.

Şi am pierdut oameni şi am răspuns la întrebări pe care nu mi le-am dorit puse vreodată...

Şi m-am urcat pe scenă şi mi-a plăcut şi le-a plăcut şi lor şi am zburat şi am sperat şi încă mai sper... şi mi-am construit trepte pentru vise şi mi-am bătut joc de tot ce n-a fost vis şi am plătit pentru asta, şi poate voi mai plăti.

Apoi am năpârlit în mare... şi mi-am spălat sufletul în ea şi l-am învelit în nisip ud.

Am rănit şi am fost rănit.

Apoi am vrut să învăț şi am învățat că asta nu se termină niciodată, dacă vrei să fii om.

Și am rătăcit printre corturi cu inima cât un purice şi fără direcție...

Și am privit străzile ude sâmbătă seara fără să pot suna un singur om... le-am privit până când s-a făcut dimineață şi somnul s-a îndurat de mine.

Apoi mi-a fost dor... şi am alergat să mi-l ostoiesc, dar când ajungeam lângă el îmi dădeam seama că nu dorul meu e acolo, ci umbra lui.

Mi-am cumpărat oglinzi şi le-am montat în sufletele oamenilor pe care i-am avut alături – şi rareori mi-a plăcut ce am văzut.

Apoi te-am întâlnit pe Tine şi de fiecare dată când am zis că eşti Tu ai devenit Ea.

A suflat vântul peste obrajii mei şi s-a făcut vară şi m-am salvat încă o dată, cu fiecare vară... mi-am încălzit oasele ruginite de incertitudini... şi iar am dansat dansul cu fum... şi-am să-l dansez în fiecare vară...

Despre viitor n-am să vorbesc acum. Despre nimic n-am să mai spun. Fierbe cafeaua în ibric, mâna-mi alunecă-n săpun şi adevărul doarme tun, minciuna se preface-n scrum şi-o să reînvie a doua zi, când adevărul s-o trezi.

JOC NEVINOVAT

27. 10. 2008

Îmi vine foarte rar...
Şi totuşi când îmi vine
Pe lume-i numai VINĂ
Şi-atunci nu pot să SCRIU.

Dar nu e VINA mea
C-atuncea când îmi vine
E atât de rar încât
M-apuc totuşi să SCRIU.

Şi asta ca să-ncerc
Să-mpac a lumii VINĂ
Cu rarele momente
În care pot să SCRIU...

1996 – primele încercări

SUFLETE CASANTE

30. 10. 2008

Ei sunt cei care încă vor să învețe. Ei sunt gata să absoarbă şi să filtreze orice formă de cunoaştere. Pentru câțiva ani de acum încolo, sufletul lor este un burete nestors. Sunt încă naivi şi dornici să-şi urmărească visele. Să-şi urmărească visele. Să-şi urmărească visele. Există printre ei unii care nu visează, dar nu despre aceştia e vorba aici. Aici vorbim despre cei care sunt gata să-şi urmărească visele ca pe un zmeu, alergând până la epuizare.

Ei sunt cei care încă tremură când se sărută. Ei sunt cei care învață despre dragoste şi iubire abia stăpânindu-şi atomii şi moleculele-n delirul simțirii. Ei sunt obraznicii şi aroganții. Pentru că timpul este de partea lor, iar înțelepciunea este învinsă prin forța curajului. Ei sunt cei care acționează cu orice preț şi în orice direcție. În haită sau de unii singuri, vulturi tineri izolați de restul lumii îndestulate. Noi, ceilalți, ne uităm cu jind la obrajii lor înviorați de sânge. Sunt repeziți, nebuni şi gălăgioşi şi ne aduc aminte că viața se rostogoleşte în cascade.

Ei sunt speranță şi destin, sunt început şi tupeu, sunt spațiile goale care trebuie umplute cu miez de lucru frumos. Sunt gata să-şi ia, dacă nu li se dă. Sunt gata să primească orice fără să discearnă, doar ca să-şi potolească setea de nou. Noi trebuie să avem grijă cu ei şi să păzim izvoarele de unde se adapă. Sunt frumoşi şi fragili. Sunt suflete casante. Se modelează greu materialul din care este făcută vârsta lor. Dar rezultatele pot fi ani întregi de lumină albă.

Vorbeşte-le pe limba lor şi te vor iubi. Doar că limba lor se învață repede şi se uită cu şi mai mare viteză. Toți am vorbit-o cândva. Puțini o mai cunoaştem. Sunt nehotărâți şi pripiți, sunt radicali şi răzbunători. Sunt uşor de rănit şi uşor de manipulat. Sunt îngeri sau demoni în formare, şi asta iar depinde de noi.

Cine suntem noi? Noi suntem oamenii. Cine sunt ei? Ei sunt rugăciune în zori pe treptele casei unei fete frumoase, sunt trandafiri umezi de-abia culeşi, sunt urlet răguşit într-o noapte de beție cu luminile stinse, sunt urma chitarei pe nisip, sunt speranța fără de capăt, exces şi dorință, sunt frică fără de frică şi rană deschisă, stropită cu inconştiență, ei sunt duşmanii Morții, copiii Vieții, sunt sângele proaspăt al nopților de mai, sunt roşu aprins şi albastru electric, piele fierbinte hrănită cu lacrimi sau suflu, sunt oglinda pieritoare a trecutului nostru, sunt tot ce împinge lumea asta înainte.

Ei sunt liceenii, adolescenții, puberii, frumoşii nebuni ai bulevardelor Timpului.

PIZZA ŞI STELE

1. 11. 2008

Astăzi am învăţat că există o strânsă legătură între pizzele de la Pizza Hut şi stelele de pe cer. N-aş putea să vă spun care, dar sigur este una. Mi-a spus-o o fetiţă cu logică impecabilă şi curată, dar până la ora acestor rânduri am uitat-o. Apoi, aceeaşi fetiţă, cu zâmbet larg, mi-a spus că abia aşteaptă ziua în care o să vină Dumnezeu. Am întrebat-o dacă a aflat la biserică despre venirea Lui. Mi-a spus că nu. „Dar de unde?", am întrebat. „E în inima mea", mi-a spus. „M-am născut cu asta." A urmat un moment lung de tăcere şi m-a întrebat mirată: „De ce taci?".

Copiii sunt mai aproape de Dumnezeu, pentru că ei nu se îndoiesc. Îndoiala vine cu vârsta. Asta înseamnă că în stare de embrion, în pântecele mamei e dumnezeire. Dumnezeire care alege să devină OM. Oare unde ne pierdem harul? Unde se rupe firul care, odată întrerupt, naşte îndoială? Sunt multe răspunsuri, ştiu. Prea multe corecte, niciunul adevărat...

IERI LÂNGĂ ORAȘ...

10. 11. 2008

Aseară am fost la marginea orașului. Pe lângă groapa de gunoi a Oamenilor. Rătăceam pe acolo fără un țel anume, suind și coborând movilele de pământ. La un moment dat, au început să-mi frigă tălpile. Mă aflam deasupra unui loc unde îngropasem o prietenie.

HOSPITAL VISION

14. 11. 2008

Îmi lipesc pieptul de metalul rece al aparatului de radiografie. Nu respirați acum! Clac! Respirați! Vă puteți îmbrăca! Luați loc pe hol două minute, până iese poza! Mă aşez pe o bancă în holul slab luminat de neonul care acompaniază suferința. Pe uşa care dă în acest hol își face apariția o bătrânică în scaun cu rotile care se schimonoseşte de durere, încercând să-şi introducă mâinile în mânecile puloverului pe care îl ține deasupra ei o femeie mai tânără, ce pare a fi o rudă.

— Nuu maaai pooot, nuu maaai vreaaauuu, măă doaareee...

Picioarele îi sunt învelite în feşe. Durerea de pe fața ei călătoreşte până la mine şi mă înfioară.

— Nuu maaai pooot, nuuu, măă doaaareee...

Viața nu luptă în cazul său, ci se schimonoseşte într-un monolog grotesc cu aură de tragedie antică.

Iar Moartea, Moartea de data asta pare un domn elegant îmbrăcat în frac cu coadă scurtă, negru, cu pantaloni „creion" şi ghete din piele întoarsă, gri-şobolan. În mâna dreaptă ține un baston alb cu măciulie de sidef asortat impecabil cu mănuşile de piele bleu-ciel. Moartea face ture largi, călcând apăsat şi oarecum jucăuş pe aleea pietruită din jurul Vieții care își urlă disperată monologul nedespărțirii de sine.

Nu e răutate în privirea liniştită a Morții și nici nerăbdare nu e şi asta transformă lamentoul Vieții într-un act ridicol. Pe holul din fața cabinetului de radiografie bătrânica reuşeşte să îmbrace puloverul. Viața pare că se liniştește puțin și îşi şterge broboanele de sudoare, uitându-se panicată în jur. Moartea îşi verifică ceasul de buzunar şi le urmează agale pe cele două.

— Aveți febră, îmi spune un doctor care îmi strânge mâna într-un salut voios.

— Da, ştiu, răspund zâmbind. E pentru prima oară când percep febra ca pe o formă de sănătate...

ACORDAJ...

15. 11. 2008

Mă uit la o pagină albă. Mă uit la o pagină albă. Mă uit la o pagină albă. Câtă rațiune în delir. Aşternuturile s-au mototolit sub noi în arşița verii. Poți să tai căldura cu cuțitul. Trage un fum, iubito, şi întinde-te după o gură de tequila. Coboară din maşină. Ai mai văzut atâtea stele pe partea asta a lumii? Îmi taie răsuflarea întinderea aia nesfârşită de zăpadă de la pol.

Bătrâna îşi târşâi papucii către ultimul ceai... Îşi dădu duhul acolo în bucătărie, cu gândul la cişmeaua de pe faleza din 1935... Vapoarele aveau zbaturi... umbrele bej... Îşi sprijini capul pe coate şi muri zâmbind...

Lasă durerea să lucreze în tine, Dumnezeu îşi şlefuieşte operele. Stă rezemată acolo la bar, atât de frumoasă şi nepotrivită cu muzica. De ce nu te duci la ea? Timpul trece repede. Du-te, du-te... tot pe ea ai s-o răneşti într-o zi.

Aşa... şi pantofii de lac. În seara asta hainele au să te apere de oameni. Arăți impecabil. Cine ar putea să vadă sângele din spatele fracului... stai drept. Rânjeşte. Simți acum? Eşti ermetic închis. Privirile lor n-au pe unde intra. Bună seara, domnule. Ah, nu e nicio problemă, îmi notez şi vorbim săptămâna viitoare... Ce faaaci? Te săruut... Și mie mi-a fost dor de tinee... nebunule... vrei ceva de la bar?

Ce căldură e în capelă – rezistam mai mult în picioare într-o vreme. Părinte, începem? Se face cald... şi mâinile cu degete fine şi unghiile cu lac negru... cu limba pe buricele degetelor şi cu dinții pe lacul negru al unghiilor... încremenit.

Ceasul din bucătărie se opri. Bătrâna zâmbea din moarte şi sufletul îi părăsea trupul odată cu aburii din ceaşca de ceai. Uită-te la stele... dincolo de dealurile alea este Las Vegasul. Sute de țânțari în bătaia farurilor... ce caldă e capota... Fă dragoste cu mine aici, vrei? Miroase a motorină şi blugi rupți... şi a conuri de brad...

Bătrânul număra valurile care-i mângâiau picioarele. Purta o pijama de plajă. Privea oceanul, sare în păr şi stropi de mare în barbă. Şi fața brăzdată de cute... pijamalele albe fluturau în vânt, semnul unei mări agitate.

Fă dragoste cu mine acum... Dincolo de dealuri e Las Vegasul. Ce cald e în capelă. Şi mai e şi drumul până la groapă. Suferința uscată de arşiță... stropeşte coliva cu vin...

Îți taie răsuflarea întinderea asta nesfârşită de zăpadă... şi foşnetul saniei şi câinii şi vântul prin blană...

EXISTĂ DUMNEZEU

9. 12. 2008

Într-o zi am murit. Nu-mi mai aduc aminte cum. Nici măcar nu-mi mai aduc aminte drumul până în rai. De fapt, cred că numai eu îi spun rai. Oamenii de acolo nu îi spuneau nicicum. O voce s-a apropiat de mine chiar în momentul în care am ajuns şi mi-a zis: „Bine ai venit. Ai murit". Vocea nu se vedea, se auzea doar. Era o voce caldă şi calmă asemănătoare cu vocile oamenilor de succes care vorbesc într-un interviu despre felul în care au reuşit în viaţă. „Sunt aici ca să-ţi fac cunoştinţă cu oameni. Doreşti să cunoşti pe cineva în mod special?"

M-am uitat la prietenul meu – căci am uitat să vă spun că murisem împreună cu un prieten. M-am uitat deci la prietenul meu şi am spus: „Da, aş vrea să-l întâlnesc pe Shakespeare". Vocea mi-a răspuns foarte amabilă că nu se poate. Am întrebat de ce. Mi-a spus că Shakespeare murise în altă epocă şi că eu nu mă pot întâlni decât cu oameni din epoca în care am trăit. Îmi părea foarte rău. Vocea aştepta. I-am spus politicos că nu mai voiam să cunosc pe nimeni altcineva. Poate mai târziu. A plecat.

Zilele au început să curgă. Ne aflam într-un loc cu multă iarbă care creştea pe nişte trepte de pământ, formând astfel un imens amfiteatru verde. Nu bătea vântul niciodată. Şi deseori era înnorat. Ne plimbam şi nu făceam nimic altceva. Nu mâncam, nu dormeam, nu strigam şi gândeam mult mai puţin decât atunci când eram în viaţă. Dar de plimbat, ne plimbam foarte mult. Nu ştiu dacă mergeam sau pluteam uşor deasupra pământului şi doar gândul ne oprea, în timp ce corpul nostru mai înainta puţin din inerţie, asemenea pietrelor de curling pe gheaţă. Erau foarte mulţi oameni în jurul nostru. Şi ei făceau acelaşi lucru.

Mă plictiseam. Am chemat vocea. Amabilă, vocea a venit foarte repede. I-am spus că mă plictisesc. M-a întrebat ce-aş vrea să fac. I-am răspuns că aş face orice, în afară de a mă plimba: să muncesc ceva, să tai lemne, să scriu, da, să scriu, şi apoi să pot mânca ceva şi să beau un pahar de vin roşu, să pot să vorbesc mult, mult de tot, să simt că trăiesc. Vocea a râs şi mi-a spus că nu mă aflu acolo ca să trăiesc şi că în curând mă voi obişnui cu asta. Apoi mi-a dat câteva trasee noi de plimbare.

„Voi mai iubi vreodată?", am întrebat. Vocea a râs din nou, dar într-un fel care mi-a răscolit inima: pentru că râdea tata şi eu mă uitam la el de pe oliţă, apoi brusc a început să râdă frate-meu şi eu rupeam bilete la căsuţa loto făcută din scaune de bucătărie, „hahahaha" râse mama şi am luat la facultate, „Maria, de ce râzi când facem dragoste? Nu mi se pare comic –nu vrei să te implici?", „Doamne, ce frumos plouă, vreau să nu se termine cu râsul!!!", „Tati, ţine-mă pe genunchi!!!" „Da, da, da, te ţine tati şi te învârte cu avionul!!! Râzi, da, râzi, bumbacule mic ce eşti! Râzi!!!" – „Stop!", îmi spuse vocea calmă.

A doua zi am scris în palmă cu un marker negru: EXISTĂ DUMNEZEU. „Hai, du-te pe pământ. N-am mai văzut suflet ca tine, parcă n-ai veni de-acolo", îmi spuse vocea zâmbind. În acelaşi moment am ajuns pe un hol pustiu. Şi răcoros. Era vară, iar holul era al unui spital. Foarte curat şi foarte lung. De o parte şi de alta se aliniau, pierzându-se în depărtare, uşile saloanelor. Unele erau întredeschise şi permiteau luminii de afară să taie ciudat întunericul holului. Oricum, lumina nu se chinuia prea tare să intre în spital, ferindu-se parcă de o boală necunoscută. Era o lumină leneşă. Leneşă şi bej. Ca o simfonie de Mahler. Vântul adia uşor şi m-am gândit că nişte perdele ar fi dat bine în lumina acelei zile. M-am uitat la prietenul meu. Era lângă mine şi mă privea întrebător.

„Hai să le spunem oamenilor din saloane că există Dumnezeu", i-am zis. „Hai!", mi-a spus el. Brusc, ne-au cuprins pe amândoi sentimentul şi înfrigurarea lucrului măreț pe care aveam să-l înfăptuim. Mă deranja puțin faptul că eram invizibili, dar m-am remediat pe dată, spunându-mi că morții nu pot avea orgolii. La urma urmei, de ce să fim văzuți? Eram mesagerii lui Dumnezeu.

Am ales un salon la întâmplare. Am intrat şi dintr-odată lumina s-a albit şi ne-a adus aminte că e vară. Soarele era puternic, iar verdele de-afară semăna cu coperta unei cărți despre broscoi. Şase paturi se împărțiseră în două tabere de câte trei aliniate față în față. Un şir de ferestre semimurdare arbitra această confruntare nemişcată. O frânghie de care atârnau rufe albe traversa în diagonală salonul pătrat. Țineți minte această frânghie. În rest, noptiere, portocale, sucuri cu muşte insistente la gura lor, portocale, reviste din mai multe săptămâni sau luni, ceasuri şi un radio, sertare albe de metal, borcan de pipi, ploscă, măruntiş, halate albe atârnate după uşă, un tablou cu Bucegii de prin anii '70 – nu ştiu cum mi-am dat seama, pentru că Bucegii nu s-au schimbat foarte mult, dar ştiam sigur că fotografia era din anii '70 –, țigări, da, da, țigări şi două deodorante, săpunuri, hârtie igienică aspră şi, nu în ultimul rând, cinci bărbați şi un copil.

Prietenul meu s-a aşezat lângă unul dintre ei şi a început să-i citească la ureche din cartea pe care acesta o răsfoia. Bărbatul a adormit. Nimic special nu aveau cei cinci bărbați. Arătau ca nişte oameni care lucraseră împreună într-o întreprindere de maşini şi utilaje de construcții şi hotărâseră de comun acord să se îmbolnăvească. Acum tăceau. Copilul, în schimb, deşi palid, avea ochii vii. Albaştri şi vii. Şi ne dădea senzația că vrea să strige ceva dintr-un moment în altul. Avea o pijama albă cu dungi cărămizii, mai scurtă decât el. Era un copil frumos care aştepta să strige. Respira greu. „Cum facem? Hai să le dăm un semn", i-am spus prietenului meu. „Singurul semn credibil ar fi să răsturnăm ceva", mi-a zis el. „Dă şi tu cu mâna peste frânghia de rufe", îmi spuse, îndreptându-se spre uşa salonului. „N-au cum să nu observe că se mişcă aşa, dintr-odată." Copilul mă privea fix în ochi. Dintr-odată am lovit tare, cu mâna, frânghia de rufe. Prietenul meu a deschis uşa salonului.

Copilul strigă: „Uite, uite, uite, uite, se mişcă frânghia, uite-o cum se mişcă, uitați-vă, uită-te, nene, uitați-vă!!!". „Ce-ai, mă, copile, eşti nebun? Nu vezi că s-a deschis uşa la salon? E curent, Doamne iartă-mă, că m-ai şi speriat." Copilul strigă în continuare plângând: „Nu, nu-i adevărat – s-a mişcat singură, nu-i adevărat". „E curent, m-auzi?", strigă un alt bărbat. „Da' chiar, ia du-te şi închide uşa şi nu mai ţipa. Parcă ţi-era rău." Copilul a închis uşa în urma noastră.

„De ce-ai deschis uşa?", l-am întrebat pe prietenul meu. „Păi nu trebuie să mergem? Sau vrei să mai stăm?"

Copilul plângea, dar obrajii lui erau mai roşii ca niciodată. A doua zi l-au externat. Bărbaţii tăceau. Vocea râdea.

L-am scris demult. Prin facultate.

FATA CU BOXERI ŞI TRICOU ALB...[1]

9. 12. 2008

Femeia în boxeri şi tricou alb. Nemachiată şi somnoroasă, îți oferă Zâmbetul în crucea dimineții. Zâmbetul care te face să mergi înainte şi asigură logica lucrurilor. Se ridică din pat. Îi urmăreşti mersul obraznic, leneş, legănat sau săltat, şi îți pare atât de dumnezeieşte senzuală unduirea cutelor de bumbac care iau urma bucilor tale dragi.

Strâmbe şi cremoase, drepte sau sub forma unui x feciorelnic, pufoase blond sau albe mat precum alabastrul, picioarele iubitei tale îşi lipesc tălpile goale de gresia, parchetul sau covoarele apartamentului vostru, marcând dus şi întors drumul către apa de pus la fiert în bucătărie. O iubeşti aşa, în tricou alb şi boxeri, mai mult decât aseară, când rujul uşor deformat de pe buzele-i tresărinde şi pantofii cu toc înalt ți-au aprins focul... pentru a câta oară?

E dimineața voastră în inima oraşului nebun, nu este timp şi ea te alintă şi se vrea alintată, şi vă topiți în dulcegării cârlionțate, gângureli neînsemnate sau ghemuieli jucăuşe prin cele mai neaşteptate colțuri de casă. Tricoul alb ascunde sânii tăi preferați, pe care-i îmbrățişezi

1. Textul a inspirat versurile piesei „Fata în boxeri și în tricoul alb” de pe albumul *Vama*, 2012.

din spate, mereu pe nepusă masă, mereu surprinzător, cu mâinile-ți care se fac cuib în jurul lor, în timp ce grumazul tău de bărbat grăbit își oferă un răgaz pe umerii mofturoși ai femeii tale... E atâta dăruire tâmpă în joaca asta matinală și atâta fericire simplă ca o cană de ciocolată caldă, încât îți vine să urli în gura mare: „Doamne, fericiți cei săraci cu duhul, că a lor e Iubireeeeaaaa...". Dar nici să strigi nu-ți mai vine, că nu e timp decât de Ea și tot ce-ți trece prin cap e să găsești o soluție concretă prin care să ți-o bagi în toți porii... s-o transformi în unguent de iubire și să-ți ungi trupul, să-ți umpli oasele de ea până diseară, când o să faci în așa fel încât s-ajungi mai târziu acasă doar ca să te întâmpine Zâmbind... din nou... în boxeri și-n tricoul alb în care ai să-ți înfunzi nările când Ea se va duce sub duș.

O să te plimbi în lung și-n lat prin casă, neputincios în lupta cu un rânjet care-ți trădează gândul pe care-l știm cu toții. Da, o iubești, o iubești cu toată puterea ființei tale pe fata de sub duș, o iubești în boxeri și în tricou alb și îi slăvești defectele, aruncând pe ele lumina iubirii tale... Căci este atât de multă, încât ajungi să te întrebi de unde ți s-a dat atâta, dacă nu de sus, de foarte sus...

Și toate astea dispar în ceața uitării, căci scârțâie ușa de la baie și fata în boxeri și tricou alb ți se arată în toată splendoarea ei și râdeți amândoi, pentru că știți că nu mai era nevoie să se îmbrace... E însă o formalitate dulce și ea adoră să-i tragi boxerii, stângaci, încă stângaci pentru un bărbat ca tine, dar nu destul pentru un bărbat îndrăgostit lulea... apoi tricoul alb poposește și el pe podea lângă pat, martor tăcut al unei povești de iubire pe care o va gusta din nou mâine dimineață...

BĂIEȚELUL-IUBIRE

14.12.2008 – 11.03.2009

A fost odată un băiețel învelit într-un strat gros de iubire. Da, ați auzit bine, învelit în iubire. În afara capului blond, buclat, cu ochi albaștri, o gogoașă strävezie cu irizații de un albastru electric forma un strat gros translucid jur-împrejurul lui. Puteai să-i intuiești trupul prin plasa de iubire care îl înfășura strâns. Dacă te apropiai de el la mai puțin de zece metri, o senzație nemaiîntâlnită îți cuprindea sufletul. De parcă temperatura sângelui începea să crească și obrajii se înroșeau intens și o bucurie amestecată cu dorință creștea în fiecare por al pielii.

Era mai mult decât o senzație. Începeai să simți cum organele ți se întrepătrund, sfidând orice minimă regulă de funcționare a corpului omenesc. Deveneai moale și sulfuros pe dinăuntru, de parcă întreg corpul tău găzduise o cantitate imensă de apă minerală ale cărei bule abia ieșite de sub presiunea îmbutelierii își făceau de cap prin vene. În apropierea heruvimului blond, oamenii deveneau purtători de sânge clocotitor cu bule. Nu trebuia să-ți spună nimeni că ceea ce simțeai era IUBIRE. Ciudat era că nu exista obiectul asupra căruia toate aceste efluvii ar fi trebuit să se reverse. Iubeai în apropierea băiețelului cu ochi albaștri, dar nu știai ce. Odată ieșit din raza de acțiune a gogoașei translucide care-i învelea trupul, erai pentru mult timp încă victima inerției iubirii.

Nimeni nu ştia de unde apăruse acest copil fabulos. Nu se ştia nimic despre el. Unde locuieşte, dacă are părinți, cum a fost adus pe lume... Fusese descoperit de către o bătrână care îl întâlnise la metrou, ghemuit pe nişte cartoane, sub scările rulante. Atrasă de sclipirile electrice de iubire, se apropiase de el din curiozitate. Cuprinsă de senzația aceea care îi răvăşise simțurile şi dorințele de mult îngropate, voise să-l ia pe băiețel acasă. Băiețelul a urmat-o docil, însă la jumătatea drumului spre casă bătrâna îl alungă, nemaiputând să suporte atâta fericire. Ajunsă acasă, s-a mai bucurat câteva zile de tremurul care-i străbătea trupul, după care, simțind că se termină, a început să-l caute pe băiețel cu o disperare furibundă.

În aceeaşi situație au început să fie, rând pe rând, diverşi locuitori ai oraşului. Majoritatea femei, deşi bărbații erau victime la fel de sigure. Atraşi mai întâi de gogoaşa transparentă, oamenii ajungeau în preajma băiețelului care pe unde apuca. Spectacolul era nemaivăzut. Unii dintre ei erau atât de fericiți, încât nu-şi puteau controla muşchii feței, mişcările mâinilor sau picioarelor şi le ofereau concetățenilor reprezentații frenetice. Salivau, chicoteau, îşi dădeau ochii peste cap cu un tremur lung şi ridicol al genelor, respirau adânc, schimonosindu-se dureros, înălțau privirea către cer şi se ridicau pe vârfuri, încercând parcă să-şi culeagă pălăria din vârful unui cuier prea înalt pentru ei. Directori de bancă, şoferi, asistente, profesori sau prostituate, bucătari, vagabonzi, criminali nebănuiți, oameni de afaceri, toți, rând pe rând, deveneau locul comun al fericirii care iradia din gogoaşa străvezie cu bucle blonde.

Cu toate acestea, nimeni nu reuşise să stea în preajma micuțului mai mult de câteva ore. Epuizați ca după un orgasm nesfârşit, oamenii se depărtau, vărsându-şi mațele de fericire, pentru ca, după un timp, să intre în sevrajul despărțirii. În scurt timp oraşul fusese străbătut de vestea copilului-minune şi concetățenii s-au împărțit în două tabere. Cei care voiau să se înfrupte pentru prima dată din gogoaşa iubirii şi cei care tânjeau după amintirea clipelor de nedescris petrecute în apropierea copilului.

Începu goana după băiețelul-iubire. Căci aşa i se dusese vestea: băiețelul-iubire. Oamenii îl căutau disperați, cu frenezie. Vestea copilului care radia iubire gratis se răspândi în toată lumea cu viteza mailurilor şocante. Mărturiile celor care intraseră în contact cu băieţelul-iubire sunau la fel – sânge clocotind, tremur, fericire cât cuprinde. Cei care îl căutau erau plini de speranţă pentru că ştiau că băieţelul-iubire nu poate să dispară nicăieri din moment ce nimeni nu putea sta în preajma lui vreme îndelungată.

Fuseseră câteva încercări de răpire din partea unor ruşi care se gândiseră că ar fi putut taxa apropierea de copil, însă gardienii îl eliberaseră cu zâmbetul pe buze. Nimeni nu rezista în preajma lui fără un impuls bolnăvicios de a face bine – atât de puternic însă, încât paraliza tocmai puterea de acţiune: oamenii erau pătrunşi de gânduri salvatoare, dar muşchii zâmbeau şi voinţa le era anihilată. Băieţelul-iubire era de neatins. Grija zilei de mâine era o noţiune inexistentă pentru omuleţul blond. Oriunde s-ar fi aflat sau ar fi intrat, oamenii, cuprinşi de o moleşeală care paraliza logica răului, făceau tot ce le stătea în putinţă ca să-l servească.

În fast-fooduri lumea îi făcea loc chicotind în timp ce i se pregăteau hamburgeri şi prăjituri sau sucuri. În malluri, magazinele de haine îl primeau cu braţele deschise – îl forţau să probeze pantofi (doar pantofi, pentru că restul trupului era acoperit de gogoaşa translucidă cu irizaţii albastre). Mulţi încercau să-l îmbrace, dar hainele căpătau proprietăţile polilor magnetici inversaţi şi nu puteai nicicum să le faci să învelească gogoaşa. În câteva rânduri a rămas la unele dintre cele mai scumpe hoteluri din oraş, unde recepţionerii îl forţaseră să înnopteze. Într-unul din hoteluri, după plecarea băieţelului, o cameristă fu descoperită plângând în apartamentul pe care copilul tocmai îl părăsise. Strângea la piept cearşafurile, îngăimând vorbe fără sens în care se amesteca din când în când numele lui: băieţelul-iubire.

Omniprezent, intangibil pentru o mai lungă perioadă de timp, băieţelul-iubire se transformă curând într-un bun universal. Presa contribui din plin la răspândirea poveştii. Băieţelul-iubire ajunse subit pe prima pagină a ziarelor lumii, surclasând războaie, masacre, vedete alcoolice, adultere celebre, criminali, politicieni corupţi sau fotbalişti. Orice încercare de interviu eşuă lamentabil, pentru că rezultatul era un elogiu dulceag al reporterului îndrăgostit de nimic. În preajma copilului, tentativele de jurnalism obiectiv se pierdeau într-o mare de iubire.

Cu toate acestea, presa scria pentru că inofensivul heruvim blond risca să răstoarne ordinea mondială. Oamenii începură să călătorească mai mult. Mii de oameni transformaseră deja într-un soi de exod căutarea celor câteva ore de fericire. Oriunde s-ar fi aflat, băiețelul era înconjurat de un număr tot mai mare de bărbați şi femei care chicoteau şi tremurau, ridicând mâinile către cer într-o corporalitate mistică ce semăna cu o invocare a zeului iubirii care blagoslovise planeta cu asemenea minune.

Băiețelul-iubire deveni fenomen mondial. Televiziunile de divertisment s-au bătut pe licența unui show-concurs al cărui câştigător era cel care reuşea să stea cel mai mult timp lângă el. Campionul a fost un bărbat de origine letonă care a reușit să petreacă optsprezece ore şi douăzeci şi şapte de minute lângă Băiețel. Talk-show-urile momentului dezbăteau cu diverşi invitați fenomenul care risca să schimbe lumea. Sute de întrebări se năpusteau pe buzele oamenilor: Cine este de fapt băiețelul-iubire? De unde vine? Cine îi sunt părinții? Este el un semn divin? (religiile începuseră deja să şi-l dispute). Cum va schimba soarta lumii? Ar trebui imobilizat pentru a se organiza într-un fel iubirea generată de el? Care este compoziția chimică a gogoaşei translucide? Şi alte sute de întrebări care năşteau noi şi noi dezbateri.

Cum era de aşteptat, toată această polilogie media nu făcu decât să crească notorietatea copilului. Între timp, exodul miilor de oameni care căutau fericirea de câteva ore continua, dublat de cei care voiau să retrăiască acele clipe. Băiețelul începu să călătorească din oraş în oraş. Statele lumii începură să fie preocupate de găzduirea lui pe teritoriul lor cu consecința unor câştiguri fabuloase de pe urma produselor de turism. În felul acesta, băiețelul-iubire făcu înconjurul lumii de câteva ori, călătorind singur în aeronave uriaşe care asigurau o distanță adecvată față de echipaj. Boy Wonderlove, cum îi spuneau englezii, devenise cetățean universal.

Industria de *merchandising* reacționă prompt. Tricouri, şepci, fotografii, farfurii, pahare, bricege, pixuri, autocolante, postere, ilustrate, cărțulii cu poveştile de fericire ale celor care fuseseră aproape de micuț... Treptat, începură să apară dramele. O femeie care îl întâlnise pe băiețel divorță la scurt timp după încetarea efectului, realizând că nu iubirea o lega de soțul ei. Acesta se sinucise. Oamenii singuri sau aflați în depresie renunțau la serviciile psihanaliştilor şi la ideea de a-şi găsi jumătatea. Toți se gândeau că băiețelul le poate acoperi găurile din suflet. Companiile de matrimoniale începură să falimenteze rând pe rând. Accesul gratuit la iubirea de o intensitate nebănuită înnebuni lumea. Ordinea mondială era în pericol.

Mii de oameni au renunțat la slujbele pe termen lung. Acum, omenirea iubea *free-lancing*-ul. Nimeni nu mai voia să fie legat de un loc de muncă, preferând colaborări ocazionale în diverse domenii, cât mai aproape de zonele în care se afla băiețelul. Economia mondială se clătina. Forța de muncă inteligentă nu mai era dispusă să se stabilizeze. Familii întregi, armonioase, ajunseră la concluzia că trebuie să se adape împreună, ținându-se de mână, din izvorul de iubire. Pensionarii își găsiseră un rost în viață. Pe plan sociologic, o concluzie fără precedent cutremură lumea de la un capăt la celălalt. *Adolescenții nu mai erau interesați de sex.*

Mii de tineri cu vârste între treisprezece şi şaisprezece ani refuzau să-şi mai înceapă viața sexuală. Ceea ce trăiseră lângă băiețel, spuneau ei, nu putea fi depăşit în intensitate de nicio prezență de sex opus. Dacă lucrurile continuau în felul acesta, viitorul rasei umane era în pericol. Această concluzie atrase atenția liderilor politici şi economici. Se acredita teoria că băiețelul-iubire este exponentul unei civilizații extraterestre. Opozanții acestei teorii spuneau că micuțul nu are nimic neomenesc în el, în afara gogoaşei translucide. Faptul că emana iubire era în cel mai pur sens uman, şi doar intensitatea acesteia îl făcea special printre oameni, dar nu putea să-l transforme în mesager extraterestru. Totuși, chiar și cei care îl apărau pe micuț au fost nevoiți să accepte că situația *de facto* periclita ordinea mondială.

Băiețelul blond nu avea însă habar de toate astea. Trupul firav asemănător unui înger subnutrit călătorea prin lume fără scop. Ochii albaştri priveau melancolic la încercările hulpave ale oamenilor de a reveni în perimetrul său. Dacă cineva ar fi reuşit să-l studieze în timpul petrecut în preajma lui, ar fi observat că din când în când fața i se schimonosea de durere şi o lacrimă minusculă se rostogolea peste pielea albă şi subțire a obrajilor săi. La capătul fiecărui ciclu complet de iubire generată, irizațiile albăstrui dinăuntrul învelişului se aprindeau mai puternic şi străluceau ca nişte arcuri electrice. Pentru o fracțiune de secundă, băiețelul se sufoca şi respira greu, ca şi când o greutate de mii de kilograme i-ar fi fost aşezată pe umeri. Oamenii nu apucară să observe acest comportament ciudat.

Zi şi noapte era înconjurat de copii. Nopțile erau ale copiilor străzii, care-l ademeneau prin adăposturile lor întunecate, unde băiețelul împrăştia lumină albastră. Zilele erau ale tuturor copiilor care veneau împreună cu părinții înfometați de „avuția" băiețelului. Nu trecu mult timp şi oamenii făcură o descoperire interesantă în ceea ce-l privea pe băiețel. Copiii. Copiii nu erau afectați de gogoaşa translucidă. Puteau să stea lângă el oricât. Se comportau normal, ca şi cum se aflau în preajma unui tovarăş de joacă. Oamenii nu observaseră asta de la început, pentru că prichindeii erau oricum într-o stare de isterie jucăuşă la vederea părinților care îşi dădeau ochii peste cap şi se prosteau în fel şi chip. Observația însă nu întârzie să apară, şi oamenii începură să-şi pună întrebări. De ce copiii nu reacționează? De ce nu li se întâmplă nimic în preajma băiețelului?

Situația începu să evolueze într-un sens nefericit. Numărul oamenilor din preajma băiețelului ajunsese de ordinul sutelor, apoi al miilor. În afara perimetrului de iubire începură acte de violență. Oamenii încercau să se organizeze ad-hoc, dar în babilonia creată de naționalitățile prezente nu reuşeau să se ordoneze deloc. Mereu se găseau câte unii care să rupă rândurile sau să se bage în față. Apăruseră speculanții, care stăteau la cozi pentru ca mai apoi să-şi vândă locurile pentru câteva sute de dolari.

Autoritățile dispuseră unități de jandarmi la marginea perimetrului de iubire. Băiețelul privea speriat miile de oameni care se perindau prin fața lui. Elicoptere militare dotate cu camere video începură să survoleze zona. Spectacolul era halucinant. Pe o rază de o sută de metri în jurul copilului, oamenii acționau în cele mai ciudate feluri: plângeau de fericire, dansau, se îmbrățişau, stăteau culcați pe spate sau implorau cerul cu mâinile întinse, oferind o panoramă colectivă nemaiîntâlnită. Dincolo de perimetru, furnicarul nerăbdător acționa ca o masă revoltată dintr-o țară sud-americană. Se intervenea în forță, se operau arestări şi, curând, numărul forțelor de ordine fu sporit astfel încât să poată fi organizate cozi. Situația devenise dramatică. Autoritățile încercau tot timpul să direcționeze băiețelul către spații deschise, care să permită accesul unui număr cât mai mare de oameni.

Oamenii de știință au reușit să preleveze câteva probe din gogoaşa translucidă cu ajutorul unui cablu coborât dintr-unul din elicopterele care survolau zona. Din nefericire, ceea ce la început era ca o bucată de piftie albastră traversată intern de sute de vinişoare albicioase s-a transformat în apă pe drumul către laborator. Au încercat apoi cu un laborator mobil, dar n-au reușit să depisteze decât apă în compoziția „piftiei" şi un fel de material asemănător latexului care se descompunea rapid şi a cărui compoziție moleculară se schimba imediat, până se transforma și el în apă.

Băiețelul privea atent în jurul lui. Fluxul de iubire funcționa normal. Spasmele şi lacrimile care-l podideau din când în când își urmau ciclul firesc. La aceleaşi intervale răsufla anevoios, împovărat de o greutate invizibilă. Apoi, într-o zi, băiețelul vorbi. Vorbi unei fetițe pe care o chema Miranda şi care intrase în perimetru împreună cu mama ei. Era o zi perfectă de primăvară, cu soarele acela care te îmbie să-ți trăiești viața cu o furie optimistă.

Miranda se apropie de băiețel şi își vârî mâna adânc în gogoaşa translucidă. Maică-sa se sperie la început, dar cum fetița nu dădu semne de nelinişte, o lăsă în plata ei, în timp ce ea fu cuprinsă de dorința de a iubi. Miranda începu conversația:

— Am acasă un căluț de mare şi zboaaară, are şi aaaripi...

— Uite luna... spuse băiețelul.

— Nuuu, ălaa e soarele...

— Pe partea cealaltă a Pământului e Luna.

— Şi am şi şase păpuşi surori, dacă te interesează, adăugă fetița, în timp ce-şi plimba mâna prin gogoaşa albăstruie.

— Eu nu mai cresc, aşa mi-a spus Zendor.

— Cine e Zendor? întrebă Miranda.

— Zendor e Miranda...

— Eu sunt Miranda, răspunse fetița bosumflată şi-i întoarse spatele.

Băiețelul fixă soarele cu privirea. Fără să lăcrimeze.

Oamenii se îndreptau, fără să-şi dea seama, către Ziua Neagră a lumii. Liderii mondiali se întâlniseră pentru a analiza situația haosului generat de băiețelul-iubire. Concluzia celor câteva zile de întâlniri între şefii statelor supradezvoltate era strict confidențială şi suna sec:

Băiețelul-iubire a generat un fenomen nemaiîntâlnit în istoria planetei noastre. Originile acestei ființe sunt necunoscute până la momentul acestei minute. Eforturile de cercetare a materiei care înveleşte corpul copilului fără identitate au eşuat. În mod eronat, curentul general de opinie a catalogat stările generate de câmpul din jurul băiețelului ca fiind „iubire", aşa cum o definim noi, oamenii. În apropierea băiețelului oamenii suferă de fapt de pierderea cunoștinței, delir şi simptomatologie asociată cu schizofrenie şi apatie. Ca urmare a acestor manifestări la scară largă, ne confruntăm cu mişcări sociale convulsive, întreruperea fluxului economic în mai multe țări, migrări masive de populație, evenimente care pot răsturna ordinea globală. În consecință, pentru salvarea omenirii de la haos şi anarhie, liderii țărilor supradezvoltate decid în unanimitate eliminarea ființei supranumite „băiețelul-iubire". Conținutul acestei minute este strict secret şi va fi comunicat doar celor implicați în eliminarea copilului. Minuta va fi dată publicității în zilele imediat următoare îndeplinirii ei.

Părinții Mirandei au fost omorâți în „accidente de maşină" controlate în timp ce se întorceau de la serviciile lor, în Stockholm. Mama, Tunde, avea un cabinet stomatologic în apropierea bibliotecii Kungliga, iar tatăl, Oswald, era conferențiar la Universitatea din Stockholm, unde ținea un curs de drept comercial. Cei doi îşi salvaseră „căsnicia erodată" în urma întâlnirii cu băiețelul-iubire şi deveniseră celebri în toată lumea datorită Mirandei, singurul copil cu care băiețelul intrase vreodată în dialog. În urma accidentului, trupurile carbonizate au dispărut. Pe bona Mirandei au omorât-o prin strangulare, imediat după ce au forțat-o să-i spună fetiței că părinții săi au plecat într-o vacanță prelungită. Miranda a fost dată dispărută imediat după asasinarea bonei, astfel că familia, prea tulburată de tripla tragedie, nu a reuşit să facă legătura între moartea părinților şi cea a bonei.

Miranda a fost transportată în secret la o tabără a serviciilor secrete germane din munții Pădurea Neagră. Educația ei a continuat, neschimbată. Profesorii de aici erau condescendenți şi binevoitori. Vorbeau perfect suedeza şi dezvoltau cu aplomb şi farmec aptitudinile Mirandei – muzică, desen, sport, aritmetică, toate îşi urmau cursul firesc. Miranda cunoscu şi alți copii special aduşi pentru ea, în aceleaşi condiții.

Treptat, în programul de studiu s-au introdus anatomie şi jocuri de echipă. Miranda învăță ce este sângele şi din ce este compus. „Toți oamenii au sânge în ei şi, dacă-i înțepi, sângele curge." Au avut grijă să nu-i explice consecințele pierderii unei cantități mari de sânge. Exemplificau pe nişte păpuşi mari dintr-un material cauciucat. Înțepate în diverse locuri, păpuşile eliberau un lichid roşu-vişiniu. Înțepate în cap însă, odată cu lichidul roşu, ele începeau să fredoneze diverse melodii ale momentului. Nu după mult timp, Miranda îşi dorea foarte mult să înfigă ea însăşi cuțitul în capul păpuşilor gonflabile şi să asculte vreun cântec nou.

Profesorii de sport îi antrenau la jocurile cu hoții şi polițiştii. În echipa Mirandei erau numai fete hoațe care trebuiau să-l atace pe prizonierul polițiştilor. Miranda învăță să meargă târâş, să sară peste buturgi şi să nu plângă dacă se julea. Jocurile se desfăşurau în urlete de nedescris, încurajate de către profesorii asistenți. Copiii mureau de plăcere să elibereze cele mai ciudate sunete, să se îmbrâncească unii pe alții şi, după caz, să apere sau să atace prizonierul „polițiştilor". După trei luni, dintre toți copiii din tabără, unsprezece reuşeau să se cațăre prin copaci şi pe stânci abrupte, să emită sunete cel puțin ciudate din toată puterea rărunchilor şi să alerge trei kilometri în pantă fără oprire. Unul singur se specializa în lovituri de cuțit bine aplicate în scoarța copacilor – o fetiță pe nume Miranda, cu un zâmbet îngeresc şi care cânta dumnezeieşte lieduri romantice.

Vestea făcuse deja înconjurul lumii de vreo câteva ori. Dacă erau încă foarte mulți oameni care nu ajunseseră în preajma băiețelului cu bucle blonde, ei bine, foarte puțini erau cei care să nu-i cunoască povestea şi care, mânaţi de curiozitate sau de dorinţa neostoită de a schimba ceva în viaţa lor, apucau drumul iubirii, contribuind la haosul generat de periplurile nesfârşite ale oamenilor. Se auzeau voci care propovăduiau o nouă ordine mondială. Alţii vesteau Apocalipsa şi spuneau că vremea a sosit şi că trebuia să ne fi gândit că Dumnezeu va arunca asupra noastră blestemul iubirii. „Băieţelul-iubire este rezultatul efectelor nocive ale globalizării", se învârtoşau glasuri mediatice.

Cu toate astea, soarele lumina nestingherit tăpşanele pe care mii de oameni îşi aşteptau docil rândul la intrarea în perimetrul băieţelului. Printre ei, unsprezece copii îmbrăcaţi în haine albe, împreună cu ceea ce, la prima vedere, părea a fi un profesor, se înghesuiau încet către mijlocul mulţimii. Miranda mergea imediat în spatele îngrijitorului de la centru, un neamţ cu figură anodină, îmbrăcat într-un costum gri, ponosit. Rolul lui era să-i conducă pe copii, în siguranţă, până la marginea perimetrului, pentru ca, mai apoi, odată misiunea încheiată, să-i poată face pierduţi. Veşmintele albe dădeau senzaţia că prichindeii fac parte din vreo sectă, ceea ce era mai mult decât uzual, dată fiind situaţia de fapt, astfel că forţele de ordine nu fură impacientate la vederea şirului indian care-şi croia drum direct către inima adunării.

Soarele începu să-şi însângereze discul, pe măsură ce se apropia de vârfurile Alpilor, semn că noaptea era pe undeva pe aproape, când grupul celor unsprezece copii ajunse la marginea perimetrului. Îngrijitorul şopti ceva la urechea Mirandei şi îi înmână un pumnal lung, pe care aceasta îl ascunse într-un buzunar lateral al hainei sale albe. Zâmbea fericită. Bărbatul îi adună pe ceilalţi zece copii şi le explică ceva, folosind gesturi largi, care sugerau un cerc...

Într-adevăr, copiii intrară în perimetrul băieţelului şi se îndreptară spre el. Odată ajunşi la câtiva metri, formară un cerc, ţinându-se de mâini. În mijlocul cercului se aflau Miranda şi băieţelul. Gogoaşa translucidă oferea un spectacol incredibil. Irizaţiile albăstrui se înmulţiseră, de la prima întâlnire a celor doi. Acum păreau că formează ghemotoace de fire albastre care alergau nebuneşte către un centru nevăzut. Pe fiecare din sutele de mii de fire circulau luminiţe de diverse dimensiuni. Părea că mii de furnici albe circulau cu o viteză uluitoare. La răstimpuri, unele dintre biluţele albe explodau în alte mii de bucăţele, care-şi găseau locul pe alte şi alte vinişoare albăstrui. Spectacolul era ameţitor, astfel că Miranda rămase cu gura căscată. Din ochii băieţelului se prelingeau lacrimi albastre, iar obrajii translucizi păreau supţi...

(neterminat)

ÎNGERUL DE DEASUPRA ORAŞULUI

22. 12. 2008

Sunt îngerul oraşului. Am avut multă treabă zilele astea. Se întunecă devreme şi-mi fâlfâi aripile deasupra Bucureştilor. Am coborât în intersecţii şi am suflat linişte peste frunţile transpirate ale oamenilor. Le-am încetinit bătăile inimilor, ca să nu se mai enerveze şi să-şi strige fiere unii altora. Cu inimile agale şi cu frunţile răcorite de suflarea stelelor, s-au liniştit. Ieri am deblocat câteva intersecţii. Am zburat printre blocurile de la marginea oraşului. Am intrat în case triste şi le-am adus uitare şi poftă de dragoste. Au uitat să-şi mai numere banii şi au fremătat de dorinţă ca-n zilele dintâi. Blocuri întregi năpădite de iubire.

Doamne, cât iubesc oamenii când se aprind unii după alţii. I-am spus odată lui Dumnezeu:

— Ce-ai fi făcut, Doamne, fără minunile astea de pe Pământ?

Mi-a răspuns râzând:

— Cred că ne-am fi plictisit de moarte, îngere...

Am ridicat de la pământ o fetiţă cu genunchii juliţi şi i-am lins rănile şi-am făcut-o să râdă. Mi-am smuls fulgii din aripi şi am învelit copiii metroului. Am stat lângă ei şi am plâns, pentru că le-am visat visele. Doamne, cât iubesc oamenii şi fiinţele astea plăpânde cărora voi le spuneţi copii. Am luat visele lor negre asupra mea şi, preţ de câteva ore, n-am mai putut zbura.

Am oprit câteva clipe tremurul mâinilor unei bătrâne care-şi aştepta moartea, uitată de lume... A zâmbit şi a putut să-şi bea ceaiul fierbinte, fără să-l mai verse în poală... Am intrat în casele bogaţilor şi le-am ostoit nefericirea... Acolo a fost mai greu – în casele lor domnesc mândria şi orbirea sufletelor... Le-am supt ceaţa de pe suflete şi au văzut limpede unii în alţii şi au plâns şi s-au bucurat. Şi iar le-a fost greu. Am trimis acasă femeile care-şi vindeau carnea... le-am pregătit bărbaţi simpli şi iubitori, mirosind a muncă... şi le-am făcut să gătească pentru ei.

Apoi mi-am tras sufletul şi m-am apucat de lucru greu... Am dus gândurile slabe la capăt de drum. Şi oamenii au aflat unii de alţii. Aşa că ea a ştiut că el e-ndurerat şi îi cere iertarea... apoi lui îndrăzneală i-am dat să-şi recâştige iubirea. Mii de gânduri am cărat în spate şi le-am aruncat în ferestre care se pregăteau să adoarmă... şi oamenii au aflat unii de alţii şi s-au iubit. Am amestecat destine şi mi-am notat schimbările într-un carneţel cu pagini din frunze de nuc – trebuie să i-l dau lui Dumnezeu la capăt de drum.

Doamne, cât îi iubesc pe oameni cu toate ale lor. Am plâns fierbinte pentru toţi cei pe care nu i-am putut ajuta. Mi-am odihnit amintirea lor în culorile schimbătoare ale unui semafor de la marginea oraşului. M-am aşezat lângă un cerşetor bătrân care aştepta resturi de măcel dintr-un supermarket. M-am aşezat lângă el şi i-am făcut cadou privirea mea. Şi l-a văzut pentru o clipă pe Dumnezeu, şi tot restul vieţii lui o să fie mai bun. Târziu, în noapte, am auzit colindători – şi-atunci, cu ultimele mele puteri, le-am suflat oamenilor imboldul de a deschide uşile... Am adormit şi eu într-un târziu cu gândul la Moş Crăciun şi am avut acelaşi vis ca în fiecare an – m-am visat OM.

CUM MIROASE SUFLETUL...

15.01.2009.

Sufletul fecioarei miroase a mosc şi a grâu timpuriu stropit de ploaie.

Sufletul copilului miroase a zăpadă amestecată cu crenguțe de brad. Sau a abur de lapte ars.

Sufletul târfei miroase a alge şi crini în ziua a doua. Mai miroase a baltă de noiembrie străbătută de cizme din cauciuc.

Sufletul hoțului miroase a frică. Iar frica miroase a carne de porc în descompunere.

Sufletul văduvei miroase a lemn uscat. De fag sau de stejar.

Sufletul laşului miroase a cenuşă muiată în apă sălcie. Sau a cârpă încă umedă de leşie şi praf.

Sufletul fugarului n-are miros.

Sufletul bogatului miroase a peşte crud sau a carne încinsă pe grătar, stropită cu vin de țară.

Sufletul criminalului miroase a sudoare rece.

Sufletul politicianului miroase a flegmă uscată pe furnirul scorojit al unui birou de provincie.

MIC GHID DE COMUNICARE CU PROSTUL

18. 01. 2009

Suntem adesea puşi în situaţia de a avea de-a face cu interlocutori proşti. Cel mai frecvent, aceste confruntări sfârşesc în defavoarea noastră, iar dacă nu avem ceva tărie de caracter şi un mic capital de încredere, riscăm să părăsim confruntarea cu serioase întrebări la adresa nivelului nostru de inteligenţă şi logică.

M-am gândit, aşadar, că se impune rememorarea câtorva indicaţii privind comunicarea cu proştii. Nu că propunerea mea ar fi ceva nou sub soare, dar sunt convins că, deşi deţineţi asemenea abilităţi, nu le-aţi aşternut niciodată pe hârtie într-o ordine oarecare. Să zicem că supravieţuirea noastră în războiul cu proştii e mai mult instinctul de conservare al inteligenţei decât o lecţie asumată şi aplicată din experienţă. Deci:

Cum comunicăm cu proştii?

1. În primul rând, nu tu comunici cu prostul, ci viceversa. Este important ca el să se simtă stăpân pe cursul discuţiei, altminteri va persevera în a-ţi demonstra acest lucru şi, crede-mă, nu vrei să descoperi Groapa Marianelor.

Prostul are nevoie să conducă discuția, iar tu vrei doar un rezultat favorabil ție.

2. În cazul prostului, orgoliul compensează neştiința. Astfel că volumul cunoştințelor tale este direct proporțional cu volumul orgoliului întemeiat pe neştiința lui.

3. Nu ridica tonul. Abia aşteaptă lucrul ăsta.

4. Nu folosi nuanțe. Proştii idealizează lucrurile clare, concrete, fără echivoc.

5. Tu ştii foarte bine că la o concluzie se poate ajunge pe mai multe căi. Prostul nu. De aceea abandonează cu grație calea nepotrivită. Ține de inteligența ta s-o găseşti pe a amândurora.

6. Adesea prostul abandonează subiectul discuției, rătăcind pe câmpiile fudulismului. Validează-i încercările, intră în jocul lui, însă nu uita să-l aduci la subiect. Odată hrănit cu ceva nutreț, se va întoarce la subiectul discuției precum vacile la ceas de seară pe drumurile județene. Această regulă s-ar fi putut numi simplu: răbdare şi coerență.

7. Nu-ți exemplifica discursul cu glume. Este de notorietate faptul că prostul nu are umor. Ideea că nu va înțelege o glumă şi, pe deasupra, că nu va putea masca acest lucru îl va paraliza. Apelează la glume celebre, de ordin general, pe care va fi avut timp să le aprofundeze în singurătate. Prin urmare, nu fi original. Nu serveşte scopului. Nu uita că scopul tău este să ajungi la o concluzie în urma întrebărilor care au generat acest nefericit dialog.

8. Nu arăta că te plictiseşti. Dacă până acum ai respectat punctele de mai sus şi eşuezi aici, tot eşafodajul tău se va prăbuşi ca un castel de cărți. Să te plictiseşti înseamnă să ştergi semnul egal dintre tine şi prostul tău. Or, dacă în prima fază această eradicare a egalității te va pune într-un efemer avantaj, în secunda următoare orgoliul declanşat de partea cealaltă te va înghiți complet sau te va şterge din desfăşurarea discuției. Va rămâne doar prostul privind fericit cum te înghite vârtejul.

9. Oboseşte-l. Obosit, va lăsa garda jos şi va începe să fie atent. Or, atenția e una din trăsăturile inteligenței.

10. Nu te enerva. Nu te simți jignit. Nu te speria. Nu fi violent. Nu riposta. De la un prost înspre un om inteligent principiul acțiunii și reacțiunii nu se aplică.
11. Fii conștient că de cele mai multe ori vei pierde aceste bătălii. Fă-o cu grație. Este încă o calitate a spiritului.

Succes!!!

P.S. Vă sfătuiesc să urmăriți câteva confruntări televizate. Aplicând regulamentul interlocutorilor, veți determina repede prostul și va fi în același timp o sursă de amuzament.

Interesant este că majoritatea cititorilor acestui text se vor plasa în tabăra inteligenței.

LIVE BLOGGING

23.01.2009

Sunt pe Calea Victoriei. Stau la o masă într-un restaurant şi scriu. Lângă mine, o vitrină intermediază între cald şi frig. Nu ştiu de ce trotuarele ude îmi trezesc amintiri. De fiecare dată când privesc mai mult timp trotuare ude sunt conectat la un trecut melancolic. Câțiva pui de copaci golaşi se profilează pe blocurile albe de vizavi. Eu nu sunt însă aici. Doar ochii mă leagă de Calea Victoriei. Ce frumoasă e la om această desincronizare între simțuri. Ochii privesc un porumbel, în timp ce gândurile-mi zăbovesc în patul vreunei trecute iubiri sau pe marginea unei străzi a copilăriei. Şi nici măcar ambulanța care încearcă să-şi facă loc eroic printre maşini nu mă poate scoate din această stare de visare...

Ce frumos că visele nu sunt afectate de criză. Pe de altă parte, cunosc destui oameni predispuşi la coşmaruri zilele astea. Dar ele nu sunt obiectul acestui text. Ha! Ce paradox! O doamnă într-o blană scumpă trece prin fața unor magazine închise definitiv. Pe pereții magazinelor sunt vizibile câteva inscripții aproape şterse de branduri celebre. Şi magazinele închise.

Pluteşte ceva în aer. Un amestec de modestie şi perversiune. Miroase a trândăveală şi fatalitate pe Calea Victoriei. Miroase a pustiu şi a duminică... Nota, vă rog... Am o viață de trăit şi m-aş parfuma în altă parte...

EXERCIŢIU DE SINCER SCRIS

30. 01. 2009

Se ia o foaie albă de hârtie şi ceva durere. Se aşterne pe hârtie primul cuvânt care îţi vine în minte. Să zicem „scrum". Se ia apoi momentul cel mai dureros cu putinţă. Să zicem că ea a ieşit pe uşă, a trântit-o puternic şi nu s-au mai auzit decât bucăţile de tencuială lovind gresia.

Acum trebuie să fii foarte sincer. Ai cuvântul „scrum", o uşă trântită şi o persoană care a plecat din viaţa ta. Şi începi să scrii: „Scrumul din părul ei blond s-a lovit de gresia sufletului meu". Îţi dai seama că nu eşti sincer. E prea căutat şi prea emfatic. Şi încerci din nou.

„Scrum. Scrum am simţit când ai închis uşa după tine." Eşti mai sincer acum, te apropii cumva de durerea din măruntaie, dar e simplist şi simţi că nu te reprezintă. Mai încerci o dată: „Scrum alb s-au făcut atingerile noastre când ai ieşit pe uşă...".

Te deranjează încă, durerea ta nu strigă, e încă acolo, în tine, nu e pe foaia albă de hârtie din faţa ta, te minţi şi nu poţi scrie ce simţi de fapt.

„Mi-ai stins țigara pe față, îngere. Țigara aia era iubirea noastră. Mi-ai stins țigara pe obraz, puțin mai sus de locul în care aş putea s-ajung cu limba ca să-mi ling scrumul."

Eşti fericit acum – durerea zace întipărită pe hârtie, în timp ce tu respiri mai uşor...

ELOGIUL TOCULUI

3.02.2009

Cred că cea mai mare invenție a omenirii nu a fost roata, ci tocul. Ceea ce s-a întâmplat cu primul bărbat care a văzut gamba acelei femei tensionată în pantoful cu toc trebuie să fi echivalat cu primul pas pe Lună. Pentru mine, tocul şi tot ce vine odată cu el reprezintă esența feminității. Odată cu ridicarea pe tocuri, femeia proiectează în ochii noştri superioritatea rasei sale. Bărbații n-au beneficiat nicicând de o asemenea invenție, fie că vorbim de pumnal, sabie, ceas, smoching sau joben.

Fanteziile milioanelor de bărbați nu pot exclude pantofii cu toc, la fel cum tangoul în picioarele goale ar deveni un biet dans păgân. Perversiunea şi rafinamentul tocului ne excită simțurile şi dau sens vieții noastre. Urcată pe tocuri, femeia a devenit trofeu. Pentru că visul oricărui bărbat este să descalțe, undeva în noapte, femeia aceea frumoasă în rochie neagră de seară şi pantofi cu toc de zece. Odată aruncați lângă pat, ei intră în moarte clinică până la următoarea petrecere sau următorul restaurant cu meniu franțuzesc şi şampanie Cristal care zgârie papilele excitate de beluga.

Bărbatul poate să muşte uşor glezna fină şi să-şi plimbe limba pe marginea piciorului epuizat de pantofii cu toc. Gamba lungă şi arcuită, genunchiul perfect ca un măr timpuriu, coapsa care şi-a făcut simțită prezența din spatele faldurilor rochiei negre ca un actor timid care nu ştie dacă e momentul să iasă la rampă, toate sunt ale lui acum şi toate au fost urcate pe piedestalul imaginației de un simplu artificiu numit toc. O înălțare, o arcuire, un zgomot inconfundabil, un desen perfid de simplu, tocul a repoziționat femeia în societate şi a transformat glezna şi gamba în axiome. Dacă mă întrebați pe mine, tocul este de fapt începutul feminismului. În momentul în care femeia a realizat puterea magică a bețigaşului care susține pantoful, bărbații au fost încă o dată înfrânți, subjugați pe vecie.

Tocul este cultură, curent, filosofie, dramă şi destin. Tocul este începutul sfârşitului dominației bărbaților. Tocul este salvatorul femeii şi declanşatorul matriarhatului. În fine, tocul este singurul plan de marketing şi cea mai bună strategie a femeii. Mă înclin.

Şi un ultim aspect: fără tocuri, roata nu ar fi însemnat nimic, iar Ferrari nu s-ar fi inventat în veci, pentru că în orice desen de maşină frumoasă sunt ascunse formele unei femei.

DESPRE CURVE ȘI BORDELURI

16.02.2009

Am avut întotdeauna un soi de admirație nedisimulată față de curve. Mi s-a părut că opțiunea acestor femei nu vorbeşte doar despre neputință sau ratare, ci mai degrabă despre o atitudine de genul „io asta sunt, alta mama nu mai face". Poate sunt şi victima unei încăpățânări romantice de a crede că bordelurile ascund cele mai frumoase şi mai profunde poveşti.

Mi-am imaginat mereu – fără succes, desigur – o experiență într-un bordel bucureştean din perioada interbelică. Nu Crucea de Piatră, prea superficial. Ceva mai rafinat, în stilul londonez al cluburilor de la finele secolului al XIX-lea. Perdele groase *bordeaux* în dreptul unor ferestre înalte, tencuieli bej-aurii mâncate pe alocuri de fum greoi de havane, duşumele lăcuite din lemn de stejar îmbibat cu merlot şi şampanie revărsată în țipete cristaline. Candelabre de cristal, sfeşnice de argint, drapaje de tot soiul. Mătasea roşie a aşternuturilor etern şifonate, schimonoseală a dragostei și rod al pasiunii, paturi cu tăblii înalte din fier forjat. Argintărie şi măsuțe stil, false cutii pentru bijuterii cu inscripții şi intarsii orientale. O masă de carambol în salonul principal, față în față cu o impresionabilă colecție din cele mai fine single-malt-uri în sticle buhăite, străjuite de două statuete de marmură neagră, întruchipând heruvimi. Colecții impresionante de pantofi cu toc, nenumărate toalete şi fete, femei, defilând în ciorapi negri-plasă cu ochiuri largi şi jartiere roşii. Topuri dantelate, în jurul sânilor cu zeci de forme. Femeile acelui timp. Priviri misterioase, zâmbete imperceptibile, clipiri profunde. Femei pe care să le cumperi şi care să-ți stârnească dorința de a nu le putea vreodată avea pentru bani. Curtezanele, gheişele, destinele. Era mai mult decât o descărcare o vizită la un asemenea bordel. Pentru mulți, era un ritual al uitării de sine. Pentru alții, un mod de a-şi proteja căsnicia...

Acum, când pornografia a înmormântat rafinamentul şi se bălăceşte-n paginile ziarelor, când şampania, odată deschisă cu mâini lunecând de grăsimea bancnotelor, miroase a borhot, acum, nu mai pare a fi timpul acelor bordeluri.

Istoria sexului este sintetizată vulgar de personaje vulgare, în câteva poziții repetitive ai căror eroi principali sunt pula şi pizda, terminațiile carnale ale unei lumi de mult apuse. Nuanțele au fost trimise la culcare. Curvele au luat locul curtezanelor şi peştii au înlocuit matroanele. Sexul pe bani a coborât în stradă, acolo unde ziua copiii îşi țin părinții de mână. Nici măcar sexul nu mai are timp de poveşti, iar curtezanele nu mai ascund nimic în afară, poate, de vreo înregistrare care să le aducă notorietate în vreo fițuică cu viață de fluture.

Cu toate acestea, legalizarea prostituției mi se pare o soluție viabilă şi benefică din mai multe puncte de vedere. Pe de o parte, taxele pe care statul ar putea să le perceapă, iar pe de altă parte, reluarea unui soi de idealizare a acestei meserii care, deşi vulgară prin natura „imorală" a „schimbului", e mai vulgară ca niciodată prin dispariția preludiului, misterului sau poveştii.

LOVAFONE

24.02.2009

Bună seara, ați sunat la Lovafone, departamentul de relații cu clienții înşelați. În câteva secunde...

— Bună seara! Mă numesc Mihai Adulter – cu ce vă pot fi de folos?

— Bună seaaraaa... iubita mea mă înşală! (*clientul plânge*)

— Dumneavoastră sunteți titularul contractului?

— Daaaa...

— Credeți că e o curvă?

— Daaaa...

— Un moment, să vă fac legătura la Departamentul pentru relații cu clienții înşelați de curve.

— Bună seara! Ați sunat la Departamentul de relații cu clienții înşelați de curve. Cu ce vă pot fi de folos?

— Nevastă-mea mă înşaaaalăă... am prins-o cu unuuuu'... Ce să fac?

— Sunteți acasă?

— Daaa...

— Mergeți în bucătărie, luați un cuțit și înjunghiați-o cu sânge rece de vreo câteva ori.

— Păi o iubesc... cum să fac asta?

— Atunci mergeți în Piața Amzei, luați un buchet de flori...

— Păi da, dar m-a înșelaaaat... (*hohote de plâns*)

— Sunteți nehotărât?

— Daaaa...

— În câteva momente vă fac legătura la Departamentul pentru clienții înșelați și nehotărâți.

— Bună seara, ați sunat la Departamentul pentru clienții înșelați și nehotărâți, mă numesc Costel Decizie – cu ce vă pot ajuta?

— Nevastă-mea m-a înșelat, am prins-o cu unuu' și...

— Două secunde, vă rog – ați încercat să vă închideți nevasta?

— Cum?

— Vă rog – deci, închideți-vă nevasta în debara, așteptați vreo treizeci de secunde, apoi deschideți-vă nevasta din nou – ar trebui să meargă. Aștept la telefon.

— Am închis-o. (*trec treizeci de secunde*) Acum am deschis-o.

— Și?

— Râdeeee. (*clientul plânge*)

— Mda... E posibil să fie o problemă de soft. Spuneți-mi, domnul cu care v-a înșelat mai este în casă?

— Daaa...

— Și ce face?...

— Mănâncă un măr și se uită la OTV.

— Vă rog, deplasați-vă nevasta în zona lui vizuală.

— Am deplasat-ooooo... (*clientul plânge de se rup pereții*)

— Și?

— El nu face nimic, dar ea s-a suit pe eeeel! O omooorrrr... Aoleooo...

— În cazul acesta, mergeți la bucătărie, luați un cuțit...

— Nu pot, dom'le, o iubeeesc...

— Ce fel de abonament aveți?

— Pe zece ani, cu dragosteeee inclusăăăă...

— Stimate domn, vă propun să facem o schimbare de abonament.

— Ajjjutaaații-mmăăă!

— Vă propun un upgrade la un abonament pe zece ani cu dragoste nelimitată și femeie cinstită.

— Adică?

— Adică, spre deosebire de abonamentul anterior, soția vă va înșela nelimitat, dar dumneavoastră nu veți afla niciodată.

— Păi tocmai mi-ai spus, dom'le!

— Da, e adevărat, dar să știți că, odată activat abonamentul, n-o să mai aveți problema asta. Vreau să spun că nevasta vă va înșela pe față, dar dumneavoastră nu veți ști. La acest abonament vă oferim și kitul de încredere.

— Ce-i aia?

— Kitul de încredere conține doi prieteni foarte dragi pe care vi-i activăm împreună cu abonamentul și cu care nevasta dumneavoastră vă va înșela periodic.

— Doar cu ei?

— Absolut.

— Aveți la abonamentul ăsta și vreo femeie cu care să mă joc și eu din când în când?

— Nu, la acest abonament nu vă putem oferi decât o maimuță.

— O maimuță?

— Da, e folositoare... Mai ales clienților care au problema dumneavoastră.

— Păi ce problemă am eu?

— Păi nu vă înşală nevasta?

— Ba da, dar ce legătură are asta cu maimuţa?

— Cu maimuţa veţi experimenta trăirile primare, care stau la baza începuturilor relaţiilor dintre bărbaţi şi femei. Maimuţa vă va învăţa să redeveniţi bărbat. Acum sunteţi doar un maimuţoi.

— Nesimţitule!!! Nu ţi-e ruşine să-mi vorbeşti aşa???

— Aţi sunat la Lovafone, serviciul nostru de relaţii cu clienţii este deschis între orele opt treizeci şi douăzeci şi trei treizeci –, pentru informaţii legate de...

SCRISOARE CĂTRE LICEENI

4.03.2009

Noi am pierdut. Dar voi, voi mai aveți o șansă. Noi am fost fericiți că am descoperit Coca-Cola și bananele și am crezut că dacă noi citim și ei vor citi. Și că toți vom progresa, iar țara va avea scăpare. Ne-am înșelat. Unii dintre noi au plecat de aici. Câștigă bani acolo și tânjesc după orașul ăsta împuțit. Voi însă, voi aveți o șansă. Voi aveți șansa.

Nu vă gândiți la furat. E calea cea mai simplă. Știu că ați aflat că așa te îmbogățești – dacă ai pământ sau dacă faci afaceri cu statul. Știți voi ceva despre tva și cum ai putea să-l furi, dar nu vă e încă foarte clar. Nu ăsta e drumul. Cu cât se va fura mai mult, cu atât se va construi mai puțin, iar copiii copiilor noștri vor moșteni un imperiu de cenușă. Sunteți tineri și totuși habar n-aveți ce înseamnă un București în care se circulă normal. Dacă voi habar n-aveți și dacă ei continuă să fure, gândiți-vă la copiii noștri. Nu e nicio șansă.

Citiți. Citiți mult. Citiți tot ce vă pică în mână. Nu-i mai ascultați doar pe profesori. Citiți orice, fără discernământ. Nimic nu e mai important ca lectura, acum. Apoi, căutați-vă între voi. Vedeți care citiți aceleași lucruri și înhăitați-vă. Numai în haite de oameni deștepți veți reuși. Singuri, veți fi mâncați; zece însă, s-ar putea să reușiți. Gândiți-vă de pe acum să-i înlocuiți. Timpul lor trebuie să se termine. Trebuie să-i dominați. Dar nu cu gândul că veți fura mai mult decât ei. Asta e calea simplă care vă va sufoca moștenitorii. Ce-o să faceți cu milioanele într-un oraș mort? Ce-o să cumpărați cu banii grămezi? La ce-ți folosește un Lamborghini când n-ai autostradă? De ce să ai o vilă într-un cartier sufocat de inundații?

Nu vă dușmăniți profesorii. Sunt oameni amărâți, din ale căror drame puteți învăța. Își dau priceperea pe un salariu de nimic și vă învață carte. Nu vă bateți joc de ei. Au muncit, și nu e vina lor că părinții voștri s-au descurcat mai bine. N-aveți niciun drept să-i disprețuiți. Nu le sunteți superiori. Banii părinților voștri nu vă reprezintă. Vă reprezintă doar ceea ce puteți scoate pe gură. Aveți grijă ce scoateți pe gură. Vremea pumnului și a bodyguarzilor a trecut. O să călătoriți, iar copiii francezi învață carte, englezii la fel. Vă confruntați cu o lume care acum e mai deschisă ca oricând. Hoții de la putere nu sunt în stare să vă spună cine este Delacroix sau Chagall. Nici Duchamp. Nu vă pot spune care e influența lui Schopenhauer în *Sărmanul Dionis* și nici de ce este Eminescu un romantic întârziat. Foarte puțini au să vă spună cine a pictat *Cina cea de taină* și de ce Visconti a ales romanul lui Thomas Mann ca să facă un mare film. Ei vor ști doar să vă învețe să furați. Iar calea asta, mai devreme sau mai târziu, se va înfunda și ne va asfixia copiii.

Nu vă mai luați după ziare – nu înțelegeți că nu dau doi bani pe generația voastră? Pentru ei, cu cât sunteți mai proști, cu atât le va fi mai ușor să vă vândă orice căcat. Iar căcatul pe care îl veți cumpăra va fi obținut de la proști, plătiți pe măsură. Adică prost. Eleva porno este un exemplu. Nu citiți ziarele. Citiți câteva, cele care vă informează. Nu vă lăsați ademeniți de orice promoție. Fiți mai selectivi.

Nu fumați iarbă și nu vă dați în cap cu alcool, cu orice preț. O să le dați apă la moară inculților și hoților de la putere. Le va fi mai simplu să vă catalogheze drept o generație de distruși, iar banii destinați salvării voastre îi vor fura. E timp și pentru iarbă, e timp și pentru tequila. Acum însă trebuie să învățați pentru că în curând nu va mai fi timp pentru asta, căci veți intra în viață adânc de tot, și e mai rău ca în junglă. Animalele au reguli nescrise. Oamenii au legi scrise.

Nu alergați după bani cu orice preț. Banii trebuie să vă fie doar mijloc, nu scop. Scopul vostru trebuie să fie cunoașterea. Cu cât veți ști mai multe, cu atât veți fi mai înalți. Orice carte citită, orice lecție învățată se va aşeza sub voi şi vă va ridica deasupra celorlalţi. Veţi domina cu mintea. Nu e nimic mai frumos decât asta. Europa cumpără inteligenţă. România nu cumpără nimic, pentru că hoţii nu construiesc – hoţii fură. Nu uitaţi că vă fură pe voi şi asta trebuie să înceteze. O să auziţi toată viaţa de Napoleon şi de Nicolae Titulescu, dar sigur copiii voştri nu vor şti cine a fost Emil Boc. Istoria o scriu cei care construiesc.

Sunteţi tineri. Nu vă gândiţi că sunteţi slabi. Puterea voastră stă în curăţenie. Sunteţi curaţi, n-au apucat să vă mânjească – dar dacă dintre voi nu se vor ridica luptătorii, vă vor împroşca cu noroiul străzilor pe care nu le-au reparat. Fiecare picătură de noroi înseamnă banii care n-au ajuns pe strada aia. Trebuie să schimbaţi asta. Care e calea? Să citiţi. Literatura universală vă va învăţa să deosebiţi Binele de Rău – Balzac, Stendhal, Dumas, Dostoievski, Dickens, Tolstoi, Goethe, toţi deosebesc Binele de Rău. Din prezentul amărâtei ăsteia de ţări nu puteţi învăţa Binele. Binele puteţi fi voi. Şi cu cât veţi fi mai mulţi buni, cu atât veţi sufoca răul. Nu e imposibil. Daţi scrisoarea asta mai departe. Deveniţi buni, mai buni, cei mai buni şi răspândiţi-vă precum lăcustele.

Nu-i invidiaţi pe oamenii cu bani. Nu vă faceţi modele din băieţii de bani gata, din băieţii de oraş. După treizeci şi nouă de ani le va rămâne doar o listă lungă de femei. Or, trofeele astea sunt trecătoare – îmbătrâneşti şi trofeul tău va fi o babă, după asta vine singurătatea. Voi aveţi şansa să lăsaţi ceva în urma voastră. Banii nu sunt Calea. Priviţi unde ne-a adus setea de bani.

Nu vă resemnaţi, căci asta nu duce nicăieri. Capul plecat, sabia îl taie. Protestaţi, luptaţi, protestaţi. Cu scop, însă. Nu degeaba, căci altfel se transformă în lătrat. Învăţaţi legile. Învăţaţi-vă drepturile. Atunci veţi şti când are cineva voie să vă legitimeze. Veţi şti cum să luptaţi, dacă veţi şti legile. Apoi veţi vedea că legile sunt proaste şi veţi înţelege că trebuie să le schimbaţi. Pare greu şi cere timp. Dar, Doamne, voi aveţi timp şi pentru voi nimic nu este greu. Nu înţelegeţi că voi SUNTEŢI SCHIMBAREA? Dacă voi lăsaţi ţara asta pe mâna hoţilor, atunci abia copiii voştri vor mai avea o şansă! Căci şansa vine o dată la o generaţie. Noi am pierdut. Câţiva dintre noi, şi nu suntem puţini, vă putem ajuta. Noi suntem Fomilă şi Setilă – dar voi sunteţi Harap-Alb. Alegeţi dintre voi pe adevăraţii lideri. Să-i alegeţi şi să nu-i invidiaţi. Lor le va fi cel mai greu. Vor avea gloria, dar şi coşmarul. Vor fi salvatorii voştri, dar se vor pierde pe ei înşişi. Liderii trebuie să fie dintre voi. Şi trebuie să-i căutaţi de pe acum. Uitaţi-vă unii la alţii în fiecare zi şi căutaţi-vă căpitanii. Altfel veţi pieri odată cu noi. Şi atunci porţile libertăţii ne vor fi închise şi *ei* vor câştiga. Cine sunt *ei*? Ştiţi foarte bine. Îi vedeţi în ziare, în fiecare zi.

Salvaţi-vă! Salvaţi-ne! Este o singură cale! Lupta cunoaşterii! Şi când veţi fi câştigat această luptă, abia atunci veţi şti să luptaţi cu adevărat!

Nu vă amăgiţi cu prezentul... Salvaţi-vă în viitor. Noi am pierdut. Voi ce faceţi?

ALCHIMIE

9. 03. 2009

iubito, aş dormi cu tine
să nu ne mai trezească niciun ceas,
să coborâm pe treptele uitării
în pivniţa cu vin de bun-rămas.

îmbrăţişaţi în formă primordială,
s-alunecăm din vis în unic embrion
şi să ne naştem împreun-a doua oară,
amestec pur de sânge, suflet şi Atom.

LA DESPĂRȚIRE

15.03.2009

Nu-i cere cadourile înapoi. E atât de meschin. Mai poți rememora fericirea mândră pe care ai încercat-o când i le-ai oferit? Dacă faci asta, n-o să rămâi cu nimic. Nici măcar cu amintirile. Acum, poate că-ți vine s-o omori. Şi să te omori şi pe tine. Milioane de feluri în care ai putea s-o rănești. Niciunul dintre ele n-o să-ți astâmpere setea. Să rănești femeia care ți-a ciopârțit sufletul e ca și cum ai bea zeamă de varză în deșert. După prima înghițitură nu-ți va mai fi de ajuns un butoi întreg.

Demnitatea în suferință pare a fi singura cale. E spirt pe rana deschisă – ustură și curăță. Nu încredința prietenilor tăi povestea voastră. Ei te iubesc necondiționat și-ți vor face dreptate, aruncându-i vorbe de ocară. N-au fost în patul vostru când ea îți furnica spinarea cu o singură atingere. N-au fost nici când îți lingea rănile provocate de războaie sau bătălii cotidiene. N-au fost în casa sufletelor voastre. S-au învârtit în jurul ferestrelor aburinde în spatele cărora voi doi erați unul, sărbătorind un Crăciun cald. Și atunci? Ce rost au ei?

Ești singur în vârtejul suferinței tale și dacă vrei să ieși trebuie să tragi aer în piept și să te scufunzi până se sfârșește. Mai degrabă iubeşte-o până când iubirea ţi se face apă şi se scurge prin toţi porii. Iubeşte-o în absenţă. Va fi ca şi cum te-ai arunca de nebun într-un zid. De sute, de mii de ori. Neclintit, zidul îţi va rupe oasele, pielea ţi-o vei zdreli, îţi vei sfâşia hainele până când te vei fi prelins în praful de la poalele lui. Un somn lung te va cuprinde, apoi te vei trezi ca după un coşmar pe care vei încerca să-l rememorezi. Soarele dimineţii nu-ţi va da timp şi vei uita. Cu fiecare zi care va trece, vei mai fi uitat puţin câte puţin... Vindecă-te singur. E tot ce poţi face pentru tine.

În definitiv, cu cât vei ridica un zid mai înalt în jurul tău, cu atât mai bun va fi cel care-l va sări. În cazul de faţă, o altă femeie. Deschide-te oricui, fără oprelişti, şi curtea îţi va deveni curând talcioc. Odată însă zidul suferinţei ridicat, vânătorii de chilipiruri care se vântură prin târgurile suferinţelor împărtăşite se vor fi împrăştiat care-ncotro.

Apoi, după un timp, va veni o EA, destul de nebună şi vânjoasă, la fel de singură şi abătută ca tine – şi se va căţăra pe zid. Până sus de tot. Şi te va găsi acolo în curte, nefăcând nimic, şi se va uita la tine cum tai frunză la câini şi nu mai speri să fii găsit. Şi ziua aia va fi ziua unui nou început.

Pentru că de atâta tăcere vei fi uitat să vorbeşti, de atâta linişte vei fi uitat că poţi să auzi, de atâta plictiseală vei fi uitat să râzi şi de atâta singurătate vei fi uitat că eşti singur şi că asta poate să se termine. Cocoţată pe zid, fata-ţi va zâmbi şi se va da jos la tine şi te va învăţa din nou tot ce ai uitat. Un singur lucru n-o să te înveţe: că peste ceva timp vei suferi din nou şi-o vei lua de la capăt – dar al naibii să fiu dacă nu asta ne e scris pe pământurile astea pe care le semănăm ca să culegem, o dată pe an.

Al naibii să fiu dacă ai nevoie de cineva ca să suferi şi mai apoi să te vindeci...

BREAK UP.
DON'T STAY MORE THAN LOVE

2.04.2009

În seara asta am simțit nevoia să scriu un cântec. Şi l-am scris. Şi am mai simțit nevoia să-l postez aici. Cu greşeli, necosmetizat, nestudiat, nearanjat. La prima mână – o voce şi o chitară. Însă din foarte mult suflet. Cinstit. Crud. Nepreparat. Bucuria unui cântec. Ca pe plajă. Atât.

Break up...

Break up when things should go wrong.

Break up. When there's no bond (anymore)

Break up. Break up when you don't belong.

Just break up. When there's no rush to the door.

Break up...

Break up when dinner's fast food and no words.

Break up when silence disturbs.

Break up when your heart's left in the woods.

Break up... have no excuse.

Break up. Break up when killing the smile.

Break up. Break up when „sometimes is fun".

Break up when things „should be done".

Break up when jugglin' the figures of love.

Break up. Break up the first time she doesn't need to know.

Break up. Take no pleasure in lying to you both.

Break up when habits are all you have got.

Break up when fear only stops you from breaking it up.

Break up when you feel like you stay more than love.

You don't have to stay more than love...

Break up. Break up when killing the love...

Break up... fly like a dove...

COPY-PASTE

5.09.2009

baby, wanna copy your soul
and paste it into mine...

I'm gonna make a hidden folder
out of our secret love.

MAMĂ, LE-AM ARS STEAGUL!!! LIBERTATEEEE!!!

8.04.2009

Sângele îți înfierbântă gura și apoi ți se prelinge pe gât. N-ai timp să te sperii. Nu acum. Alergi cu mulțimea care nu urlă, ci vuiește. Alergi. Vrei să-ți aduni gândurile în fugă. Nu mai gândești. Stomacul o face pentru tine. Tresaltă aritmic. Ți-e frică. Nu poți să-ți înghiți nodul din gât. Începe să te frigă moalele capului. Îți dai seama că sângerezi rău, dar nu e timp. Ce bine că alergăm toți în aceeași direcție. Vrei să urli. Ce bine e când urli. Parcă nu-ți mai este frică. Nu, nu ți-e frică. Nu-i cunoști, dar sunt cu tine. Uite că te ajută să alergi odată cu ei. Ce bine că nu te lasă în urmă. Din spate vin alții. Te sprijină și ei. Asta îți dă putere. Aerul rece își face loc violent prin gâtul tău. Parcă-ți răcorește stomacul. Nu poți să articulezi și nici măcar nu-ți recunoști vocea. Uite unu' de-al lor. Vrei să ajungi mai repede acolo. Ah, lovește, lovește-l! Vrei și tu să lovești. Lovești cu sete în spatele lui. Ce bine ți se înfige bocancul între coaste. Scuipi cu sânge. L-ai nimerit pe față și te-a privit ca o fiară hăituită. Ca un porc la tăiere. Ți s-a făcut milă. Fără milă. Nu trebuie să-ți fie milă. Ei n-au avut milă și ți-au furat viitorul și vor să ți-l mai fure. Încă o dată și încă o dată.

Uite clădirea. Ți-e frică. Cei din față s-au oprit. Vin alții din urmă. Te-nghesuie. E bine. Toate răsuflările înfricoșate se amestecă. Mulțimea respiră cu mii de guri. Ai gura încă plină de sânge. Simți cum buza îți atârnă moale, cărnoasă. Buza ta. Te gândești la oglindă. N-ai timp.

Mulțimea urlă înnebunită de frică și speranță. Căștile negre se reped către voi. Mulțimea nu dă înapoi. Nu-ți vine să crezi. Iar ți se gâtuie sufletul și nedreptatea și ura se învolbură-n tine. Vrei să lovești și-ți faci loc cu coatele. Bastonul îți spulberă obrazul, dar nu simți decât puterea, nu durerea. Te arunci înainte. Cu capul în cordonul negru. Odată cu tine încă vreo zece. Mulțimea vine greu după voi, toată odată. Cordonul negru se rupe. Mulțimea se prelinge ca o miere vâscoasă peste ei. Uite clădirea. E mai înaltă ca de obicei. Intri printre primii. Foc, foc, îți vine în minte, dar alții ți-au luat-o înainte. Uite scările. Îți iese capul din cap de durere. Uite aici și aici. Aici stăteau ei. Și noi acolo, pe străzi. Și ei își băteau joc și ne umileau. Nu mai poți să urli. Scările. Furia. Ochii mulțimii. Acum fiecare e pe cont propriu. Bricheta. Uite hârtiile. Așa, așa. Arde-le. Dă foc. Uite, hotărâri peste hotărâri. Dă-le foc. Îți tremură mâna – dă-le foc. Ieși la geam. Arată-le. Ce departe e jos. Urli. Nu te aud. Nu te văd. Mai multe hârtii. Nu, scaunul ăsta! Ah, ce sete ți-e. Da, aruncă-l acum. Daa! Ce bine, l-ai aruncat. Fix în mijlocul lor. Uite-i că te văd. Libertateeeeee! Libertateeeeee! Nu te aud. Mama! Ce-o face mama acum? Libertataaeeee!

Mai sus, pe clădire. Ah, da, la steag. Uite-i că toți fug la steag. Să-l ții în mână, să-l fluturi. Respiră. Ce bun e gustul de sânge acum. E libertate și e încă lumină. Trebuie să facem ceva până seara. Să vină mulți. Steagul. Ah, glezna asta. Hai, urcă. Ține-te de ăsta. Râde. Râdem împreună. Te iubesc, frățioare, te iubesc. Și tu mergi la steag? Hai, hai pe clădire! Hai, nu acolo, nu la dosare, dă-le naibii, hai sus la steag să-l fluturăm pentru oameni. Te-a lăsat ăla și nu mai urcă cu tine. Ce naiba zic toți ăștia? E ecou mare. Nu-i nimeni pe-aicea. Gata, se termină liftul aici. Unde sunt toți? Ăștia n-au ajuns până aici... E posibil să fie doar al tău, uite. Să-i dai tu foc? Să-l fluturi arzând, singur, doar tu cu el și ei jos acolo, urlând de fericire. Nu e posibil. Ba da!

Uite scara de serviciu. Ce soare e azi. Ce bine că-i frumos. Putea să plouă. Și pe ploaie era mai greu. Ce uscat și rece era bastonul ăla. Uite chepengul. Inima aproape că se frânge în tine. Stomacul te doare de speranță și plăcere și frică. Ești primul. Dacă o să tragă? Dacă o să tragă-n tine? Pe mă-sa o să tragă! Împingi chepengul. Doamne, ce jos e oraşul. Uite steagul. Îţi dau lacrimile-n linişte. Horcăi. În linişte. Ah, nu poţi să-ţi ţii răsuflarea. Urli. Uite păsări. Şi piaţa!!! Şi parcul!!! Ah, Doamne, când o să-i spui şi-o să te ţină-n braţe şi buzele ei moi... Tragi de steag. Ce bine înfipt e. Trage, trage. Mirosul ei în parc. Sărutul avea gust de salam. Şi parfumul. Aaaaaaahhhh... A ieşit. Eşti pe margine. Flutură-l întâi. Şterge-ţi sângele de pe gură. Scuipă-l acum. Te-au văzut. Uite-i că ridică mâinile. Te-au văzut. Repede. Dă-i foc. E vânt. Ghemuieşte-l sub haină şi dă-i foc acolo. Aşa. Arde. S-a stins. Hai. Stai calm, puţin. Ce linişte e. Arde. Uşor. Uşor. Aşa, o ia acum. Flutură-l. Libertateeeee!!!

Sângele şi focul şi steagul lor care arde, futu-le norocul să le stea. Aaaaaahhhhh... Uite mulţimea. Îţi curg mucii cu sânge şi picături de transpiraţie. Libertatea are gust de salivă şi sânge amestecat cu transpiraţie şi miros de geacă din bar cu fum şi parfumul ei şi sărutul cu gust de salam şi frică şi nod în gât şi plăcere. Libertatea are gust de plăcere şi aaaahhh!!! Te mai ia unu' în braţe, sunteţi doi pe acoperiş şi ăsta e plin de sudoare pe gât şi te strânge în braţe şi urlă, te laşi pe spate şi priveşti cerul şi te cotropeşte durerea... libertatea are gust de sânge şi miros de cer... aaaahhhhh... le-ai ars steagul... o să fie bine... o să fie bine... n-o să ne prindă... o să fie bine... o să fie bineee... o să fie... bine... mamă... sunt aici, sus, pe clădirea javrelor şi le-am ars steagul, mamă... şi-acum o să mă odihnesc puţin şi mă duc după steagul nostru, că am uitat să-l iau de jos...

Se dedică celor care au ieşit în stradă la Chişinău, însetaţi de Libertate.

AMINTIRI LA CHEIE, CU FINISAJE DE LUX

9. 05. 2009

Ce păcat că nu putem să ne silim conştiinţa să sune zilnic, precum un ceas deşteptător.

Zi de zi, construim amintiri. Poţi s-o faci să plângă în sughiţuri. Sunteţi în bucătărie şi spui vorbe grele. Te scalzi în voluptatea uşurării. Arunci povara asupra ei şi-o faci să plângă în hohote. Soarele îi luminează faţa în ziua asta de primăvară pe care tocmai ai transformat-o într-o amintire urâtă. Superlativ al cinismului, gândul că e frumoasă când plânge te scârbeşte de propria-ţi (ne)fiinţă. În rest, două cuţite mânjite de gem, ea nu şi-a terminat oul ochi şi salata de roşii. Două pahare de vin roşu mărturisesc că aseară ai reuşit să fie bine. Firimituri, câteva folii de medicamente, albastrul transparent al unei sticle de apă plată care se confruntă cu mobila maro-închis de bucătărie. Şerveţele roşii, o sticlă de şampanie nedesfăcută la care nu îndrăzneşti să speri. Toate îţi sar în ochi şi se fixează pe retină, condimente din jurul imaginii cu ea suferind. Dar nu te gândeşti că va fi o amintire grea cândva.

Te gândeşti să scapi din bucătărie, să aprinzi o ţigară sau să găseşti o soluție ca să împingi la mama naibii tăcerea asta care te presează precum apropierea unui tavan japonez.

Milă şi ură, vene şi artere. Nu mai e oxigen, iar conştiinţa lucrează în defavoarea ta. Şi plânsul ăsta care nu se mai opreşte. Vrei să ţipe, ai vrea poate să te lovească, pentru că plânsul ăsta înmulţeşte un sentiment de vinovăţie care, culmea, nu te frânge, te revoltă – pentru că nu, tu nu eşti vinovat, şi toate ţi se îmbulzesc în cap şi-ţi vine să urli şi să ceri socoteală.

Secundele sunt supraelastice. Tăcerea va mai dura tulburată molcom de plânsul transformat în scâncet şi apoi, spre sfârşit, în lungi oftaturi şi câteva ţigări pe care le va fuma cu sete în timp ce ochii roşii şi umflaţi te vor privi indiferent – sentinţa mută a unei amintiri urâte pe care tocmai ai dat-o în folosinţă, la cheie, cu toate finisajele.

Nu, din păcate, conştiinţa nu e reglabilă ca un ceas deşteptător.

Ar fi atât de simplu să ne amintim zilnic că trebuie să construim amintiri frumoase.

NOAPTEA ÎN CARE I-AM RUPT COLANȚII

14.04.2009

E frumos să fii îngropat acolo unde oamenii se opresc să facă dragoste. Mormânt necunoscut într-un lan de porumb.

Am durere în buzunare. Monede de cinci, de zece, de douăzeci şi cinci. Le-am primit pentru fiecare aripă frântă. Am frânt aripi de păsări dezorientate. Şi m-au plătit pentru asta. Da, m-au plătit cu monede de durere.

Vânzătorul de la supermarket s-a uitat lung. Nu mai văzuse bani ca ai mei. Nu luasem multe lucruri. Nişte apă, țigări şi pâine cu iaurt. Mi-a cerut bani adevărați. L-am privit lung. Eu ştiu să privesc lung.

— Banii ăştia ce au? l-am întrebat.

— Păi nu sunt bani de pe aici.

— Ce-ai zice să-ți fac mormântul acolo unde oamenii fac dragoste?

S-a uitat şi mai lung la mine.

— Ei, ce zici? am adăugat. Vrei să simți sudoarea iubirii cum îneacă viermii ce-şi fac de cap cu tine? N-o să-ți mănânce urechile aşa repede şi-o să te mai poţi bucura de sunetul lanului de porumb, acolo sub pământ.

— Lasă-l în pace, mi-a zis ea.

Ea, cu trenciul bej şi ciorapi de un verde electric. Distrusă-n păr. Şi ea venise după ţigări de la capătul lumii.

— Dă-mi mie monedele alea de durere... Ţi le cumpăr eu. Şi-ţi dau bani adevăraţi la schimb.

— La ce-ţi trebuie? am întrebat.

— Mi-am pierdut biletul de întors - e un tren în vreo două ore.

I le-am dat, nu voiam scandal. Am dus-o la tren, undeva la marginea oraşului. Am ajuns mai devreme şi ne-am întins pe şine.

I-am rupt ciorapii verzi şi mi-am văzut viitorul în aburii care-i ieşeau din coapse. Plămânii făceau zgomot. Am gemut eu primul. Mi-a răspuns. Regula era aşa: un geamăt pentru fiecare stea căzătoare. Până la orgasm. Nu m-am ţinut de ea. N-am atins-o. Am gemut amândoi până ne-am dat drumul. Şuieratul trenului. Roţile au scârţâit şi a plecat cu nasul turtit pe geamul nespălat.

Mi-am căutat drumul spre autostradă, să-mi mănânc iaurtul şi să fumez ţigările-n liniştea nopţii. Trăgeam adânc în piept, timp în care iaurtul îmi colora stomacul în alb. Destinele urlau prin maşinile care-mi zburleau părul. Treceau aproape şi claxonau. Mă vedeau cam târziu pe mijlocul sensului. Un măr muşcat s-a rostogolit înspre mine. Am simţit miros de dinţi de femeie nefericită şi parfumul de pe mâna unui bărbat care avusese mărul înainte. Mi-a venit să ucid. Îmi vine să ucid din când în când, şi-aşa mi-a venit şi atunci.

M-am târât către marginea şoselei, să respir praf. Au oprit lângă mine.

— Lasă-l în pace, i-a spus ea. Poate e băut.

— Poate că îi este rău, a zis el şi m-a făcut să zâmbesc.

M-a întors cu faţa în sus. Din două mişcări, eram deasupra lui. Ea ţipa neajutorată. Îi simţeam sângele cum se învolbura speriat şi-mi masa buricele degetelor. Aşa de mult îmi place să ucid câteodată.

— Orgasmu' ăsta n-are valoare dacă termini, i-am zis.

I-am privit ochii mari. I-am simţit gâtul. I-am dat drumul. Am alergat puţin după maşină, să-l văd cum preţuieşte viaţa. Să-i văd chipul mai uşurat. Ea plângea-n hohote. Acum avea să-i spună că i-a spus ea să nu oprească. Că e prost de bun. Mi-am îndesat mâinile în buzunare. Am o salopetă de blugi. Cu buzunare adânci. Am simţit colanţii verzi şi mi-am amintit. Unde-o fi trenul ei acum? Ce coapse fierbinţi... Şi aburii... Ea nu s-a speriat.

Trebuie să-i sperii din când în când pe oameni ca să-şi preţuiască viaţa. Ea nu s-a speriat. Şi voia monede de durere. Ştia despre ele. Ştia să geamă când cădeau stele. Poate ar fi trebuit s-o opresc. În definitiv, locul ăla pentru mormânt poate fi oriunde. Oamenii fac dragoste pe unde apucă. Mai ales pe câmp. Nu trebuie să ştie că acolo-i un mormânt. Trebuie doar să facă dragoste deasupra ta. Să le simţi vibraţia. Ar fi trebuit s-o opresc.

Eh, n-are cum să ajungă departe cu monedele alea...

PREA ORB SĂ POȚI IUBI. MUNTELE LUMINII

23.04.2009

Iubita mea, cât eşti de frumoasă, acolo sus, pe Muntele Luminii. Un glob de cleştar eşti, iubita mea. Nicio imperfecțiune – lumina nu poate zăbovi, căci alunecă pe deasupra ta, atât de fragedă şi marmoreană ți-e pielea, iubito.

Vino, Frumosule, vino către mine. Îmbrățişează-mă aici sus, pe Muntele Luminii.

Alerg, iubita mea, spre tine. Doamne, cât eşti de frumoasă în zorii dimineții. Ce binecuvântare să te am, iubita mea. Din tine se reflectă toată minunea lumii. Frumosul arde şi eu alerg să mă topesc în tine. Iubesc tot ce-i în juru-ți, căci e de tine atins, cu mii de străluciri îmbogățeşti natura.

Vino, iubitul meu, şi ia-mă de pe Muntele Luminii să-ți luminez în Casă.

E drumul greu, iubito, dar în dorință se întăreşte aluatul inimilor noastre. Pe drumul către Muntele Luminii nopțile-s reci, eu însă mă-ncălzesc cu amintirea rotunjimii tale.

Dar mâine-i dimineață şi iar scurta-vei calea care te-aduce aici sus, unde lumina-i oarbă şi nu-şi găseşte rostul şi pleacă spre Pământ.

Ne vom iubi mereu, aşa-i, iubita mea?

Te voi iubi, îți jur pe marginile-mi nesfârşite şi oglindite veşnic în toți atomii lumii, voi fi a ta, doar ia-mă.

Nu mie mi se-ntâmplă, nu eu sunt fericitul, îmi crapă-n mine pieptul, şi uit ce e sfârşitul. Alerg spre perfecțiune, spre inima-n jumate, alerg spre negândire, spre negrăiri, spre şoapte. Ce rece e deodată aici, întunecime...

Nu te speria, iubite, e Muntele Luminii. Ai grijă să te ții de drumul drept, spre mine.

Ce umbră şi ce rece-i, privesc în sus spre tine. Dar ce-mi văd ochii acum, să fie adevărat? Lumina nu mai cade pe globul de cleştar... Văd crăpături adânci în ființa ta, iubito... le văd printre stejari... Văd lacrimi acum, pe sfera ideală... Se ciondăneşte dorul fierbinte cu înserarea şi se transformă-n lacrimi...

Nu te speria, iubite, ci urcă înspre mine...

Mă rog, dacă zici tu, eu sper c-aşa o fi... dar parcă nu e vocea care m-a fermecat...

Dar tu eşti tot frumos, te văd acum mai bine, se umflă pieptul brun şi vinele se umflă şi ce privire mândră arunci tu către mine...

Dorința-mi se sleieşte sau mi se pare mie? Au sfera nu-i perfectă, lumina o fi gălbuie? Cum să mă oglindesc în crăpături de sticlă? Cum să iubesc în cioburi, imaginea-mi pripită?

Iubitule, e noapte, te simt atât de-aproape... de ce nu faci tu focul? Vorbeşte-mi despre toate... La început de drum îmi povesteai atâtea şi glasu-ți, când râdeai, din depărtări de vis se auzea ca într-o încăpere din lemn de abanos. Mâine vei fi aici şi-mbrățişarea ta ne va uni pe veci, vom depăşi lumina, căci suntem împreună de-atâta amar de timp...

Se face dimineață – nu, nu mă-nşală văzul. Iubito, eşti crăpată, lumina face umbre când îți atinge trupul...

Ce vrei să spui cu asta?

Îți e crăpat cleştarul, lumina te trădează...

Iubite, încetează. Eşti lângă mine-acuma, lumina nu contează...

Dar când veneam spre tine erai un vis în spațiu care-ncerca să curgă, dar nu-l lăsa difuzia. Erai perfectă toată. Tu întrupai iluzia...

Dar mă iubeşti acum, nu. Mai mult ca niciodată! Cleştarul mi-e crăpat, dar eu a ta sunt, iată... Noi ne iubim, iubite, şi depăşim lumina... astupă-mi crăpătura... repară-mi strălucirea... tu eşti puternic, nu? Şi mă vei duce-acolo, în casa ta de jos... departe de-nălțime... să transformăm iubirea.

În ce? În ce s-o transformăm? Iubirea? Iubirea e lumină, iubirea-i perfecțiune, iubirea nu astupă, iubirea nu-i genune. Te părăsesc, iubito, nu suntem împreună, nu pot să-ți sufăr umbra, nu vreau să-ți dau alt nume.

Ce crudă-i despărțirea, abia-ai urcat pe Munte... Fii blestemat, Iubite! Să-ți iasă coborârea şi să-ți găseşti şi drumul până în Satul Negru, de unde ai venit. Dar te blestem, odată ajuns, să-ntorci privirea, să-mi vezi din nou cleştarul perfect şi strălucirea, în tine să renască ghemul ce te-a stârnit să vii odat-aici şi să te-aşterni la drum îndrăgostit şi palid şi până-n vârf să urci şi iar să-mi vezi greşeala şi umbrele, Tristețea... Și asta pentru că n-ai vrut să depăşeşti Lumina... aşa, Iubitul meu, să-ți vezi tu Bătrânețea, de mii de ori să urci până când orb vei fi, prea orb ca să mai vezi, prea orb să poți Iubi.

GRANIȚA

29.04.2009

„Niciodată n-o să mai am pielea întinsă, netedă." Aşa îşi spunea în timp ce se îndrepta spre graniță. Îi veniră în cap toate clipele frumoase. Atât de pregnante, viu colorate. Amintiri cu miros înțepător. Firele de nisip cu sclipiri jucăuşe împrăştiate peste degetele ei de la picioare. Ultimii pe plajă, aproape de algele puturoase. Mereu părăseau plaja ultimii când lumina începea să se murdărească de întuneric. Atunci pielea ardea mai mult ca oricând. Muşca uşor din sfârcurile ei întărite de freamătul nopții. Părea că vor să spargă învelişul ciocolatiu al sânilor. Povestea aceea durase doar o vară.

Îşi târşâia uşor picioarele către graniță. Respira greu, frică amestecată cu oboseală. Într-un fel, se bucura că va scăpa repede. Îşi aminti mâna puternică a tatălui săltându-l ca pe-un fulg în aer. Păroasă şi aspră, mirosind a colonie de busuioc. Lumea îi părea imensă de-acolo, dintre brațele care-l țineau strâns la piept. Tata. Nu-l alintase prea mult, dar strânsoarea aceea nu avea cum s-o uite. Îi lipsise toată viața după ce bărbatul plecase.

Noaptea în care fusese înşelat prima dată. Mii de stele pe cer. Motorul torcând îmbufnat pe marginea şoselei. Plângea cu fața în sus, lacrimile îi gâdilau urechile. În noaptea aceea de august târziu luptase cu sine până când zorii îi secaseră lacrimile şi lumina îl împinsese din nou la drum. O iertase, spunându-şi că o iubeşte. Era atât de puternică amintirea durerii de sub cerul nopții încât o considera frumoasă. Sau poate puzderia de stele. Un tânăr îl depăşi în alergare. Apăru ca o fantomă. Doamne, oare ce-o fi făcut? Tinerețe întreruptă. Cât de nedrept şi trist pare... Dar el? El oare fusese fericit? Şi, până la urmă, ce mai conta? Te lasă să treci oricum.

La treizeci de ani totul conta. Cămăşile albe scrobite şi colecția de ceasuri. Mii de oameni în subordine. Mii de oameni care îl detestau. Îşi amintea perfect mirosul de mosc şi lavandă care se împrăştia când deschidea dulapul ca să-şi aleagă una din cele peste patruzeci de cămăşi în culori moarte. Un sentiment de putere îl învăluia când privea rândurile de pantofi perfect lustruiți. Îşi aminti seara în care privise oraşul de acolo de sus, din blocul-turn. Fusese pentru prima dată când gândul că totul se va termina într-o zi îi încolțise în minte. Avea treizeci de ani şi conducea mii de oameni. În toți anii aceia în care escaladase viața, puterea avusese pentru el un miros înțepător de sânge şi mentă. De fiecare dată când se clătinase nările i se umpluseră cu aromă de mentă amestecată cu aburi de sânge. Ca o rană deschisă, iarna.

Memoria mirosului îl făcu să zâmbească amar. Îşi privi hainele ponosite şi se gândi că tânărul care îl depăşise ajunsese deja pe partea cealaltă. O să-mi lipsească soarele şi muzica, se gândi. Şi îmbrățişarea ei o să-mi lipsească, şi privirea întrebătoare. Ochii i se umeziră, şi asta îl miră oarecum. Îşi adorase fiica. Pierduse totul ca să rămână cu ea. Ziua în care se născuse fusese ziua în care soția lui murise. Îi plăcea să-şi aducă aminte de ea ca soție, nu ca nevastă. Ziua în care a înțeles nebunia.

Înmormântarea soției la naşterea fiicei. Când durerea şi fericirea stârneau în el aceeaşi senzație. Marginile maronii ale coşciugului şi geamul îngălbenit şi zgâriat al incubatorului. Garoafele în exces. Mirosul morții. Din ziua aceea nimic n-a mai fost la fel. Doar îmbrățişările. Toată viața şi-a îmbrățişat fiica. Şi mereu s-a gândit că-şi îmbrățişează şi soția. Toată viața a simțit mirosul de lapte al fiicei sale. Mâinile i-au tremurat la fiecare încercare a ei. A îmbrățişat-o strâns în ultima zi de liceu. Atunci a ştiut că a rămas singur. Parfumul laptelui de pe gâtul timpuriu n-o părăsise nici măcar în seara aceea. Muzica era prea puternică şi era întuneric acolo, în sala de bal.

Plecase cu gândul la părul ei blond sclipind în lumina reflectoarelor care îl mângâiau din când în când. Şi-a privit chipul în oglindă în noaptea aceea. Noaptea balului fiicei sale. Ridurile, pielea îngălbenită, părul cenuşiu, tremurul mâinilor şi harta sângelui desenată de venele groase. A zâmbit atunci. Abdicase cu mult timp în urmă. S-a aşezat într-un fotoliu şi şi-a aşteptat fiica toată noaptea, gândindu-se la fericirea zilelor din excursiile de la munte. Foşnetul muşchilor şi bătaia inimii tinere. Variaţiunile vântului i-au străbătut mereu viaţa. Mai era puţin până la graniţă. Aparatele funcţionau în ritm normal.

Tubul introdus în gura bătrânului făcea să-i tresalte toracele în cadenţă. Sunetele care vegheau viaţa se auzeau peste tot. Faţa îşi pierduse din expresia cotidiană. Părea un stop-cadru deformat. Totul părea că o ia în jos. Pometii, colţurile gurii, sprâncenele, pleoapele. La capul patului, o fată blondă frământa înlăcrimată picioarele îngălbenite de boală şi bătrâneţe. În dreapta, un tânăr se lupta cu viaţa, horcăind. În salon era teribil de cald. Pe celelalte paturi oamenii se aflau în situaţii asemănătoare. Distanţa faţă de moarte era singura diferenţă dintre ei.

— Ce-aţi hotărât? întrebă medicul de gardă. Apoi se simţi oarecum obligat să adauge: acum nu mai simte nimic şi funcţiile se degradează.

Fata îl privi cu ochii mari, întrebători şi revoltaţi. Rochia albă de in flutura în bătaia ventilatorului dintre paturi. Strânse cu putere picioarele tatălui. Apoi ridică uşor marginea pijamalei. Pe burta bătrânului moartea începea să-şi intre în drepturi, învineţind totul în cale. Fata gemu de durere şi îl privi încă o dată pe medic.

— Poate că ar fi bine să mergeţi afară, spuse bărbatul.

Şoseaua părea că se termină undeva în zare. Simţea o presiune crescândă şi nu-şi mai putea stăpâni gândurile. Imagini şi senzaţii se învălmăşeau în spatele ochilor.

Încerca să prindă din zbor aducerile-aminte. Oboseala îi juca feste. Reuşi să fixeze pentru o clipă chipul Ei şi o senzaţie de bine îi curentă trupul. Lacrimile ţâşniră în tot corpul. I se păru că se umple cu lacrimi de dor. Parcă lacrimile îi copleşeau sângele. Apoi şoseaua începu să vibreze sub tălpile obosite. Simţea cum pierde în greutate cu fiecare pas. Şi parcă se înălţa. Nu, era o iluzie... sau...

— Îl detubăm, le spuse medicul asistentelor. Îl detubăm. Au rămas doar aparatele acum. Reține apă, blocaj renal, fibrilații. Nu mai e nimic de făcut, după părerea mea. După aia se umflă şi-o să le fie mai greu cu el.

Aparatele se opriră. În dreapta, tânărul horcăia. Începu să alerge către pânza de ceață care se lăsa în depărtare, ca o cortină gri. Din sens opus străpunse perdeaua aburindă tânărul care îl depăşise mai devreme. Apucă să-i zâmbească şi se miră că acesta nu îi răspunse. Tânărul se depărta fugind.

Asistenta închise monitoarele şi ridică cearşaful peste capul bătrânului.

VARIANTĂ DE FUGĂ – ÎN RE MINOR CU SI BEMOL MAJOR

6.05.2009

să-ți rupi viața în două. să arunci o grenadă în mijlocul șoselei. să împuști trecutul. gândurile sar pe pereți în mii de bucăți. trântești ușa și ieși. nimeni nu face curat în urma ta. vor veni după tine. știi asta. te negi. te renegi. te absolvi. te judeci. ai nevoie de timp. timpul nu are nevoie de tine. te disprețuiește blând. ai evadat. fugi de tine. arunci toate actele în canalul unor suflete. cele câteva lucruri prețioase le îngropi undeva în nord. mai multe zâmbete, șaptesprezece amintiri și câteva legături de sânge. ai un loc acolo. le îngropi adânc. nu iei nimic cu tine. fugi. nu poți să rupi totul. știi că vor veni după tine. alergi către locul unde nu te cunosc. acolo poți să-i minți. acolo te vor crede. o să poți să-i minți cu lacrimi în ochi. lacrimi de dor pentru groapa din nordul orașului. ei vor crede că ești sincer. și poate așa vei ajunge să crezi și tu. și-o să renaști. până în ziua în care ei vor veni după tine. atunci vei deschide ușa, împiedicându-te de mogâldețele blonde de la picioarele tale. ea te va striga din bucătărie. ești ok? alb ca varul, vei încerca să găsești o soluție într-o fracțiune de secundă. să explici ce căutau la ușa casei voastre șaptesprezece amintiri murdare de pământ și o legătură de sânge.

DACĂ...

8.05.2009

Eu vin şi spun. Căutăm fericirea peste tot. Căutăm fericirea în cluburi insalubre, îmbrăcaţi în hainele care ar putea s-o impresioneze pe femeia care nu există. Căutăm fericirea la metrou, în speranţa că ni se va arăta când ne aşteptăm mai puţin. Din senin. Căutăm fericirea pe holuri de aşteptare. În trenuri sau avioane. Căutăm fericirea în bucătăriile petrecerilor la care nu am fost invitaţi. Căutăm fericirea în teatre şi în săli de cinematograf, mai ales înainte de film. Căutăm fericirea în cafenele, în privirile chelneriţelor blazate, cu gândul că nu le aşteaptă nimeni acasă.

Căutăm fericirea la concerte cu formaţii obscure şi public de nişă. Căutăm fericirea în librării, zăbovind mai mult decât e cazul asupra unor rafturi care ne pot arunca într-o conversaţie. Căutăm fericirea dedicându-ne cu orice preţ lucrurilor pentru care nu suntem pregătiţi. Căutăm fericirea în amăgiri leneşe. Căutăm fericirea în adevărurile altora. Căutăm fericirea în abandon. Căutăm fericirea noaptea, mai ales noaptea. Căutăm fericirea în biserici, acolo unde tragem cu ochiul la fericirea celui de lângă noi. Căutăm fericirea în braţele lui Dumnezeu. Căutăm fericirea în dimineţi optimiste. Căutăm fericirea în tragediile care ne ocolesc. Căutăm fericirea în redefinirea ei.

Căutăm fericirea în colectiv. Căutăm fericirea într-o aventură de-o noapte.

Căutăm fericirea în beție. Apoi în abstinență. Apoi din nou în beție. Căutăm fericirea în decadență și renunțare. Căutăm fericirea în salvare. Căutăm fericirea în altruism. În speranță și mizerie. În smerenie. Căutăm fericirea în hoteluri și excursii. În vacanțe sau delegații. În misiuni și acte caritabile. Căutăm fericirea în toate momentele reflectării sinelui nostru în oglinzile murdare ale vieții. Căutăm fericirea într-un tablou vivant. O eșarfă. O privire. Un moment în care destinul ar putea să facă piruete. Căutăm fericirea în familie. Căutăm fericirea în spitale. În ochii celor care ne ascultă. Căutăm fericirea în fapte mari. Căutăm fericirea în viziuni. În strategii. În artă.

Căutăm fericirea în disperare. În lucrurile simple. Căutăm fericirea în copii. Căutăm fericirea în toate cotloanele lumilor noastre nesfârșite. Căutăm fericirea în imperiul nesfârșit al gândurilor. În prăpastia dorințelor. Pe muntele viitorului. În războaiele sufletului. În victoriile serbede ale orgoliului. Căutăm fericirea peste TOT.

O singură întrebare uităm să ne punem, preocupați de această goană nebună:

Dacă fericirea este cea care ne caută pe noi și nu ne găsește pentru că ne jucăm prea mult de-a baba-oarba? Dacă fericirea caută în noi tot ce căutăm și noi în ea? Dacă fericirea reclamă fericire?

IADUL

13.05.2009

Pentru că iadul este cădere în gol. Mai întâi, o săritură într-o groapă mică, de câțiva metri. Pământul se depărtează vertiginos chiar în momentul în care ai fi crezut că ai să-l atingi. Şi apoi, începe neînceputul. E o prăpastie fără sfârşit cu pereții de pământ, perfect cilindrică. Te depărtezi de lumină până când un singur punct tremurător îți va mai aminti că a existat. Şi totuşi vezi, vezi prin întuneric. Cazi în gol cu o viteză incredibilă.

De jur împrejur, pe pereții din pământ noroios, neregulat, se perindă amintiri frumoase, dar nu e timp să zăboveşti asupra lor. Nu-ți este dat să le mai poți contempla vreodată. Durerea creşte cu fiecare imagine pe care nu reuşeşti s-o fixezi. Eşti copil bălai cu sandalele murdare de praf pentru prea puțin timp. Eşti doar o secundă cufundat în Ea, plângând de plăcere. Eşti victorios a mia parte dintr-o secundă şi e prea puțin timp şi căderea prea rapidă ca să-ți recunoşti copiii în prima lor zi de şcoală, cum îți caută încurcați privirea, pierduți în grupul de prichindei care se fotografiază în sala de clasă. În schimb, urâțeniile vieții tale țâşnesc sub forma unor lipitori teribile care se fixează muşcând din pielea-ți deja înfierbântată de aerul cald din cilindrul fără sfârşit.

Răul pe care l-ai făcut oamenilor e acum lipit de tine şi te face greu, mai greu, tot mai greu. Minciunile, trădarea, laşitatea şi cinismul, nepăsarea şi trufia s-au transformat în viermi umezi cu ochi bulbucați, de foc. Cazi în gol cu viteză mai mare, pământul se apropie de tine câteodată, însă e o doar iluzie. N-o să-l mai atingi în veci. Pentru eternitate ai să aluneci în hău, trăgând după tine tot răul pe care l-ai înfăptuit vreodată. Va fi o cădere mută, veşnică, eternă, căci în cilindrul de pământ care nu duce nicăieri şi nu justifică nimicul sunetele sunt reprimate înainte să se formeze.

Vei tânji după atingerea pământului, fie măcar şi dintr-o greşeală imposibilă, pentru că iadul e perfecțiunea răului - şi-o să tot cazi şi-ai să te umpli de lipitori verzui care-ți vor aminti de suferința pe care ai uitat s-o oblojeşti în timpul vieții.

Vei fi singur în groapa veşniciei, îngrozit vei privi ochii de foc ai viermilor răului, unica sursă de lumină care-ți va însoți căderea. Nu, nu te vei mai opri niciodată, iar salvarea nu va mai fi în cuvânt şi nici în pocăință. Vei fi uitat ce este speranța şi o frică cum n-ai mai pomenit în timpul vieții îți va fi imobilizat gândurile. Acolo, în groapa de pământ a nesfârşitului, acolo vei deveni nimic. Trupul tău va purta greutatea păcatelor tale în veşnicia de pământ. La capătul veşniciei...

— Stai, opreşte-te, te rog, spuse fata cu ochii mari, înlăcrimați. E mult prea dureroasă viziunea ta.

Era o fată înaltă şi slabă, nesfârşită. O frumusețe nepământeană, neatinsă fusese aşternută pe chipul ei. Ca o zăpadă timpurie care a albit surprinzător câmpuri verzi, nesfârșite...

— Opreşte-te, strigă încă o dată cu gâtul ei de lebădă încleştat în strânsoarea emoției. Nu poate fi aşa... speranța ne însoțeşte peste tot, până şi în iad. Iubirea!!!

Bătrânul se lăsă pe spate în fotoliul masiv de piele acoperit cu o pătură. Privi în jur la sufrageria înaltă cu pereții încărcați de tablouri. Întunericul îşi făcea loc din spatele ferestrelor cu vitralii. Fata îl ținea de mână, întrebător.

— Iadul... oftă bătrânul - iubirea... Închise ochii şi adormi respirând liniştit. Pleoapele i se zbăteau spasmodic, vestind cine ştie ce călătorie încurcată. Fata îl sărută pe fruntea zbârcită şi îl acoperi grijulie cu pătura. Părăsi apoi sufrageria înaltă cu candelabre de cristal şi se strecură afară ca o fantomă în rochie de seară, abandonând un trup prea chinuit de propriul suflet.

PACTUL CU ROCK'N'ROLLUL

16.05.2009

Fraţilor, acest articol n-are nevoie de niciun fel de nuanţă sau încercare stilistică. Voi fi aspru şi direct întocmai ca spectacolul de aseară. Spectacol? Ce spectacol, frate, că-mi curge sânge din urechi şi mai am nevoie de doi plămâni. Ne-au spart. Bătrâneţea pur şi simplu nu se potriveşte anumitor oameni. Nu lui Angus Young sau Brian Johnson. Iar nemţii ştiu să asculte AC/DC.

Spectacolul tribunei a fost halucinant. Înainte de intrarea în stadion se predaseră armele. Cei trecuţi de primul filtru şi care erau mai sus cu un dâmb decât noi, cei care veneam, se pişau liniştiţi în văzul lumii. WC-urile nu mai făceau faţă pentru că la AC/DC se vindea bere la litru. Cred că eram singurul fără tricou cu inscripţie. La *You shook me all night long* eram la coadă la bere, dar când a început m-am năpustit înapoi în stadion. Imaginea era apocaliptică. Nu ştiai unde să te uiţi. Optzeci de mii de oameni ca unul. A început o ploaie torenţială.

Angus Young dezbrăcat. În şort şi la bustul gol. Cortină de ploaie. Nemţii în delir. Tribunele tremurau la propriu – se clătinau pentru că zeci de mii de oameni săreau. Nimeni nu stătea jos. Nimeni. Erau două variante: ori erai după bere, ori în picioare.

Sunetul îți sfâșia urechile efectiv. Brian Johnson avea patru mii de coaie în voce. Și cânta zid. Rock'n'roll fără nuanțe, fără figuri, simplu și direct. Despre târfe bune și bărbați transpirați cu greutate-n pantaloni și brațu' greu. Muzică despre sex și băutură. Fără depresii și dezamăgiri. S-a cântat o singură baladă. Hahahaha. *The Jack*. La *Let there be rock* Angus a făcut solo-ul ăla care te scoate din minți. S-a tăvălit pe scena care băltea de apă.

Stadionul urla, noi urlam. Bere, multă bere. Bețivi, da, bețivi. Angus parcă nu se mai oprește. Plouă și mai tare. Nu mișcă nimeni. *Highway to hell*. Mi se zbârlește părul. La refren ai senzația că tună. Nu tună. E reverberația care se întoarce din optzeci de mii de piepturi. Nu poți să nu cânți. Nu poți, pur și simplu. Brian Johnson fuge de nebun. Unde naiba se duce? Se aruncă înainte și se agață de o frânghie. E funia unui clopot imens. Au umflat-o și pe Rosie. Mare de tot. Țâțe mari, carne multă. Decolteu imens. Nu mai poți să gândești. Gândești doar chitara și chitara și chitara și chitara.

Ce naiba fac ăștia cu noi? Ce naiba fac ei cu noi? Nu te poți opune. Te duci cu muzica și cu berea și cu Angus Young până la capăt. Trag tunurile, normal. *We salute you*. Nu pot să nu mă gândesc la război. Parcă e o chemare la război. Optzeci de mii de nemți care au băut bere din halbe de 1 litru cântă versuri și refrene simple cu ochii tulburi. E o rețetă infailibilă.

Angus e un zeu. E zeul Gibson-ului. E mai mult decât chitară. E religia chitării. Și-a vândut sufletul chitării. În schimb, a primit tinerețea veșnică. Chipul îmbătrânit? Mare căcat! Doar o problemă de estetică. Ieri-seară am văzut pactul cu rock'n'rollul. Ieri-seară am înțeles despre ce e vorba în rock. Rockul nu e despre libertate, sex sau droguri. Rockul este despre AC/DC!!!

P.S. Dacă AC/DC ar cânta cu clapa ar fi cea mai mare jignire adusă rockului pur.

Cel mai mare dezastru al trupei ar fi ca Brian Johnson să-și piardă răgușeala.

Am citit că un ziarist englez spune că AC/DC nu aduce nimic nou. Mi se pare o afirmație imbecilă. E ca și cum am vrea să evolueze pâinea.

BĂRBAT, ŞOSEA, COPAC, CÂINE, LAN DE GRÂU, CLOVN[1]

24.05.2009

Lacrimile alunecau uşor pe blana din care încă se mai desprindeau smocuri. Ca o poveste care se dezintegra. Nu îi trecuse prin cap că va fi atât de greu. Trupul animalului se întărise considerabil. Nu putuse să-i închidă ochii şi avea impresia că nu se despărţiseră de el nici măcar acum. Să fie maşinile blestemul vieţii lui? Câinele se zbătuse zece minute în spasme regulate. Niciodată nu mai văzuse o asemenea privire. Nu era uimire şi nici măcar suferinţă în privirea lui, era durerea că va trebui să-l părăsească. Da, fără îndoială, în acele ultime clipe câinele se gândea că n-ar fi trebuit să-şi lase singur stăpânul. Nu era momentul. Mai ales atunci. Mai ales atunci.

„Iartă-mă, dar efectiv nu l-am văzut", păreau să spună ochii blânzi, care nu cereau ajutor, ci mai degrabă ofereau ultimele licăriri de viaţă bărbatului care stătea îngenuncheat pe stradă şi îi ţinea capul în mâini.

1. Înşiruirea de cuvinte din titlu reprezintă tema pe care am dat-o cititorilor blogului, aceea de a compune un text în care cuvintele enumerate să joace roluri principale. Mi-am asumat şi eu obligaţia de a scrie un text şi iată ce a ieşit.

Ca din altă lume, separată cu pereți groși din vată de sticlă, se auzeau claxoane, înjurături și bâlbele șoferului care izbise animalul în plin. Sângele cald anula orice speranță. Bărbatul știa că va muri. Și câinele muri. Simplu, onest, tremurând și privindu-și pentru ultima oară stăpânul în ochi, fericit că mâna plină de sânge îi sprijină capul. Refuzase să închidă ochii și, mai apoi, când moartea instală un șablon de pupilă, ochii rămaseră deschiși. Acum păreau că privesc cerul senin. Bărbatul îl ținea în brațe și-și ștergea din când în când ochii, ridicându-i trupul în așa fel încât să poată atinge blana cu pleoapele. Altminteri ar fi trebuit să se oprească, și nu mai voia. Lăsase mașina undeva pe marginea șoselei. Acum căuta copacul. Acel copac.

Amintirile șoselei îi veneau în minte cu fiecare mașină care trecea într-un sens sau altul. Un om cu un câine mort în brațe lăcrima căutând un copac. Niciodată nu te gândești la situația în care poți să ajungi. Copacul trebuia să fie pe undeva pe acolo. Parcă erau mai puțini acum zece ani. Ea râdea îngrozitor de tare. Era o căldură incredibilă. Era propoziția lor preferată: „Este incredibil de cald", țipau amândoi în cor și lungeau toate cele trei „i"-uri. „Iiiiincrediiiibiiiil de cald" – și râdeau de nebuni.

Copacul avea trunchiul gros și se ramifica în trei crăci lungi. Părea o furcă scurtă și groasă înfiptă acolo de o mână zeiască. Ea își ținea picioarele sprijinite pe bord și nisipul încă mai lucea între degetele ciocolatii. Se apleca spre ele, abandonând drumul și ținând volanul ușor, doar cu o mână. Își săra limba printre firele de nisip, în timp ce ea îl împingea înapoi cu un țipăt amestecat cu un chicot fericit. „Uită-te la drum, mă, nebunule!" Apoi tăceau fericiți o perioadă. Ea mângâia urmele limbii lui pe degetele mici. Soarele înăbușea simțurile. Se cuibărea cu capul pe umărul lui și adormea câteva zeci de kilometri. Încerca să n-o trezească și umărul îi amorțea în bucuria nemișcării. Dacă frâna, o ținea ușor cu mâna, pentru că nu-și punea niciodată centura. „Dacă e să mor, mor" – așa se alinta.

Acum se gândea că ar fi trebuit să-i facă un coșciug. Câteva lemne măcar. Totul fusese prea repede, plus că îi venise prea greu să suporte ochii mari care refuzau să se închidă. Asta îl făcu să se grăbească. Să termine mai repede cu tot. Rătăci de mai multe ori înainte și înapoi, căutând copacul. Niciunul însă cu trei crăci, ca o furcă mare. Stăteau înșiruiți și îl priveau cum încearcă să-și îngroape câinele la umbra trecutului. Un claxon în viteză îl făcu să se întoarcă. Pe partea cealaltă a drumului, cât cuprindeai cu ochii, un singur copac cu trei crăci ca o furcă mare se profila pe cerul albastru la capătul unui lan de grâu. Pentru o fracțiune se bucură, uitând parcă de moartea din ochii câinelui şi de momentul greu ce avea să urmeze. Nici măcar nu se întrebă cum de nu văzuse de prima dată copacul în solitudinea lui văratecă. Nu se întrebă de ce nu apăruseră copaci decât pe o parte a drumului. Nu se întrebă nimic. Traversă şi lăsă să-i scape uşor la baza trunchiului gros câinele înțepenit, cu ochii deschişi. Apoi alergă spre maşină să ia lopata. Lopata cu care iarna deszăpezea maşina.

Se gândi încă o dată că nu ştii niciodată unde poți ajunge. „Păpuşa", îşi zise, şi o înşfăcă de pe bancheta din spate. Era un clovn cu hainele sfâşiate şi un singur ochi, o mărgică din plastic negru, lucitor. Cealaltă se pierduse printre colții câinelui. Câteva fire blonde de lână galbenă aminteau de originea lui suedeză. Încă mai avea pantalonaşii trei sferturi ecosez şi bretelele albastre deşirate de canini şi de vreme. Picioarele groase cât un trabuc se bălăbăneau pesimist. Trona fericit cu un zâmbet larg pe bancheta din spate cu zece ani în urmă. Oprise să se uşureze pe marginea drumului. Asta o enerva pe ea şi îl făcea să râdă. „Natura n-are nevoie de hidratările tale, ştii? Există benzinării." Iar el riposta râzând: „Nimic nu e mai bun ca un pipi în natură, drăguțule". Aşa îi spunea, drăguțule. Însă acea oprire nu avea să fie doar un pipi simplu pe marginea drumului.

În umbra copacului tremura o minge de tenis albă. Atât era de mic, atunci. Cât o minge de tenis. Atât de fragilă era ființa care respira sacadat în fața lui, încât nu lăsa loc decât unei singure variante. Se aplecă – îşi aducea bine aminte acum – când trebuia să sape o groapă adâncă de măcar un metru – se aplecă şi ridică botul care scâncea abia perceptibil şi deasupra căruia mijeau doi ochi negri care peste ani nu vor mai fi voit să se închidă cu niciun chip. Ea țipă de bucurie când îl văzu şi îl lipi de obraz, apoi râse, căci câinele se scăpă. „Încă un pişăcios", hohoti cristalin în timp ce el privea norii şi-şi spunea că e fericit.

Pământul era uscat la suprafață şi îi luă ceva vreme să sape. Nu putea să evite ochii animalului, aşa că îl întoarse cu spatele şi continuă să sape cu ochii băltind. De atunci, clovnul devenise jucăria lui preferată. Din ziua în care se întâlniseră pe bancheta din spate. Realiză brusc că n-o să-l mai vadă niciodată şi se opri din săpat. Privi lanul de grâu încremenit într-o nemişcare ireală. Norii traversau cerul doar pe partea cealaltă a drumului. Pe partea lui, linia orizontului împărțea lumea în două jumătăți. Una galbenă, mângâiată de un soare portocaliu care se pregătea să părăsească lumea, și cealaltă de un albastru a cărui nuanță se închidea pe măsură ce minutele se scurgeau împotriva zilei. Bucuria acelei zile frumoase i se părea nepotrivită sufletului greu. Se întinse lângă câinele care-l privea cu ochi morți. Ultimele clipe cu ultima lui legătură cu ea. Lacrimile i se adunară în gât ca într-un șuvoi care aștepta să formeze destulă durere încât să dea pe-afară. Un icnet stârnit undeva în stomac îi ieși pe gură și începu să plângă în sughițuri. Pe șoseaua parcă fără de sfârșit, un bărbat zăcea întins pe iarbă la umbra unui copac lângă un câine alb, țeapăn, și o păpușă de cârpă. Se zguduia de plâns și mângâia cu mișcări lente blana din care se desprindeau fire ca o poveste ce se grăbea către sfârșit. N-o să mai fie niciodată fierbințeala limbii pe obraz.

Își aminti cum i-l aduseseră la spital înainte să-l anunțe că ea murise. Apoi, când îi spuseră, i-l dădură în brațe, să aibă ce strânge la piept. Cauciucul din gura condamnatului pe scaunul electric. S-ar fi salvat dacă ar fi purtat centura și dacă n-ar fi stat cu picioarele pe bord. A văzut-o ieșind prin parbriz, cioburile desenau sfârșitul pe pielea mirosind a mare, cu picioarele înainte, și a mai văzut-o plină de sânge cu câțiva oameni care se învârteau neputincioși în jurul ei. Apoi durerea îl lovi, cu întârziere îl lovi, și leșină, cu capul pe volanul care îi zdrobise pieptul. Nu apucase să simtă asta. Speranța că ea va scăpa învinse durerea pentru câteva secunde. Leșină cu gândul că spasmele iubitei din mijlocul drumului sunt semne de viață și nicidecum moartea care-și face loc cu mișcări păgâne în ființa femeii celei mai iubite. Apoi, la spital, îi spuseră și îi dădură câinele în brațe, iar câinele se lăsă strâns, aproape sufocat, și nu scoase un sunet și își ținu respirația și plânse deodată cu stăpânul său, căci înțelese și el că nu vor mai fi decât doi. Mult timp după aceea asculta cu sufletul strâns gemetele stăpânului său la ore târzii în noapte. Se ducea doar chemat acolo, în dormitor, și își punea capul pe marginea patului, slobozind oftatul cel mai lung, să-i arate bărbatului că știe cât este de greu.

Privea ochii morți ai câinelui și realiză că plângea din recunoștință pentru animalul care-l salvase de la nebunie, atunci când amintirea ei părea mai reală decât moartea, dar la fel de intangibilă. Căci refuzase moartea ei zi de zi, oră de oră, noapte de noapte – și-ar fi luat zilele fără animalul care devenise un soi de conștiință a vieții ce trebuie trăită chiar şi în mijlocul mlaştinii de durere în care imaginile ei se scufundau zi de zi, mai mult, tot mai mult. Câinele mort din faţa lui îşi plimba delicat fiinţa prin apartamentul golit de prezenţa ei. Dar fusese acolo, lângă el, lovind uşor parchetul cu ghearele şi aşteptându-şi stăpânul să zâmbească. Nu a avut nevoie decât de mâncare. Nu a cerut mângâiere de acolo de unde nu spera că va mai veni, şi-a pus botul pe labe cu o demnitate pe care doar animalele o pot atinge şi a suferit lângă stăpânul său până când acesta a realizat că el, căţelul din apartament, a fost atât de iubit de ea. Atunci a zâmbit pentru prima dată şi şi-a sărutat câinele şi l-a privit în ochi încercând să găsească acolo şi zâmbetul ei.

Da, nu plângea de durere, ci de recunoştinţă pentru graţia cu care fusese îngrijit şi recuperat din moartea sufletului. Acum îşi spuneau adio. Încăpăţânat în iubire şi devotament, animalul rămase cu ochii deschişi. Se apucă de săpat cu o putere ciudată. Când groapa se făcu de un metru, luă câinele şi, fără să ezite, îl aşeză cu grijă pe fundul ei. Apoi luă clovnul de cârpă şi, uitându-se în altă parte, îl aşeză lipit de botul animalului. Îi îngropă pe amândoi şi bătători pământul negru care delimita acum micul mormânt din umbra copacului. Nu înfipse nicio cruce, nu lăsă niciun semn. Copacul era îndeajuns.

Privi şoseaua. Se gândi că o parte din viaţa lui se încheia acolo. Apoi gândi că viaţa te poate duce oriunde, absolut oriunde. Se îndreptă agale spre maşina care-l aştepta cu portbagajul deschis. Durerea îi apăsa pieptul şi îi încurca respiraţia. Privi cerul, trase aer în piept. Norii se buluceau unii peste alţii doar pe partea cu copaci mulţi, înşiruiţi. Pe partea cealaltă lanul de grâu se colorase sângeriu, iar cerul era de un albastru întunecat. Un singur copac străjuia priveliştea. Avea trunchiul gros, trei crăci care îl făceau să pară o furcă înfiptă în pământ de o mână zeiască. La umbra lui era îngropat trecutul a doi oameni şi al unui câine. Din cei trei, doar unul singur mai rătăcea prin lumea de aici, căutând un nou început.

SUNT ŞOPÂRLĂ ŞI CAL ÎN ACELAŞI TIMP

27.05.2009

Ar trebui să vă distrez azi, nu? Să fiu cireaşa de pe tort, măslina fără sâmbure, frişca de pe marginea frappé-ului. Să fim fericiți. Clovnul să se lupte cu bufonul, regele să râdă incert. A râs de mine sau de mine? Fericire cu orice preț. Neapărat tâmpă. Fericirea tâmpă e *grand cru*. Fericirea intrinsecă e *premier cru*. Un spumant rose într-o seară de vară cu mătase neagră la care doar tânjeşti. Fraierii nu ştiu să sărute picioarele. Una e să-ți prelingi balele, alta e să le controlezi.

Vai, omule Tudor Chirilă, cât de bine te cunosc! Nu zău, dar nu eşti interesat(ă) de broasca Tudor Chirilă? Orăcăie adorabil când ți-e lumea mai dragă! Are un talent surprinzător în a-ți recita versuri corporatiste. Ştie să strice o seară. Amestecă socată cu icre negre şi o venerează pe bunică-ta. Vai, iartă-mă, bunică-ta a murit? Nu cred, e prea posibil să fie o stea pe cer. Aia care mi-a atras atenția când era să întorc maşina cu roțile-n sus. Era în august. Nu ştii că în august universul se umple de mediocritate? Mii de stele, printre care şi bunică-ta. Ok, nu mă mai iau de ea.

Fii fericit, atâta lume te iubeşte. Sunt o căprioară rănită care are nevoie de ajutor. Sunt şi câțiva care s-ar pişa pe mine. Doar că impun sindromul prostatei. Ştii, emotivii se apropie de pisoar gata să elibereze jetul, dar, ca prin minune, se propteşte un mitocan lângă ei şi nimic nu mai merge. Te întrebi de ce? Pentru că gândurile sunt în pulă. Firave, avortone, au blocat fluxul pişării intimidate de vecinul de pisoar. Dacă vreți să vă pişați pe mine, accept, dar vă rog să o faceți cu capul. Hmmm!

Cum spuneam, hai să ne distrăm – primăvara şi-a intrat în drepturi fără să-şi asume vreo obligație. Măi, Primăvaro, măi, târfă sezonieră care te fuți cu vara de frica iernii, nu ți-e ruşine să nu-mi dai nimic la schimb? Ce târfă sentimentală eşti! Ştii bine că mă mulțumesc doar cu puful pe care îl zburătăceşti prin aer... Primăvara e o imensă găină beată pe care o jumuleşte Zeus la marginea Pământului în speranța c-o să-i descopere pizda. Nuuu, vă anunț solemn, Primăvara nu are pizdă pentru simplul fapt că Fericirea nu e-n Pizdă. Acolo e doar plăcerea. Vara are pizdă. Mda. Nu va oripilați. Vara transpiră, asudă, se răcoreşte cu tequila la 40 de grade şi delirează în versuri. Vara e prea beată ca să realizeze că se oferă primului şofer de tir care vrea să se răcorească. E normal. Totul pluteşte în aer. Până şi filosofia. Nu prea suntem atenți, asta e problema.

Nu ştiu, dar am de gând să-mi arăt adevărata triplă față. Am să încep cu impostura, un as de pică, după părerea mea, voi continua cu egoismul exacerbat într-atât încât n-am putut să-l fac decât jolly joker şi voi sfârşi cu dorința, care e o damă în mii de culori, mai multe de patru, mai puține de cinci, undeva pe acolo. Ca să puteți număra şi voi, simpaticilor. Vreau să vă văd, şmecherilor, cum mă bateți voi cu cărțile astea, huh? Uite unde erau cartoforii! Mă piş pe sinceritatea ta! Nu face cât un careu de aşi sau un ful de popi! Ahhh, vrei să-mi numeri cărțile, măi şmechere? Mă cunoşti tu pe mine, nu? Eu ți-am dezbrăcat iubita la poker vara trecută? Nu, boule, nu eu ți-am dezbrăcat-o, prostule! Eu doar am câştigat jocul, tu ai stabilit miza, mă suprauräşti! Mă urăşti pentru mai mult decât e cazul, imbecilule. Ok, nu eşti imbecil, scuză-mă. Eşti doar becil. Ca să fii imbecil trebuie să te supracalifici. Mă rog, acum că am dat cărțile pe față şi nimeni n-a câştigat, teamă mi-e c-au rămas nişte dorințe nesatisfăcute.

N-am ce să vă fac, pentru că azi sunt cangur şi voi flegmați în contratimp. Timpul unu scuipi, timpul doi sari, timpul unu scuipi, timpul doi cangurul sare şi uite aşa flegma ta ratează persoana mea. Muzica e o chestiune de coordonare, dobitocule. Mă rog, dacă eram arici era mai uşor, dar cine vrea să scuipe-n țepi? Hahahaha. Bufonul nu e vesel azi, dar nici agresiv. Are starea zero. Liftul e în revizie. Tuşăm terenul. Umflăm mingile. Ascuţim cuţitele. Azi nu curge sânge. Nu sunt replici. Nu e teatru. Nimeni nu comentează. Lumea nu se confundă cu mine azi. Ce bine. Mă simt mai curat. Fără să mă spăl. Haha.

Prea multă lume vorbeşte despre prea puţine lucruri. Mă înscriu şi eu la cuvânt.

Sunt atât de previzibil, încât mă cunoaşteţi. Asta e tot ce puteţi? Să judecaţi un bolovan? Ştiu, te arde-n buricele degetelor să răspunzi. Îmi arăţi tu mie orgoliu şi răsfăţ, şi dacă ai ceva coaie s-ar putea să-mi arăţi şi talent. Nu-i aşa că nimeni nu voia să-ţi paseze când erai mic? Dar acum s-a schimbat treaba. Mingea e la tine. Şi n-o mai dai la nimeni. O îngraşi cu tot ce prinzi. Te caci în ea până creşte mare şi-o să dai tu şutul şuturilor şi poate golul golurilor, nu? Plantezi copaci, opreşti furtuni şi abaţi râuri de la matca lor şi uite aşa ne-arăţi tu nouă tuturor. Şi după ce te faci mare carnivor, lucrurile o să se liniştească. Despre asta e vorba acum, nu?

Devorează. Scapă cu viaţă. Scuipă oase ca să nu te îneci. Suge carnea de pe ele. Plescăie mulţumit. Schimbă dinţii, după caz. Sunt urât la suflet, nu? Ah, futu-i inocenţa mă-sii, şi eram la un pas să te păcălesc. Pe naiba. Mi se rupe dacă ţi-au servit berea rece. Mi se rupe dacă nu s-a potrivit oglinda cu aşteptarea. O fi fost înclinată puţin aşteptarea şi s-a deformat în oglindă. Mă laşi? Sunt ca şi tine. Aceeaşi compoziţie. Limfă, sânge, spermă, celule, atomi, ba chiar protonii seamănă. Diferă cantităţile. Îţi dai seama că au greşit la gramaj? Tu eşti mai prost, eu sunt mai rău. Eh, să te văd acum că numeri celule ca să te înalţi. Mă faci să râd.

Undeva în culise Zeus jumuleşte găina primordială. De aia luna mai e plină de fulgi. În spatele lui, Hermes e beat mort şi se joacă cu gramajele. Hefaistos vinde aur. E o porcie în toată regula.

Sunt o broască şi o căprioară în acelaşi timp. Sunt un gândac de bucătărie, striveşte-mă, dar asumă-ţi imaginea organelor mele ca o pastă albă care se împrăştie pe gresia de la en-gros. Sunt o şopârlă şi un cal în acelaşi timp. Nu ştiu cum naiba fac că sar şi mă târăsc în acelaşi timp. Dacă vrei să mă striveşti, e musai să ascultăm aceeaşi muzică.

AUTO-REVERSE

5.06.2009

Totul se filmează în relanti. O mireasă superbă cu chipul răvăşit aleargă disperată pe bulevardul Magheru către Piaţa Romană. Traficul e compus din maşini de jucărie conduse de băieţei blonzi. Pe trotuare, de o parte şi de alta, în spatele unei benzi de hârtie întinse pe toată lungimea bulevardului, bărbaţi goi chiuie şi agită sticle de şampanie din care va ţâşni sânge. Mireasa fuge către Piaţa Romană pe sub o ploaie de stropi roşii. Pe măsură ce se apropie de Romană va îmbătrâni. Un ospătar îi va ieşi în întâmpinare cu un hamburger aşezat pe o tavă cu şervet mov. Pocnetul şampaniilor şi chiotele bărbaţilor sunt asurzitoare. Băieţeii blonzi claxonează.

În Piaţa Romană, patru salahori în costume portocalii manevrează un scripete al cărui capăt se pierde în ceruri. Mireasa bătrână ajunge într-un final. Chipul îi este schimonosit de efort şi îmbătrânire timpurie. Secundele încă i se scurg pe faţă – mii de furnici roşietice. Unul dintre salahori scoate un briceag şi începe să-i taie pielea în dreptul frunţii. Apoi scalpul. Ceilalţi trei se apropie şi îşi înfig mâinile murdare de negreală între cutele făcute de briceagul primului. La un semn, toţi trag de piele în jos.

Un geamăt ascuţit dezvăluie o fecioară dezbrăcată cu muguri de sâni, piele roşiatică şi ochi verzi. La picioarele ei zace rochia de mireasă plină de sânge. Cei patru o înhamă la scripeți. Din toate apartamentele blocurilor de la Romană izbucnește *Oda Bucuriei*, dar la o întârziere de câteva măsuri. E un canon de mii de *Ode*. Scripetele cu fecioara prinsă în curele se ridică la cer. Miile de bărbați de pe bulevardul Magheru leșină. Bulevardul arată ca o imensă groapă comună. Fecioara se ridică încet la ceruri. Mașinuțele claxonează. Un înger șugubăț se chinuie să răstoarne bila de pe ASE.

MAREA ŞI NOAPTEA

10.06.2009

Iubesc marea pentru că şi în timpul nopţii întreţine infinitul şi visele. Când stai în fund pe plajă şi-ţi simţi blugii uzi de răcoarea întunericului sau de nisip. Nu vezi nimic şi priveşti marea care e la câteva zeci de metri de tine. Priveşti ca într-o bucată imensă de brânză neagră. Intuieşti cu greu linia de spumă de la ţărm. E ca şi cum marea ar bea *caffelatte* şi s-ar linge pe bot. Vuietul constant al valurilor care izbesc malul îţi spune că albastrul nesfârşit din timpul zilei e acolo, la locul lui. Şi odată cu el, visele tale. Ştiu c-am să fiu bătrân, iremediabil despărţit de trecut şi că o să privesc marea cu aceeaşi sete şi speranţă. Dorinţele mele vor fi poate altele, amintirile îmi vor îngreuna sufletul şi privirea n-o să mai ajungă atât de departe. Un vis va fi însă acolo, orice-ar fi, unul singur plutind pe coama valurilor, în întuneric. Un singur vis, care mă va ţine în viaţă laolaltă cu mirosul de sare şi de alge puturoase care-mi va înţepa nările. În stânga mea, doi îndrăgostiţi zgomotoşi se vor săruta îndelung. Din când în când, vântul îmi va aduce în urechi şoaptele lor. Cuvinte de beţie, de dorinţă, obscenităţi iubitoare, hohote de râs, gemete, dragoste. Da, întotdeauna va fi speranţă la mare şi noaptea.

SEX PUR

10.06.2009

Stomacul se revoltă şi adrenalina mă părăseşte odată cu transpirația. Se scurge din mine în timp ce o lehamite plăcută pune stăpânire pe ființa mea. Toate astea în câteva secunde. Se poartă ca o femeie frumoasă şi capricioasă. Nu poate fi o altă comparație. Mă lasă s-o încalec şi-mi dă senzația că voi fi stăpân pe situație. Am să-i frământ sânii şi-o să-mi amorțească saliva privindu-i formele şi-o să mă respingă când mi-e lumea mai dragă. Aşa face şi acum. Stă în puterea mea s-o stârnesc şi s-o înfrânez. Dac-o lovesc, se înroşeşte şi vibrează din toată ființa ei. E perversă şi răspunde pe măsură. Ochii-i sticlesc, lucesc a pagubă şi gheață, a demență care mă face să vreau să-i dau mai mult. Sunt una cu ea şi cu aerul prin care călătorim înfăşurați.

Mă muşcă, horcăie ca o târfă în călduri, se îmbufnează şi mă încolăceşte cu gambe perfecte ca dunele de nisip netulburate de vânt. O potolesc cu o singură mişcare şi mă priveşte pe sub genele false care dau măsura ochilor în care mi se oglindesc slăbiciunea şi poftele. Fugim amândoi de nebuni, către un orgasm pe care n-o să-l atingem niciodată împreună, căci ar însemna să ne facem una cu pământul, cu fumul, cu zidurile sau copacii, cu orizontul. O să rămână un preludiu pentru care va trebui să mă gândesc la un alt final, asta când femeia de sub mine va desfereca gândurile de pe centrifuga poveştii noastre.

Un singur gând îmi trece prin minte, izolat pe un velodrom imaginar, acela de a fi cât mai mult cu ea, în ea, sub ea, una cu sufletul şi toată ființa ei, gonind ca un ogar nebun după iepurele din fața mea pe care habar n-am că n-o să-l ating vreodată. Îmi bubuie inima şi-mi uit prezentul, simt cum îmi vine să-mi pun dinamită în colțurile sufletului şi să declanşez, să se facă țăndări, să nu rămână nimic – doar viteză şi vânt.

Când au construit maşini, bărbații s-au gândit la femei. Nu există altă comparație.

Aseară am condus un Ferrari. A fost sex pur cu amanta nestăpânită şi rafinată a unui mafiot italian, într-una din toaletele unui cazinou din Monte Carlo. Ar fi putut intra oricine, oricând peste noi, viața mea ar fi putut sfârşi într-un coş de gunoi pe o stradă obscură, neştiut de nimeni, sau, mai simplu, cu creierii risipiți pe faianța cremoasă şi trupul chircit într-o poziție grotescă...

Aş fi putut sfârşi dintr-o clipă în alta şi cu toate astea am dezbrăcat-o cu patimă, cu furie, plesnind de viață mai mult ca oricând, cu inima drum'n'bass şi gândurile leşinate de foame. Iar ea mi s-a dăruit zâmbind, sigură pe ea şi gata să-mi satisfacă poftele bolnave de viteză – cu o singură condiție: să ştiu s-o fac să tremure, să ştiu s-o fac să mai simtă, fără să ne omorâm amândoi... repede, repede, o clipă cât un veac, sete, furie, lacrimi, libertate în captivitate, uşița coliviei deschisă doar pentru câteva momente, dunga albă continuă, buclele ei năclăite de mirosul sudorii mele... mai mult şi mai mult, mai repede, mai tare, mai adânc, până la fund pedala ca un pahar cu lichidul plăcerii şi frâna ca o palmă care să te aducă cu picioarele pe pământ. Frâna care să-ți spună că eşti om, accelerația care să te asigure că nu vei fi niciodată înger...

FERICIREA LA STICLĂ DE 2 L

12. 06. 2009

Fericirea nu se găseşte pe toate drumurile. Dacă ar fi aşa, am râgâi după ea ca după Coca-Cola. Ar fi culmea s-o mai putem lua şi cu sticlă la schimb.

Ce bine că Dumnezeu e singurul dealer al Fericirii, altfel ne-am trezi cu tot felul de distribuitori şi *trade marketing.*

Mai bine aşa... anumite stări chiar nu merită îmbuteliate.

MOLECULE ÎN CONFLICT

19. 06. 2009

Vânzătoarea avea un aer de femeie incaşă. Acele trăsături care parcă au inspirat cubismul şi pe marele Pablo. Sânii se chinuiau să rămână în spatele unui corset prea strâmt. Sau se zbăteau să iasă. Era o inadvertenţă stilistică între ţâţele albe, tresăltânde şi tăieturile cazone ale bărbiei, pomeţilor şi nasului. Fruntea părea împinsă în faţă de un şoc primordial sau o izbitură în ceafă, încruntând o fizionomie şi-aşa neprimitoare. Oricum, ţâţele îmi păreau mult mai tinere decât oricare altă parte a ansamblului uman din faţa mea. Se asortau cu o bucată tânără de parizer de pui. Singurul lucru proaspăt din galantar. Restul alimentelor părea butaforie slab luminată de neoanele magazinului. Marouri, bolnav roşietice. Galben hepatic. Bejuri vineţii.

Cântecul de lebădă al ţâţelor. Mă întrebam dacă se doreau frământate, aşa tinere şi vrednice, să scape din strânsoarea textilă. Ce poate fi mai nepotrivit decât un corset pe o piele transpirată? Molecule în conflict. Asta m-a dus cu gândul la mare... Acolo femeile îşi scaldă sânii în soare, îi stropesc cu apă sărată sau îi îngroapă în nisipul fierbinte, mimând nepăsarea. Toată lumea mimează nepăsarea la mare. Fierbinţeala sânilor trădează dorinţe dintre cele mai ascunse. Îmi pare că femeile ard la mare mai abitir ca-n orice alt loc. Sudoarea are gust de orgasm reprimat. Ce poate fi mai bun decât să lingi fire de nisip de pe sâni asudați care zvâcnesc roşietic la lăsarea serii? Sfârcuri alarmate.

O brânzică de casă mă readuce abrupt între betoane şi neoane. Femeia incaşă mă priveşte întrebător. Nu, nu cred că mai vreau nimic. Câtă carne s-o duce pe apa sâmbetei... Câte mirosuri grele pe linia oraşului. Un destin în spatele galantarului. O viață cu muşte. Muşte care tânjesc după carne şi muşcă din pielea de om. Defilare umană seară de seară, prin fața femeii incaşe. Zâmbeşte dur, de acolo, din locul ei, să fie sigură cumva că nu confundăm politețea cu dorința. În măruntaiele ei fierbe ceva reprimat şi îngropat de mormanul de carne şi conserve şi sucuri pe care trebuie să le vândă.

Dintre bonuri de casă, muştar în tuburi de plastic, borcane cu murături, pastă de mici, prezervative, biscuiți, roşii scofâlcite, mărar trecut de prima tinerețe, hârtii soioase unse cu grăsimea lumii întregi, vinete, banane, pateuri vegetale, baxuri şi pixuri, dintre toate produsele necesare unui trai îndestulat, sexualitatea încearcă să-şi facă loc la lumină şi să strige după ajutor ca un evadat care a săpat câțiva kilometri pe sub pământ şi este orbit de soarele ce se iveşte de după capacul canalului din mijlocul străzii unui orăşel de provincie, învecinat cu închisoarea.

CITY-BLOGGING

22. 06. 2009

Plouă. Deprimant, greu, dens. Prin cortina de apă, privesc către blocul de peste drum. Într-un balcon, un bărbat îşi ţine copilul în braţe şi îi arată curcubeul. Mâna micuţului desenează un arc de cerc. Din poziţia în care mă aflu, nu pot să văd curcubeul. Din poziţia în care mă aflu, văd norii negri şi cortina de ploaie. Şi îl mai văd pe micuţul care nu conteneşte să deseneze arcul de cerc. Mi-e de ajuns ca să ştiu că ploaia asta nu va dura mult. Din poziţia în care mă aflu, nu văd mult din speranţa pe care alţii o văd în locul meu. Păcat. Ar trebui să mă orientez mai bine şi să mă aşez cu faţa la curcubeu.

OXFORD STREET

30. 06. 2009

Mulţimea curge spre mine. Curge spre mine, efectiv. Mă întreb dacă mai are rost să înaintez. Parcă mă opun lumii. E o senzaţie continuă de fluid uman. O magmă de trupuri care se scurge într-un singur sens. Din faţă, de pe străzile laterale, din catacombele metroului. Râul este mărginit de o parte şi de alta de impasibilele clădiri victoriene. Elefanţi gri care veghează traficul londonez. Capetele urcă şi coboară ca în ritmul războiului de ţesut sau al ciocănelelor unui pian care interpretează o melodie cu pătrimi. Sus jos, sus jos.

Nu lipseşte nimic din apele acestui râu de oameni. Europenii sunt cel mai puţin vizibili. Femeile musulmane, cu chipul acoperit, îmi atrag mereu atenţia. E ca o chemare nerostită care mă face să privesc insistent ochii din spatele vălurilor albe. Arareori, unele dintre ele poartă un soi de măşti de fier ce te trimit înfiorat cu gândul la dresorii de şoimi din inima deşertului. Oameni pentru care şoimii sunt mai scumpi decât propriii lor copii. Imaginile sunt îmblânzite aproape hilar de accesoriile moderne. Genţi Vuitton sau telefoane Vertu reduc din seriozitatea fundamentalismului religios autoimpus. De parcă Allah şi-a dat tacit acordul asupra telefoniei mobile şi a produselor domnului Vuitton, dar a rămas neînduplecat în privinţa dezvăluirii.

Pakistanezi în pantaloni de culoare închisă şi cămăşi albe sau bej, din mânecile cărora ies oase negre. Gălăgioşi, cu ochii veşnic scrutători, împinşi în fundul capului, mereu în grupuri de câte doi-trei, se deplasează cu un aer impasibil, nepăsători la atingeri, leneşi în mişcările jilave. Indieni în costume ieftine, indieni studenți înhăitați cu japonezi supraponderali cu rucsacurile în spate şi tricouri cu mesaje hipervizibile. Indience împingând cărucioare cu frumoase corcituri sugace. Indieni bătrâni cu turbane albe în contrast cu bărbile gri închis, cârlionțate, răsărite din fețe negre. Indieni bogați la brațul soțiilor îmbrăcate de la Paris. Indieni de tot felul stâlcesc engleza şi aruncă în aer consoanele bolnave care persistă acolo ca un balon de săpun în aşteptarea altui balon, de data asta vietnamez sau coreean – engleza nu mai aparține nimănui în mod special, se scurge bolnavă şi distorsionată odată cu râul de oameni.

Rochii scurte, mulate pe funduri bombate de negrese cu priviri impertinente şi albul ochilor sângeriu, ca o poveste de apus undeva în prerii. Picioare lungi de ciocolată, picioare de animale hăituite şi sandale de toate culorile şi nuanțele şi gusturile şi formele. Sandale albe cu ornamente roşii în formă de nasturi sau medalii, sandale argintii cu barete şi tocuri scurte, sandale înalte cu platformă de plută, sandale galben electric sau oranj, maro şi mov şi roz şi verde şi iar maro, cu galben de data asta, şi verde-bej, albastru-argintiu, permutări de gri luate câte roz, combinări de mov luate câte alb sau negru sau cărămiziu, Londra este un manej al pantofilor, iar Oxford Street este canalul colector, locul de întâlnire al încălțărilor lumii. Laşi capul în jos şi priveşti la torentul infinit în care bunul-simț şi bogăția, pubertatea, dorința, acneea şi durerile de sâni, depresia şi disperarea, eleganța, luxul, spleenul, boema, bătrânețea, sărăcia, extazul şi emfaza, excentricitatea şi nebunia, geniul, obrăznicia, toate se adună în pantofii care nu lasă praful să se aşeze pe una dintre cele mai pestrițe străzi ale Londrei.

Râul curge continuu – suntem împreună cu toții şi atât de singuri, ne întrepătrundem ca nişte molecule al căror unic rost e acela de a asigura curgerea. Arabii îşi ascut cuțitele şi feliază carnea de kebab, chinezoaice minione aleg cârpe din magazinele pline ochi, doamne în vârstă cu alură de Margaret Thatcher încearcă să-şi facă drum pe strada care parcă nu le mai aparține. Indieni şi pakistanezi împart pliante alături de studenți europeni. De fapt, oricine poate face orice, rasele se amestecă între ele şi între profesiile lor – pe Oxford Street, lumea e a tuturor.

Totul este redus, totul este scris, nimic nu este în afara legii, camerele supraveghează răul, negru pe galben, negru pe roşu, negru pe verde, cifre şi produse, muzică şi sex, masaje şi servicii, maşini care te duc unde nici nu gândeşti, autobuzele roşii supraetajate promovate cu pliante roz, vrei să te tunzi, vrei să mănânci, vrei să ieşi într-un club, vrei să înmormântezi pe cineva, să exersezi, să te antrenezi, să-ți cheltui banii, să pleci în vacanță, să joci teatru în parcuri, în studiouri, în teatre, în biserici sau săli de sport, nu ştiu care reverend predă cursuri de marketing, succesul musteşte din guri de canale, poți să înveți orice, totul e scris cu litere negre, vizibile, nimic nu mai poate fi nou, literele negre sunt imprimate în sângele şi creierii noştri, cifrele 9 şi 00 sunt cele mai vehiculate, biblia produselor se termină cu un *discount*.

Răsuflu greu, din ce în ce mai greu parcă, nu mă opresc, nu vreau să dau senzația că nu sunt de pe aici, ce tâmpenie, normal că sunt de pe aici, aici e lumea întreagă şi eu sunt lumea întreagă pentru că sunt aici, ascund harta şi mă minunez şi-mi iau un aer de om preocupat care ştie unde merge. Mă oboseşte oarecum atitudinea asta, dar am senzația că, dacă mă opresc, oamenii or să mă lovească şi-or să mă doboare, iar copiii gălăgioşi or să țopăie pe trupul meu, urlând în toate limbile pământului – nu, mai bine mă deplasez, sunt mai în siguranță aşa. Printre negri, hip-hopperi de ocazie cu lanțuri aurii care se mişcă lent şi molfăie gumă sau poate nu molfăie nimic, e doar o mişcare automată a maxilarelor menită să ne spună nouă, celorlalți, că nu le pasă de noi şi de lume.

Negri încolăcindu-şi brațele sculptate superb pe după gâturi de puştoaice albe, inocente, acneice, care se contaminează şi ele de atitudinea grețoasă. Negri cu ochelari părăsind librării cu cărțile sub braț, „homeleşi" negri care predică eternele subiecte ale metropolelor lumii cu horcăituri răguşite. Redingote ponosite, cutii de bere râncedă, cizme şi funde, homosexuali cu genți largi şi haine mulate, singuri sau ținându-se de mână, efeminați până la limita de jos, homosexuali de ocazie şi travestiți, orice ținută e posibilă, pantaloni scurți cu steagul Braziliei imprimat pe fund, sandale roz şi un tricou cu Messi, o perucă galbenă şi urechi lungi de iepuraş roz, da, toate astea pe un singur om, Superman, Batman sau Napoleon, toți sunt acum homosexuali şi se plimbă liniştiți pe Oxford Street.

Nimeni nu-i bagă în seamă, sunt la fel de normali, la polul indiferenței nu e nici frig, nici cald, este doar indiferență. Indiferența face râul să curgă şi nu creează blocaje. Indiferența ne împinge înainte pe toți, ea este absolut necesară, pentru că dacă n-am fi indiferenți, ar trebui să ne oprim şi ar fi o tragedie, pentru că s-ar crea blocaje şi am ajunge să ținem cont unii de alții.

Evreii sunt indiferenți aici, îşi plimbă grăbiți cârlionții, urmăriți îndeaproape de familiile lor care încearcă să țină pasul asudând. Redingote negre din cele mai bune stofe şi tichii sofisticate. Se simt în largul lor pe Oxford Street, care e strada nimănui acum, nerevendicată – a fost cândva a Reginei, dar ea doarme acum sau se gândeşte cum să reducă din costurile prilejuite de diversele comemorări ale regalității. Dintre toate neamurile de pe aici, evreii au aerul că trebuie să ajungă musai undeva şi că ştiu exact ce au de făcut când vor ajunge acolo. Ignoră strada de parcă ei au inventat toată harababura colorată şi controlată de mii de păpuşari uriaşi, nevăzuți, concentrați asupra propriului spectacol şi care, din când în când, râd cu lacrimi care se transformă în ploaie. Plouă pe Oxford Street, se zguduie de râs păpuşarii divini, dar asta nu mai surprinde pe nimeni, nici măcar pe imigranții nou-veniți care se adaptează din mers, n-au timp nici să deschidă gura pentru că îşi văd conaționalii comportându-se normal şi asta îi linişteşte, vor căpăta şi ei curând cetățenie sau un permis de muncă şi totul va fi bine – aşa că, până atunci, să ne năpustim la retailerii cu cârpe ieftine aşezate pe umeraşe agățate în cerc.

Mii de carduri plătesc pe Oxford Street, banii circulă într-un sistem nevăzut, cardurile eliberează cârpe şi cafele şi sendvişuri şi apă plată, eşarfe, fructe, ipoduri, cărți despre tot şi despre toți, jucării, sacoşe, uite-o pe aia sau pe ailaltă, descrierile nu mai au niciun sens, pentru că orice ai spune sau ai înşirui nu este de ajuns ca să surprinzi mişcarea asta fabuloasă care nu se termină niciodată. Ar trebui să fii sus, foarte sus şi în acelaşi timp foarte aproape, ochiul tău să fie departe, dar să bată incredibil de aproape şi să te joci cu un *zoom* nevăzut ca să surprinzi întreaga babilonie de pe Oxford Street.

Nu e cu putință, iar omul căruia i-ar fi dat să privească dintr-odată întregul spectacol ar muri pe loc – nimeni nu poate îngloba toată informația, fie şi a unei secunde din viața străzii nebune, fără să sară în aer cu creier cu tot. E mai bine aşa – oricum eşti vlăguit de miile de sâni negri, albi sau galbeni, buzele de toate mărimile şi fundurile femeilor întregii planete, dorințe necontrolate reprimate de imaginea imediat următoare, o negresă superbă îmbrăcată strident cu coapsele unse de uleiuri misterioase şi bucile strânse în pantalonaşi scurți elastici anulată de o menajeră englezoaică ieşită să cumpere legume şi fructe şi două seturi de pampers pentru familia de diplomați francezi care tocmai a angajat-o.

Da, Oxford Street este locul unde entuziasmul nu-şi mai are locul – o limonadă cu prea mult zahăr şi terifiant de acidulată, extrem de rece, în care nu-ți poți muia limba fără să încerci o stranie senzație de răcoare şi durere în acelaşi timp. Sigur nu poți să bei, dar dai târcoale paharului, încerci să-ți umezeşti buzele cu orice preț, ți-e sete, vrei să bei, vrei să trăieşti, ți-e greață de strada asta şi ai atâta nevoie de ea, eşti singur în mijlocul lumii şi pare că fericirea e doar la un pas, nu trebuie decât să spui o vorbă, oricui, nu trebuie decât să îndrăzneşti, mai e timp, nu acum, poate la colțul următor să mai aştept o tură de oameni, de rase, de senzații, o tură de lume să-mi mânjească plămânii, inhalez, expir, inspir aerul murdar al Londrei, îmbâcsit cu toate păcatele şi speranțele lumii. Este Oxford Street şi nu se termină niciodată. Apocalipsa, aici, nu este sfârşitul, ci eternitatea.

NU PLECAȚI ÎN VACANȚĂ CU GRUPUL. VĂ ROG!

9. 07. 2009

O mare prostie mi se pare ideea de a pleca în vacanță cu „grupul". Nimic nu poate fi mai obositor şi mai deprimant. Te întorci acasă algă. Totul e pe fugă, o oră aici, patruzeci şi cinci de minute dincolo, acum avem două ore program de voie sau shopping. Ideea de a „beneficia" de „program de voie" în vacanță – care se traduce, de altfel, prin posibilitatea desprinderii de grup pentru scurt timp – mi se pare uluitoare. Ca şi cum e unanim acceptat că vacanța este o datorie şi o responsabilitate, iar cele două ore „de voie" sunt libertatea pe care o pot gusta turiştii.

Dincolo de asta, operatorii şi toate rotițele sistemului – ghizi, şoferi, recepționeri – tratează grupurile ca pe nişte baloturi pe care le încarcă dintr-o parte în alta. Grupul este injectat cu îngrăşăminte culturale, uite colo o biserică, colo un monument, dar haideți repede că pierdem soarele şi ratăm partea cea mai interesantă, hai faceți poze, hei, hei, lasă suvenirurile acum; avem mâine 2-3 ore şi pentru suveniruri. De multe ori turiştii sunt transpirați şi debusolați la sfârşitul zilei, încurcând vreun ctitor de mănăstire cu un guvernator roman care a înecat o provincie într-o baie de sânge.

Nimic nu se sedimentează, nu-i timp de reflecție, se apropie seara și grupul e obosit – nici vorbă de prea multă distracție pentru că mâine la opt se dă adunarea și trebuie să fim cu toții pregătiți în fața recepției cu burțile burdușite de micul dejun continental, gata să mai explorăm vreo peșteră, un munte sau vreun sit arheologic din care n-o să înțelegem nimic.

Grupul tânjește după câteva ore de plajă, dar programul e program, trebuie să vizităm pentru că, pe traseu, așteaptă înfrigurați colaboratorii din turism să-și primească partea de contribuție la marele festin din săptămâna asta. Întotdeauna ghizii cunosc un loc special, ceva ce nu știe toată lumea și prin care s-au perindat miile de oameni care au semnat un contract cu o agenție sau alta.

Aseară stăteam într-o tavernă cu o sticlă de vin în față și priveam luminile portului din insula de pe malul opus. Câteva mese de îndrăgostiți populau micuțul restaurant din piatră și var. Șoapte dulci, muzică în surdină. Sufletul mi-era uns cu alifia tămăduitoare a nepăsării. În stânga mea, o masă de vreo douăzeci de oameni. La început am crezut că era o reuniune de afaceri, pentru ca mai apoi să constat că erau vreo zece cupluri. Mesenii păreau că încearcă din răsputeri să lege o conversație comună, care să-i privească pe toți cei douăzeci. Tăcerea însă își făcea loc cu coatele printre oamenii și-așa derutați. Cuplurile se priveau reciproc, dar nu îndrăzneau să-și adâncească intimitatea. Stinghereala plutea în aer ca un parfum greu. Ghidul simte și preia conducerea:

— Pot să imit orice limbă, vreți să vedeți?

Nimeni nu pare curios, dar el începe spectacolul câtorva limbi de circulație universală. Japonezi cu urlete prelungi, indieni care stâlcesc consoanele în engleză, francezi afectați și, bineînțeles, nemți autoritari și isterici. Grupul zâmbește condescendent și aplaudă timid după fiecare număr aproape complet lipsit de umor. Ghidul însă e de nestăvilit și se agață de orice zâmbet, smulgând în final un hohot de râs de la unul dintre bărbații mai chercheliți și loviți în moalele capului de căldura de peste zi.

Asta e atmosfera preț de încă vreo douăzeci de minute. Apoi, surpriză! Ghidul dispare pentru ca să apară după câteva zeci de secunde – care au trecut ca anii pentru grupul neomogen – purtând pe brațe un tort cu o lumânare. Aveam să aflăm astfel că era ziua uneia dintre fetele din grup. Se cântă la mulți ani și oamenii, prea obosiți ca să mai poată disimula, schițează rânjete schizofrene, semn că prietenia legată în vreo trei zile de hăituială prin căldurile Greciei ar fi una solidă. Fata pare inteligentă, prin urmare cu atât mai stingheră, cerându-și cumva scuze că trebuie să supună lumea la o efuziune nedorită.

Apoi mai trec zece minute și ghidul sare brusc în picioare și, asemenea unui dirijor înaintea allegroului de la uvertura *Coțofenei hoațe*, face de trei ori un semn scurt cu ambele mâini în sus. Hai, ridicarea. Pentru o secundă, mesenii privesc buimăciți gestul nepotrivit de autoritar, după care se ridică resemnați, îndreptându-se spre ieșire. Ghidul trece pe lângă mine și-i șoptește ceva șefului de sală. E mic de statură, are vreo cincizeci de ani și fața brăzdată de soare. Are o față ca din cauciuc, impersonală, dar extrem de mobilă, gata să scoată la iveală cele mai ciudate atitudini și să le imprime pe bucata de piele arsă de vânturile croazierelor. Acum este însă serios, schimbă cuvinte abrupte cu șeful de sală, verifică mobilul și se îndreaptă spre ieșire, nu înainte de a-și trage peste față cel mai hlizit rânjet cu putință. Turiștii îl întâmpină căscând. Mâine e o nouă zi de vacanță.

Șeful de sală se apropie de mine zâmbind:

— You want some more wine?

— No, it's ok.

— Come on, have the bottle, it's on me!

— I can't drink that much!

— Yes, you can, my friend, you can... come have it all... it's a beautiful night... and maybe we have wind tomorrow...

STUTTGART SAU CUM SĂ REDEVII ARTIST...

19.07.2009

Şi a fost Stuttgart. Câteva sute de oameni într-un port industrial. O scenă amplasată pe marginea râului. Sunet foarte bun. Atmosfera mişto. Am vorbit în engleză între cântece, explicând câteva din temele noastre. Am observat că germanii s-au entuziasmat mai mult la piesele noi. Nu am o explicaţie în sensul ăsta. Nu am să trec cu vederea un incident care a ştirbit din bucuria cântării. Pentru că autorizaţia duratei evenimentului expirase, ni s-a tăiat sunetul în mijlocul ultimei piese de bis. Repet, scena se afla într-un port înconjurat de hale industriale. Nu sunt lovit de paranoia scenariilor subversive, dar cred că se putea trece cu vederea fără să fim confruntaţi cu aplicarea grosolană a unei legi într-un spaţiu în care nimeni practic nu beneficia de ea. A fost ca un orgasm ratat pentru că cineva a deschis brusc uşa chiar în momentul în care erai în extaz. Una peste alta, a fost o cântare bună cu câteva momente intense rău.

Ce a urmat a fost de senzaţie. Spectacolul pe care Raul l-a dat în barul hotelului a meritat toţi banii din lume. Mai mult decât atât, a evidenţiat (încă o dată) menirea „artistului" pe acest pământ. Piano-barul hotelului nostru avea un angajat. Tipul de om care vine la program. Aceleaşi cântece, seară de seară, aceeași intensitate a interpretării, ca o electrocardiogramă plată sau, mai degrabă, ca linia roșie dreaptă când inima încetează să mai bată. Omul nostru cânta. Totul era aplatizat: vocea, interpretarea, strălucirea ochilor care se roteau placizi peste publicul din bar, prea obișnuit la rându-i cu această monotonie sonoră. Clapton sună la fel ca Frank Sinatra, ABBA sunt frați cu The Beatles. Mic de statură, cu o freză futuristă, semn al unor preocupări extraprofesionale mai punk și cu un costum negru în contradicție cu toată ființa lui, pianistul nostru își vedea de program netulburat de nimic. Muzică de lift, de cocktail, de vrăjeală târzie, de preludiu, de curve sau de bețivani, de stres, de îndoieli sau întrebări în fața unui pahar de scotch cu urme de ruj.

Peste toate acestea ne facem apariția și noi. Veseli, gălăgioși, timpurii. Se comandă repede. Bere, mojito, eternul Jack care merge cu orice – un fel de joker al bețiilor de bar. Raul vede pianul. N-apucăm să spunem nimic. Următorul cadru îl înfățișează lângă pian. Pardon, pe scaunul de la pian, cot la cot cu omu' nostru blazat. Se cântă Clapton. Raul ia partea dreaptă a pianului și începe să improvizeze. Curentul electric străbate aerul. Capetele de la bar se întorc. Omu' nostru privește uimit. Brusc face parte din alt spectacol. Nu mai are rolul principal, dar rolu' ăsta mai mic, în care el ține isonul, e de o mie de ori mai bun decât regina balului într-o piesă scrisă de un dramaturg amator la un concurs cu juriu din Laponia. Raul se dezlănțuie. Râde, chiuie și o dă pe bucăți de engleză care n-au niciun sens, dar cumva au rost. Din când în când, îl înghiontește pe omu' nostru, care aproape că se prelinge de pe scaun. Pentru ca ieșirea din scenă să nu sune a înfrângere, ia în brațe o chitară. În sfârșit, Raul e stăpânul pianului.

Îi ducem bourbonul, îi aprindem țigara. Ochii mijesc apărându-se de fumul care începe să-l învăluie. Se aud aplauze de la bar. Oamenii simt schimbarea. MUZICA își reintră în drepturi și se bagă în suflet. Raul e spectacol. Se leagă de două propoziții: „I've got a woman" și „A woman got me". Le repetă obsedant. Le rage, mai bine spus, obsedant. Sesizez pericolul și îi strig:

— Bă, mai ușor cu vocea!

El nu remarcă nicio primejdie – ba mai mult, parcă e prima dată când realizează că are spectatori:

— Welcome, ladies and gentlemen, this is my band!!! I have a band now, yeeeaaahh! We gonna play some songs! Yeah! What songs? Well I don't know that! Take me easy! Mouhahahahhaha!

Şi arde-i nişte cârnăciori pe pian şi dă-i cu bluesu' şi cu jazzu'.

Sosesc alte pahare de bourbon. De la clienţi. Lumea e în picioare. Raul e în picioare şi el. Cântă aplecat peste claviatură cu o mână, paharul în cealaltă şi ţigara în cleştele buzelor. Între timp, pianistul rezident încearcă fără succes să-şi facă loc cu chitara. După un răstimp, Raul oboseşte şi îl priveşte întrebător. Micuţul sugerează să cânte cu vocea. Raul aprobă. Alt Clapton. Şi deodată, minune. Vocea micuţului e mai limpede, mai puternică, mai percutantă. Versurile ajung în noi. Raul îl acompaniază delicat, presărând note sub formă de răspuns la vocea pianistului de bar care Cântă. Cântă cu ochii închişi. E pentru prima dată când închide ochii, se lasă pe spate. Începe să sune. Cei doi, în nebunia lor, încep să formeze o echipă. Publicul simte şi aplaudă din nou. Este Muzică din nou. Este un artist care a suflat peste un om care a uitat să mai fie Artist. Este bucuria molipsitoare a Muzicii şi a jocului în sine.

Prin ochii închişi ai pianistului de hotel se vede acum din nou bucuria de a dărui. Prin muzică. Prin interpetarea lui, care are din nou suflu şi inimă şi har. Pentru că un ARTIST chefliu a venit şi *a vrut* să cânte. Pentru el, pentru noi, pentru bucuria acestei faceri care se numeşte muzică. Pentru câteva momente, pianistul de bar se exprimă din nou ca odinioară, când visele întreţineau arderea Muzicii. Pentru câteva momente nimic nu mai e egal, constant, blazat şi automat. Iar asta se întâmplă atunci când un ARTIST atinge ceva. Este focul care se întreţine din bucuria de a cânta. Focul stins demult pentru pianistul venit seară de seară la program.

Într-un loc închis, o autogară a destinelor târzii, printre băuturi şi scrum, hohote şi urlete, un Artist suflă aburul fierbinte al Bucuriei de a (se) Juca peste fruntea rece şi impersonală a unui om ale cărui vise sunt moarte de mult. Şi aşa, trezindu-i amintirile şi mai cu seamă dorinţa, îl poartă cu el într-un carusel ce se roteşte preţ de o oră, până când Artistul se va duce la culcare, iar pianistul de bar îşi va strânge transpirat partiturile, sufocat de emoţia acelei seri pe care nu va avea puterea s-o stârnească din nou de unul singur... Căci forţa asta, combustia infernală a Artistului care se autopropulsează prin Arta lui, le este dată doar celor care trăiesc pentru ea şi nu o părăsesc... niciodată...

ON TOUR AGAIN...

24.07.2009

E dimineață devreme. *On tour again.* Soarele răsare peste câmpuri virane şi furnale. Este o imagine care-mi aduce aminte de *Mad Max*. Soarele ridicându-se peste fabricile Omului. Aş scoate aparatul, dar clişeul e prea evident. Eugen are chef de vorbă. Exploziile solare care au scos Canada din uz vreo douăzeci de ore acum câțiva ani. Un câmp electromagnetic fabulos venit dinspre soare. Apoi linişte. Zbârnâitul curentului înfăşurându-se pe cablurile de înaltă tensiune prin Valea Lotrului. Am trecut de Ploieşti.

Azi cântăm la şase. N-am mai cântat de mult pe lumină. E un sentiment plăcut, de egalitate, căci poți vedea chipurile celor din fața ta. Îmi place să mă leg de câte un chip din mulțime. Unul care zâmbeşte. Să-i cânt lui pentru că zâmbeşte şi se alină cu această poveste a muzicii. Fără comentarii, fără critici. Doar noi doi.

Visez că merg pe un drum fără sfârşit. Un drum plin de praf. Atâta praf, încât cizmele lasă urme adânci. Drumul străbate lanul de grâu părăsit, ars de prea mult soare. E o căldură infernală şi eu sunt îmbrăcat prea gros. Un pardesiu lung, cenuşiu, cauciucat, peste un pulover alb cu guler înalt. Ca o helancă, dar nu chiar. Port cu mine o chitară agățată de umăr. Din când în când, lemnul răsună a pagubă când îmi ies din ritm și cutia de rezonanță se lovește de cureaua veche, cu ținte.

Merg pe drumul ăsta pentru că simt miros de apă la capătul lui. Șerpuiește printre lanurile de grâu și urcă ușor către deal, lăsându-mi speranța că dincolo de vârf voi găsi marea. Asta mă face să merg continuu. Apoi, ca și cum ar fi fost pusă cu mâna de un Dumnezeu care joacă șah de unul singur, la câteva sute de metri în față îmi apare o casă din lemn cenușiu, în mijlocul lanului de grâu ars.

Mă apropii târșâindu-mi picioarele prin praful adânc. Nu se aude decât foșnetul parpalacului meu de cauciuc prin lanul de grâu. Și scâncete venind dinspre veranda casei. E o casă mare, pătrată, înconjurată de o verandă. Din loc în loc, stâlpi subțiri din lemn susțin acoperișul care se prelungește peste verandă pentru a face umbră. Privită din față, casa îți arată intrarea principală. Trei trepte care urcă pe verandă și o ușă mare care acum este larg deschisă către nimicul negru dinăuntru. Ușa e străjuită de două ferestre, și ele larg deschise. Perdele albe flutură în dreptul găurilor negre. E singura mișcare cât vezi cu ochii, de parcă m-aș afla într-un stop-cadru peste care aceeași mână divină a suprapus dansul perdelelor.

Într-un balansoar, pe verandă, o femeie privește în gol. Poartă blugi de un albastru deschis și un tricou alb, decoltat. E bronzată, cu ochii verzi și buzele mari crăpate de soare. Privind-o, simt o nevoie dureroasă să sărut buzele acelea uscate, cărnoase și întredeschise, dar privirea pierdută-n imensitatea lanului de grâu mă ține în loc. Un păr șaten, murdar și sârmos se încolăcește peste umeri. Brațele lungi, ciocolatii, cu mâinile împreunate a rugăciune și vârfurile degetelor atingând bărbia. Sandale negre în picioarele brăzdate de vinișoare pământii și unghii albe impecabil vopsite în alb, acolo, în mijlocul pustiului. Un ochi de chihlimbar atârna la gâtul lung, agățat de un lanț imperceptibil.

Cum balansoarul e orientat paralel cu balustrada verandei, femeia privește către infinitul de grâu mort cu gâtul întors. Ligamentele ies astfel în evidență și sculptează frumos nemișcarea. Tăcem. Îi pot vedea inima tresăltând în aortă. Nu mă privește, dar mă întreabă:

— Știi să cânți? Am plecat într-o zi din casa asta în lanul de grâu și nu m-am mai întors niciodată. Încă mă aștept. Nu vreau să mă cert.

Vreau doar să mă iau în brațe şi să mă strâng tare la piept. Ştii să cânți?

— Despre asta nu ştiu să cânt...

Femeia mă priveşte. Este cea mai frumoasă femeie pe care am văzut-o vreodată. Aş vrea să fug, e prea multă durere în întâlnirea asta – şi ochii ăştia verzi care mă fixează şi mă fac să cred că am trecut pe lângă posibil, ca pe lângă o benzinărie unde ar fi trebuit să alimentez ca să pot merge mai departe şi să nu rămân în drum, în mijlocul lanului de grâu. Respir din ce în ce mai greu şi mă uit la perdelele care flutură aşa ciudat în peisajul mort care ne înconjoară. Doamne, cât eşti de frumoasă, îmi vine să-i spun, dar mi se pare că ar fi ca şi cum ai cere o bere rece preotului, în mijlocul slujbei. Frumusețea stă pe chipul ei ca o muscă de care ar vrea să scape, dar a obosit şi a renunțat. Mă aşez pe verandă cu spatele la ea şi cu durere în suflet. N-ai putea fi niciodată a mea, îmi vine să-i spun, dar parcă vorbele nu-şi mai au sensul aici, unde grâul a murit şi cizmele lasă urme într-un praf ca de pe lună.

Aproape am ajuns la Braşov... Se circulă greu pe serpentine. Se circulă greu. Am oprit la benzinărie să bem o cafea. Încerc să mă privesc pe scena de la Târgu-Mureş, să mă plimb în public şi să mă văd cântând, apoi să colind printre terase şi să caut un loc mai răcoros, undeva unde să stau şi să privesc apa. Muzica se amestecă cu berea şi cu fumul şi cu viața, cu gândurile care mă stăpânesc şi mă învelesc, imobilizându-mă.

Încotro? Afară din mine, o perioadă, ca să mă văd cântând... Femeia se întoarce din nou către mine şi dă să spună că...

ŞURUBUL

7.08.2009

Mă fascinează şurubul. Şurubul nu e mitocan. Nu intră cu de-a sila. Se insinuează şi, mai mult decât atât, chiar şi pentru asta are nevoie de o piuliţă pe măsură ca să-şi înfăşoare excrescenţele sinuoase în şanţurile special create pentru mărimea lui. La fel cum se insinuează, el nu poate părăsi această relaţie în mod abrupt. Lemnul îi permite cuiului să-l părăsească abrupt, să se smulgă din viaţa lui, lăsând acolo o gaură, o amintire, un gol care se reface greu. Şurubul nu se poate smulge. Ar fi un dezastru ireparabil, soldat cu dezintegrarea piuliţei de care, odată înşurubat, este atât de strâns ataşat. Ca să părăsească relaţia, şurubul trebuie să-şi deruleze insinuarea. Această căsătorie etanşă nu e niciodată în sine. În încercarea de a ajunge la capătul iubirii lor, cei doi vor strânge o terţă parte căreia îi vor da siguranţă, certitudine, stabilitate.

Beneficiarul aspiraţiilor sentimentale dintre şurub şi piuliţă va fi mereu o masă, un fuzelaj, un storcător, o navă spaţială, un scaun sau o bicicletă. Şurubul se dedică binelui superior iubind. Şurubul e matematică şi ameţeală, moleculă în vertij. Însă această legătură trainică şi tainică nu-şi are rostul fără un scop mai presus de copulaţia în sine. Poate că ar trebui să ne gândim mai des la căsnicia şurubului cu piuliţa.

MEKANICA ORALIA

13. 08. 2009

Atenție, conținut sexual explicit.

— Ce înălțime ai?

— 1,66.

— Pe tocuri sau fără?

— Auzi, măi, nene, ce pui atâtea întrebări – m-ai văzut cum arăt, vrei sau nu?

— De unde ştiu că poza e reală?

— E reală, îți zic eu...

Ceva îi spunea că n-ar trebui să aibă încredere în vocea aia răguşită, neşlefuită, oarecum răutăcioasă.

— Nu se vede fața... e blurată.

— Păi n-ai vrea să ştie tot cartieru' cu ce mă ocup?

— Dacă nu eşti cea din poză, ce facem?

— Îmi dai banii de taxi şi mă duc în treaba mea!

— Cat e taxiu'?

— 500 de mii.

— Îţi dau 300 de mii de taxi, în caz că nu-mi place de tine...

— Ce calic eşti, frate... Bine... dă-mi adresa...

Îi dictă adresa şi închise. Începu să aştepte. Era prima dată când făcea asta. Nu ştia nici el de ce. Nu ştia dacă simţea nevoia de sex sau mai degrabă era tentaţia de a-şi demonstra bărbăţia. Crescuse cu ideea că e un act de bărbăţie să mergi la curve. Nu, asta nu i se părea în regulă. Nu se vedea în situaţia de a căuta o scară de bloc în penumbră, soneria, vestibulul, momentele penibile ale primului schimb de replici, pe undeva printr-o garsonieră cu pat vechi şi saltea scobită de aceleaşi poziţii repetate la infinit. Nu-şi imagina decât murdar un asemenea loc. Aşa că îşi luase inima-n dinţi şi o chemase acasă.

Începu să regrete că nu se masturbase la unul din filmuleţele noi de pe internet. Primele mişcări l-ar fi făcut să se simtă neputincios, dar odată eliberat ar fi putut să-şi mute gândul în altă parte sau poate chiar să adoarmă. Se masturba mereu cu un simţământ de vinovăţie. Pe de altă parte, se simţea mai echilibrat după ce o făcea. Altminteri, ideea că ar fi trebuit să depună mai mult efort în vânătoarea după femei nu i-ar mai fi dat pace. Nevoia de sex te tulbură, îşi spunea. Şi începea să se masturbeze uşor, mecanic, fără să se gândească la altceva decât la momentul în care pulsul îi va reveni la normal.

Nu-şi mai imagina nimic. Înainte desfăşura un caleidoscop de imagini pe tot parcursul actului. Ciorapi negri de damă, transparenţi, uşor rupţi, îmbrăcând genunchi în formă de măr, pantofi de un roşu aprins cu toc înalt, undeva într-o baie insalubră, slab luminată, sâni de fecioară cu sfârcuri mari, veştejite, iţindu-se de sub vreun halat de baie cu modele florale, chipuri de femei frumoase, gemând cu ochii întredeschişi sau rotiţi a leşin, degete cu ojă zgâriată, supte lasciv, saliva prelingându-se de pe buze care părăsesc muşchiul bărbatului, ochi verzi apoşi cu gene false, femei crăcite pe vase de wc căutându-şi orbeşte plăcerea, buze groase muşcate de dinţi imperfecţi, bărbaţi hăituind vânatul, buci perfecte tremurând de plăcere şi violenţă, tot soiul de pătrunderi, unghiuri şi lumini, gambe întinse lucitoare, impecabil epilate, coapse frământate, sâni zdrobiţi, poziţii, picioare desfăcute în aşteptare, trupuri perfecte, ciocolatii, stropite cu acuarele şi lapte şi floarea femeii, umedă, respirând, răvăşită, încordată, plânsă şi părăsită, agresată, cântată, prelinsă de plăcerea viitoare, extatică, frântă, neputincioasă, zâmbitoare, bolnavă, amenințătoare sau crudă, tânără şi zemoasă, metaforele lui Márquez, femeile lui Toulouse-Lautrec şi Modigliani. Putea să-şi joace prin fața ochilor imaginile astea şi multe altele, apoi, în funcție de viteza cu care le derula, termina treaba şi ejacula cu stropi mari, albi, care sfidau uleios gravitația. De ceva timp însă, nu-şi mai imagina nimic. Masturbarea nu mai era decât un medicament, ca şi cum şi-ar fi lăsat sânge pe undeva ca să-şi inducă o dulce amețeală care să-i păcălească simțurile contradictorii.

Vru să pună mâna pe telefon şi s-o contramandeze, căci nu simțea nimic şi nu aştepta nimic. Era cuprins de o uşoară lehamite amestecată cu jenă. Fac asta pentru că trebuie să fac asta, părea să-şi repete în timp ce strângea hainele de prin diverse colțuri ale casei, mărturii ale demersului vestimentar din săptămâna care tocmai trecea. Avea multe tricouri albe. Purta mereu aceleaşi tricouri albe şi schimba blugii. Tricoul alb era semnul lui distinctiv. Toată vara numai tricouri albe, pe care acum le strângea de prin casă.

Sunetul din două note al soneriei îl surprinse cu ele în mână. Se îndreptă spre uşă, constatând că are emoții. Deschise. În fața lui își făcu apariția un chip impersonal, cu o privire vulgară şi iscoditoare. Purta pantaloni scurți, negri, pantofi cu toc galben şi un tricou maro, întesat cu ştrasuri argintii. Păr negru şi rar, prins în coadă, din care se răspândea un parfum îndoielnic cu fiecare mişcare a capului. De fapt, după ce intră, realiză că era toată îmbibată de parfumul ieftin.

— Am venit. Rămân? Ca să ştiu dacă dau drumu' la taxiu!

— Păi nu eşti fata din poză!

— Nu, sunt colega ei, că s-a simțit rău şi n-a mai putut să vină şi m-am gândit să vin eu.

Îi plăceau cracii ei şi răguşeala obraznică. Se surprinse înfiorat de vreo două vânătăi pe care le avea pe coapsa stângă. Nu păreau lovituri, ci mai degrabă urme de strânsoare. Era ferm convins că nu există nicio colegă, dar renunță să-şi mai demonstreze superioritatea. Poate dacă mă las păcălit s-o simți mai bine, îşi spuse şi se miră în acelaşi timp de considerația pentru o curvă mincinoasă.

— Intră. E ok.

— Îmi dai şi mie banii, te rog? întrebă fata, mestecându-şi guma dispreţuitor.

— Ah, da, sigur. Poftim.

Înhăţă banii, îi numără fără să-i despăturească, cu o dexteritate uimitoare, apoi reveni sec:

— Mi-arăţi şi mie unde-i baia?

O îndrumă spre baie şi se gândi cât de fericit era în trecut când vreuna din cuceririle sale nocturne alegea să se ducă la baie pentru a doua oară. Era un mister pentru el ce se întâmpla acolo şi aştepta mereu cu urechea ciulită să prindă cel mai mic zgomot care ar fi însemnat vreun indiciu. De fiecare dată, nimic. Odată ieşită însă, ştia că fata alesese să-şi petreacă restul nopţii cu el. Era un moment de satisfacţie aproape echivalent cu sexul în sine. Nu simţi nimic acum. Castelul fanteziilor lui era dinamitat de fâşneaţa asta negricioasă şi insipidă care înhăţase nişte bani şi fugise la baie. Îşi dezbrăcă pantalonii şi rămase în tricoul alb. Îşi aprinse ultima ţigară dintr-un pachet mai vechi şi se sprijini de birou. Fâşneaţa îşi făcu apariţia într-un costum de baie roşu. Îl pufni râsul.

— De ce nu-i dai jos şi pe ăştia?

Începu dezbrăcarea. Preludiul s-a terminat, îşi zise el. Gata, goală. Se gândi că n-avea un corp tocmai urât. Îi făcu semn să se apropie. Voia să înceapă aşa, sprijinit de birou.

— Nu vrei să stai în fotoliu, să te fac acolo? E mai comod aşa.

— Nu, vreau să mă faci aici, prelua el mimetic, încercând să-i reproducă şi dialectul.

Nu păru impresionată.

— Bine.

Scoase un prezervativ şi-l lipi de gură şi îi apucă muşchiul cu buzele. Derulă prezervativul aproape înghiţindu-i bucata de plăcere şi începu să i-o sugă cu putere şi viteză. Aproape cu abnegaţie. Era uimit. Se gândi că ar trebui să inventeze un termen nou pentru tipul ăsta de mişcare. Femeia dădea din cap înainte şi înapoi cu viteză constantă şi o gură larg deschisă ca de ştiucă, făcând loc muşchiului întărit. Din poziția în care stătea, sprijinit de birou, privind în jos, părea o păpușă stricată, blocată într-una din viteze.

La rădăcina părului vopseaua își pierdea din putere, lăsând loc culorii naturale și bejului pielii din creștet. Doar capul în care se pierdea mușchiul pentru ca apoi, o fracțiune de secundă, să apară din nou la lumină, doar capul părea viu în toată această păpușă amorfă. O mână era înfășurată pe mușchi, în timp ce a doua sprijinea un picior, cu palma răsfirată ca o lipitoare.

Mekanica Oralia, se gândi. Neapărat cu „k". Realiză cu un zâmbet firav că fata era contraproductivă. În ritmul ăsta el n-avea să termine niciodată. Se gândi la muzică house. Sexul oral ca muzica house. Nicio trăire, nimic, doar un extaz mediocru controlat de aceeași viteză. Dacă și-ar fi încetinit o clipă mișcările, poate că l-ar fi făcut să simtă un fior cât de mic, ceva care să-l ajute să înceapă drumul către orgasm. Îi încolți ideea răutăcioasă că ar fi putut s-o lase așa vreme îndelungată, dar se sperie la gândul că o să-i înroșească mușchiul care de fapt era sculat doar de strânsoarea gurii de știucă. Privi camera jur-împrejur și realiză ridicolul situației.

— Ai putea să încerci mai încet, îi spuse, pe un ton drăgăstos de care i se făcu pe loc greață.

Păpușa dădu din cap fără să-l privească și încetini. Păstra însă constant noul ritm și ochii închiși, de parcă s-ar fi ferit să-și recunoască ipostaza.

Îi veniră în minte buzele femeilor iubite, aducând un omagiu mușchiului său înfierbântat în nopțile de vară stropite cu tequila și transpirația sexului. Cum îi dădeau târcoale învolburându-i simțurile și cum se apropiau de el fără să-l atingă – dar atât de aproape, încât fie și numai căldura emanată de buzele vii îmbibate cu salivă era de ajuns să-l facă să crească. Apoi, hulpave, năpustindu-se pe calota lui, o fracțiune de secundă, făcându-i loc în cupola gurii fierbinți, un foc mistuitor cu mii de ace și steluțe, și iarăși afară în aerul încărcat electric de jocul buzelor pe marginile vânoase ale mușchiului. Apoi alte câteva secunde îl priveau în ochi, lasciv, întrebător, ești bine, iubitule, îți place, mai vrei, vrei să mă joc cu mușchiul tău, să-i șoptesc, să-l laud, să-l ascund în palatul fierbinte al gurii mele, vrei să-l batjocoresc puțin, spune-mi, iubitule, ce vrei să-i mai fac, femeile iubite care oferă totul bărbatului lor și simbolului bărbăției lui, mușchiul vânos, învârtoșat gata să le explodeze în față și ele care adoră să vadă că el e în extaz, al lor, numai al lor, al lor, al lor, al lo, al o, aaa... oo, aa... oo.

Păpuşa mecanică îşi făcea treaba nestingherită, lăsând loc reveriei. Se gândi s-o pătrundă.

— Ajunge, nu prea ştii s-o sugi...

— Da' şi tu, măi nene, greu mai termini... Pe bune, ce ai? Făceam trei până acum...

— Da, bine, hai că vreau să intru în tine!

O conduse către unul din dormitoare, apoi se răzgândi şi se întoarse cu ea în sufragerie. Se duse singur în dormitor, de unde luă o plapumă, pe care o aşternu în mijlocul sufrageriei.

— Aici?

— Da, aici!

— De ce nu în dormitor?

— Aici! Hai, întinde-te!

Fata se conformă şi se întinse pe spate cu picioarele larg desfăcute, în aşteptare. Brusc se simţi ca un chirurg. Îşi învârtoşă muşchiul sleit cu câteva zeci de mişcări rapide ale încheieturii. Apoi o pătrunse. Fata întoarse capul într-o parte, refuzând să-l privească. El nu simţi absolut nimic decât o enormă dorinţă de a o face fericită pe bucata asta mică de om, care nu putea nici măcar să mimeze. Întinsă pe spate, indolentă şi nepăsătoare, aşteptându-şi „clientul" să termine. Clientul însă nu avea de gând să termine prea repede. Nu înainte de a smulge un dram de umanitate din sufletul trupului de sub el.

O pătrunse încet la început, cu răbdare, fără să se grăbească. Mişcări largi, profunde, care s-o facă să-şi realizeze propriile adâncuri. Ştia că e doar o chestiune de timp ca ea să înceapă să vibreze. Aşchia însă se ţinea tare, de parcă plăcerea într-o asemenea situaţie ar fi fost un păcat de neiertat. Se gândi că are de-a face cu o târfă cucernică, conştientă de faptul că plăcerea, ca o consecinţă a poftelor carnale, e interzisă. Aşa că ea alege să-şi ofere trupul, dar se chinuie să nu simtă nimic. Apoi se gândi că e o nesimţită, pur şi simplu, căreia încearcă să-i atribuie valori morale. Nu abandonă şi începu să-i sărute bănuţii sfârcurilor cu mişcări lasciv circulare ale limbii lui experimentate. Fata oftă a pagubă. Începu să-i frământe braţele şi să-şi traseze poteci de salivă cu limba fierbinte. Coborî pe Cărările Gâtului, traversă Valea

Sânilor şi zăbovi mult în Mlaştina Burţii, învecinată cu Smârcurile Plăcerii, din care muşchiul tocmai ieşise. O pătrunse apoi din lateral, de data asta mai repede, şi simţi cum fata începea să vibreze şi lupta cu dorinţa de a se abandona în braţele lui, de parcă asta ar fi făcut-o să piardă toţi banii încasaţi la începutul serii.

— Îţi place? o întrebă. Spune-mi, îţi place?

Dar ea nu zise nimic, respirând sacadat. Asta îl înverşună şi mai tare. Schimbă din nou poziţia. De data asta stăteau cu picioarele încolăcite, unul în jurul celuilalt. O obligă să-şi arunce braţele pe după gâtul său şi o pătrunse adânc, privind-o în ochi. Ea refuză să-l privească şi de data asta. O apucă de bărbie şi-i întoarse faţa către el. O trăgea puternic înăuntrul lui, punând toată pasiunea de care era în stare ca să fericească o femeie al cărei număr de telefon n-avea să-l mai folosească niciodată. Realiză ridicolul situaţiei, el în mijlocul casei oferind tot ce avea de oferit, căutând să-şi găsească fericirea de-o clipă într-o bucăţică din extazul unei femei care luptă să nu simtă nimic. Ţinea în braţe o femeie plătită să-şi refuze un moment de plăcere. Situaţia era cu adevărat ridicolă.

Se desprinse dureros de brusc din strânsoare şi se îndreptă spre baie, unde-şi eliberă muşchiul de prezervativ. Se întoarse în dormitor.

— Ok, am terminat... Poţi să pleci...

— Pot să mă duc şi io la baie şi după aia să fumez o ţigară?

— Da, poţi.

Se întoarse în sufragerie, strânse plapuma de pe jos şi se aşeză pe un fotoliu, privind în gol. Se simţea pustiit. Nu erau nici amintirile, nici prezentul, nici eşecul sexual, nici măcar dorul acela inexplicabil după ceva de neexplicat. Era doar durerea crâncenă şi uscată că NU ERA NIMIC din toate astea. Fata se întoarse în sufragerie. Îşi aprinse ţigara şi începu să fumeze aşezată pe scaun, cu picioarele strânse şi mâna stângă pe genunchi. Ca o şcolăriţă ascultătoare.

— Dă-mi şi mie o ţigară...

— Uite!

Fumau în linişte acum.

— Ştii să faci rotocoale? o întrebă.

— Nu...

— Uite.

Fata zâmbi, timid.

Tăcură preț de alte câteva fumuri. I se păru ciudat că-i veneau atâtea întrebări în cap. Linişte.

— Vrei să-ți chem un taxi?

— Da.

— Bună seara, aş dori o maşină pe strada Mihail Drumeș nr. 9... Da. La casă, da... Cum ai spus că te cheamă?

IUBIREA E O CEAPĂ

21.08.2009

Iubirea e o ceapă cu multe foi. Trebuie să plângi ca să ajungi în miezul ei.

CHIRILĂ ÎN NO MAN'S LAND

24. 08. 2009

A fost un weekend ciudat. Unul din acele weekenduri care mă fac să mă simt în *no man's land*. De fapt, de multe ori mă simt în *no man's land*. Mă simt ca şi cum nu aparţin niciunui grup sau curent în mod special. Pendulez între nişte lumi ale unor oameni care nu mă acceptă aşa cum sunt. Mă privesc ca pe o curiozitate şi se uită la mine ca la un om al cărui suflet e recomandat exclusiv de arta şi de viaţa lui publică. De parcă viaţa mea intimă şi secretă s-ar regăsi în reprezentarea mea publică.

Sunt ba arogant, ba dispreţuitor, când talentat, când impostor, sensibil, mitocan, semidoct, prost, şmecher, profitor şi câte şi mai câte. Mai există câte un om care mă cunoaşte profund şi acceptă să renunţe pentru moment la prejudecăţile sale şi să stea de VORBĂ cu mine. Unii rămân în viaţa mea, alţii nu vibrează cu ceea ce sunt, salută politicos şi pleacă. Dar avem senzaţia plăcută, mai ales pentru mine, că în cele câteva momente, ore, zile în care am interacţionat am avut posibilitatea să fiu EU şi EL, comunicare directă neviciată de protocoale media care fabrică, voluntar sau nu, imagini.

Confruntările astea sunt din ce în ce mai rare. Nu mai încerc să conving pe nimeni de nimic. În trecut mă revoltam din cauza diverselor etichete care se lipeau de mine ca magneții de frigider și-mi dădeau senzația că-mi îngreunează viața. Mă revoltam și sufeream că percepțiile asupra mea sunt distorsionate sau de-a dreptul greșite. Aș fi vrut să-i conving mereu pe oameni că eu sunt așa cum EU ȘTIU că sunt. Pierdere inutilă de timp și energie. În definitiv, propria percepție despre mine poate fi o mare greșeală. A fost momentul în care am înțeles că nu pot mulțumi pe toată lumea și că oamenii au nevoie să demoleze la fel de mult cum vor să construiască. A fost momentul în care am oprit mașina pe marginea drumului, mi-am dat jos uniforma de pilot, apoi m-am îndreptat către portbagaj, de unde mi-am luant geanta enormă din care am început să-mi arunc o grămadă de lucruri.

Mi-au rămas: conștiința limpede a ceea ce trebuie făcut, credința și, în același timp, convingerea că am de învățat și că trebuie să mă perfecționez spre binele sufletului meu, chiar dacă nu știu când va fi vreo petrecere pentru haina asta, câteva bucăți de orgoliu învelite în vată, o agendă cu viețile și numerele de telefon ale câtorva prieteni, foarte puțini, speranță și o trusă de voiaj pentru momente extreme, amintirile puternice și dragostea pentru familia mea.

M-am suit din nou în mașină și am plecat la drum. Însă e un drum care nu știu unde duce, pentru că nu întotdeauna găsesc timp să mă uit la indicatoare – sunt foarte atent la drumul în sine. Am demarat în trombă și am privit o vreme în oglinda retrovizoare, restul lucrurilor care zăceau aruncate pe marginea drumului, lângă geanta mare, larg deschisă. Nu știu dacă va fi mai ușor acum, doar cu câteva haine de care va trebui să am mare grijă, să le spăl mai des, atent să nu le stric. Rămâne de văzut.

Poate unii dintre voi, mai romantici, mă veți întreba dacă iubirea și fericirea au vreo reprezentare concretă în această călătorie pe care am început-o acum. Unde sunt ele în noua ecuație? Sunt undeva prin portbagaj sau poate că sunt roțile mașinii, aerul condiționat, copacii de pe marginea drumului, cerul înstelat într-o noapte de august când te-ai oprit să fumezi o țigară în liniștea sfâșiată doar de alte mașini care trec pe lângă tine? Am să vă dezamăgesc. Se câștigă mulți bani vânzând idei despre iubire și fericire. Am câștigat și eu câtiva. Am câștigat chiar mai mult de-atât. Aseară, pe plaja din Vama Veche, unde mă aflam întâmplător și oarecum incognito și simțeam că nu (mai) aparțin sau că nu ar trebui să mă aflu acolo, un băiat la bustul gol și cu o sticlă de vin m-a reperat și mi-a mulțumit pentru „Pe sârmă" şi „Nu am chef azi", care l-au făcut să descopere fericirea şi iubirea alături de o fată. M-am gândit că fie şi pentru asta călătoria mea merită toți banii.

Am să vă dezamăgesc. Nu ştiu nimic despre iubire şi fericire. Sunt mari teoreticieni în economie care n-au făcut un ban în viața lor. În schimb, cu succes, îi învață pe alții, care reuşesc să facă averi. Am făcut câțiva oameni fericiți, iar pe alții i-am făcut să iubească. Aşa zic ei.

EU, însă, EU, cel care sting lumina înainte de a mă duce la culcare şi sunt ultimul care mă priveşte în ochi înainte de răsăritul soarelui, mai am multe de învățat despre asta. Nu ştiu dacă e bine sau rău. Mă gândesc că e bine când mai ai ceva de făcut. Vom vedea. Poate am să mă mai joc cu vreo definiție, două, şi sigur am să compun cântece în care o să vorbesc despre asta, dar simt că iubirea şi fericirea trebuie să devină o experiență mult mai intimă - nu doar pentru mine, ci poate pentru fiecare dintre noi, care le invocăm cu atâta uşurință.

Poate că iubirea e atunci când, după ce ai stins lumina la baie şi ți-ai văzut ochii obosiți în oglindă, alți ochi îi privesc pe ai tăi de undeva din întunericul apropiat. Şi eşti împăcat cu asta şi nu mai tânjeşti după nimic altceva. Poate că iubirea e când nu-ți mai eşti ție oglindă. Nu m-am putut abține nici acum de la o definiție.

Da, plec pe un alt drum, cu portbagajul uşurat de balast, mai atent şi mai nepăsător, mai însetat, dar mai răbdător. E o călătorie în care voi fi singur în maşină, până când voi găsi un loc unde să alimentez şi să privesc liniştit depărtarea.

Trebuia să scriu aici despre weekendul care a trecut şi în care m-am simțit cumva ca în *no man's land*. Am derapat însă spre această mărturisire involuntară, pe care o public totuși, în ciuda interpretărilor ce vor urma.

ZECE ASEMĂNĂRI ÎNTRE MADONNA ŞI CASA POPORULUI

26. 08. 2009

1. Ambele instituţii sunt uriaşe.
2. Ambele instituţii sunt costisitoare.
3. Ambele instituţii au ajuns la rangul de simbol: Madonna nu mai e doar o femeie de succes care cântă, ci întruchiparea însăşi a feminismului şi independenţei câştigate prin mijloace discutabile. Casa Poporului nu e doar o clădire oribilă, ci simbolul unei dictaturi care a anihilat frumosul, printre multe altele.
4. Cele două instituţii pot găzdui cam acelaşi număr de oameni dintr-un foc – vreo şaptezeci de mii.
5. În cântecele Madonnei nu se întâmplă nimic. La fel şi în Casa Poporului.
6. Costurile anuale de întreţinere ale celor două instituţii sunt asemănătoare. Rezultatele diferă. Madonna e mai eficientă.
7. Deşi Madonna îşi permite operaţii estetice, iar Casa Poporului nu, ambele instituţii se degradează ireversibil, dar vor rămâne în

istorie: Madonna – ca o mare femeie pop; Casa Poporului – ca o mare clădire kitsch.

8. Nu am informații exacte, dar ambele instituții au fost clădite cu ajutorul a mii de oameni: Casa Poporului – prin contribuția a mii de români chinuiți; Madonna – pe spatele, visele şi fanteziile multor americani mediocri. Succesul a fost garantat.

9. Ambele instituții stârnesc sentimente contradictorii.

10. Ambele instituții sfidează: Casa Poporului prin simpla prezență, Madonna prin comportament şi atitudine.

P.S. În seara aceasta, cei doi giganți vor fi în sfârşit unul lângă altul.

Un singur lucru care mă face să o admir pe Madonna şi să închei pe un ton sincer pozitiv. *Madonna does. All the time*. Şi „a face" este până la urmă esența evoluției. Drumurile alese sunt discutabile. Acțiunea însă stă la baza oricărei călătorii.

A VENIT TOAMNA

31. 08. 2009

A venit toamna. E timpul să ne lepădăm de bronz ca de o credință păgână. Ştii că a venit toamna. Au mai fost zile înnorate şi răcoroase şi, chiar dacă nu ți s-ar spune ce dată e, tot ai şti. Pentru că te mănâncă pe dinăuntru un dor după tot ce ai făcut sau n-ai făcut vara asta, un dor care te macină pe dinăuntru dintr-o parte în alta... se plimbă prin tine dorul ăsta ca nisipul pe gresia fierbinte a terasei tale bătute de vântul dinspre mare. Şi uite-aşa, într-o dimineață te trezeşti cu sufletul uşor îndurerat şi cu mintea-nțepenită-n vară. E greu să te scuturi de amintirile astea şi să priveşti înainte.

Toamna va fi blândă, iar soarele nu-ți va mai arde pielea aşa tare. Nici vântul nu-ți va mai şlefui fața după bunu-i plac. Şi totuşi, e ceva acolo, în miezul verii, ceva de neînlocuit, un dans ameţitor, îmbătat de sudoarea apusului, o puzderie de stele indiferente la goliciunea ta nocturnă, un sărut vâscos, infinit, unic şi doar prin mugetul din acea noapte al mării – irepetabil.

Da, toamna este fotografia fetei frumoase care ți-a luat mințile şi a plecat învârtindu-se, cu flori în păr şi blugii rupți, cu sâni impecabili şi genunchii juliți. Toamna este fotografia acelei fete. Vara este fata însăşi.

M-am trezit în dimineața asta şi am ştiut că a venit toamna: nu pentru că am văzut data în calendar şi nici pentru că a plouat azi-noapte cu boabe de orez. Nu. Nu pentru că e mai răcoare decât de obicei sau pentru că norii sunt groşi şi gri. Ci pentru că am găsit lângă pernă fotografia verii. Ştiu că am s-o privesc nostalgic până la Crăciun, când dorul după ce va să vină o va fi făcut uitată, mărturie nerecunoscută a trecerii mele prin lume...

ZIUA ÎN CARE AM RISIPIT CEAȚA. VAMA LA „CERBUL DE AUR”

8.09.2009 – 9.09.2009

Dacă nu scriu, leşin.

E foarte greu. Pentru că mi-aş dori cele mai frumoase și mai potrivite cuvinte pentru ce urmează să scriu. Pentru că stările se bulucesc la ieşirea din mine ca o mulțime într-o țară bananieră care încearcă să obțină cele câteva vize libere către America, forțând grilajul de fier al porților ambasadei. Asta simt acum. Toate stările care se bulucesc să iasă din mine.

Nu ştiu cum am să scriu. Dar mi-aş dori ca toate cuvintele mele să fie pixelii unei fotografii care îți sfâşie sufletul de fiecare dată când o priveşti. N-am să pot pune lucrurile în ordine, ştiu asta. Va fi un discurs haotic, cum haotice sunt şi trăirile mele acum. Dar, mai important decât orice, trebuie să mă eliberez prin cuvânt de bucuria și fiorul care-mi biciuie sufletul. E ca orgasmul unei femei care te roagă să te opreşti pentru că nu mai poate. Da, dacă nu scriu, leşin.

Un telefon în august

Raul: Ideea ar fi să cântăm la Cerb.

Tudor: Când e???

Raul: 5 septembrie ar fi show-ul nostru.

Tudor: Băi, eşti nebun? Nu e timp!

Raul: Asta e. Îl facem sau nu-l facem.

Tudor (*după o pauză*): Îl facem – ce să facem!?

De ce să începi cu „Fotomodele"?

Angrenajele se pun în mişcare. Nu e timp. Nu ştiu cum o să arate spectacolul ăsta. Nu avem încă date despre scena Cerbului, iar timpul curge împotriva noastră. Trebuie să facem tot ce depinde de noi. Nesiguranța şi întrebările încep să se abată asupra noastră. Urlă a pustiu.

— Crezi în discul ăsta? Spune-mi, Tudore, crezi în discul ăsta?

— DA. CRED. CRED ÎN DISCUL ĂSTA. Da, mă, e munca noastră şi trebuie să avem coaie s-o arătăm lumii.

— Nu e publicul nostru la Cerb.

— Bine, şi care e publicul nostru?

— Nu ştiu, dar e riscant să începi cu „Fotomodele".

— De ce, mă, de ce? Sună. E piesa cel mai bine orchestrată. Sună, e pariul nostru.

— Bai, nu ştiu, eu n-aş începe cu „Fotomodele". E tristă.

— Căcat. Şi dacă e tristă, ce? De ce trebuie să se hăhăie lumea tot timpul?

— Nu să se hăhăie, da' să începi mai pozitiv.

— Băi, are multă energie, ne place s-o cântăm. De fiecare dată când o cântăm ne simțim bine. De ce să nu începem cu ea?

— Şi după aia?

— După aia „Pe sârmă" şi „18 ani".

— „18 ani" trebuie mai devreme.

— Las-o acolo. E bine acolo unde e.

Şi discuţia se lungeşte pe parcursul a două ore la capătul cărora reuşim să schiţăm un playlist. E un moment de eliberare. Ştim ce vom cânta. Ne-am asumat chestia asta. Orice ar fi. Vom începe cu „Fotomodele" şi vom termina cu „Cârtiţa".

— „Cârtiţa" la bis???

— Da.

— De ce?

— Pentru că sună şi or să cânte toţi partea cu „oooooohhhhhh"...

— De unde ştii că or să cânte?

— Nu ştiu. Dar dacă trăim cu senzaţia că n-or să cânte, ne nenorocim.

Repetiţii la 33 de grade

Ne adunăm greu dimineaţa pe căldurile astea insuportabile, cu gândul încă la vara care ne scapă printre degete. Fierbe în sala de repetiţii. Eugen preia iniţiativa condiţionării aerului. Ne trezim într-o dimineaţă cu o măgăoaie care se presupune că ar trebui să ne răcorească. Nu face faţă, dar face zgomot. Are un efect de placebo, totuşi.

Gaşca se adună la început fără Dan (bas). Nu e timp, repetăm aşa. *Caffelatte* cu amaretto, apă plată şi o brioşă cu afine. Doar aşa funcţionez, la zece dimineaţa. Ne apucăm de deschiderea spectacolului.

— Cu ce începem? Cu „intermezzo", nu?

— Da. Şi parcă e cam abrupt s-o legăm aşa de „Fotomodele". Ne trebuie începutul. Dacă avem începutul, am câştigat partida.

— Ce-ar fi să avem zece fete pe scenă la „Fotomodele"?

— Şi ce facem cu ele?

— Nu ştiu, mă, zece fete frumoase care să sprijine cântecul.

— Da, mă, da' cum începem muzical?

— Auzi, hai să fumăm o ţigară...

Puzzle-ul se rezolvă greu. Aruncă ideile pe masă. Nu ezita. Ne-a luat ceva timp să ne dăm seama că soluția începutului de la „Fotomodele" e conținută de cântecul însuşi.

Gaşca asta are însă ceva bun. Ceva care împinge lucrurile înainte şi face repetițiile plăcute şi eficiente. Am hotărât ca nimeni să nu spună „nu" înainte de a face. Ai o idee muzicală? Îmi imaginez că e greşită sau simt asta, dar nu ți-o spun. Iau instrumentul şi cântăm. Şi dacă ideea ta e greşită, te vei convinge singur, ascultând. Funcționează. La 33 de grade e mai greu, dar funcționează şi acolo.

În momentul în care am găsit introducerea la „Fotomodele", toate ideile aruncate în joc căzuseră. Eram obosiți şi transpirați când ne-am dat seama că piesa conține toate părțile instrumentale de care aveam nevoie. Gata orchestrate. E nevoie însă de toleranță şi înțelegere ca să ajungi în grup la o concluzie fericită. Mă simt bine în asemenea momente. Să funcționezi în echipă ține de un soi de superioritate umană. Să funcționezi fără să-ți reprimi egoul creativ.

Sunt 33 de grade şi aparatul de aer condiționat ne păcăleşte doar mințile. Avem însă introducerea spectacolului şi ne apucăm de celelalte piese. E bine, deşi parcă se strânge lațul.

Prea multe de făcut

Alina – o femeie de bază, căsătorită cu munca şi cu un soț, doi copii. Project manager.

Carina – a spus „la revedere" facultății, vrea să facă totul, strategie, online, implementare, uciderea somnului.

Paula – copywriting, personală, voluntară, schimbătoare, sensibilă.

Mihaela – coregraf, mamă de copil, muncitoare, talentată, însărcinată.

Cosmin – VJ, cool, ardelean, impasibil, răbdător.

Răzvan – regizor de emisie, politicos, atent, metodic, la obiect.

George – stage manager, vocație de inginer de sunet, timid, ambițios, multă disponibilitate.

Iulia – *casual stylish working woman*, contracte, facturi.

Jojo – tehnician de scenă, experiență, prieten, suflet bun.

Ştefan (Scheletu') – tehnician de scenă, stelist, sufletist, statornic, punker, supratatuat.

Akos – inginer de sunet, profesionist, foarte orgolios, prea tânăr.

Tamasz – inginer de sunet, locuieşte în Ungaria, condescendent, profesionist.

Alina, ne-ar trebui zece fete frumoase pentru fotomodele. Din Braşov. Cauți şi tu? Ideea e să se întâmple repede. Nu e timp de repetiții. Mihaela se bagă. Ce facem cu promovarea? La Cerb nu e publicul nostru. Carina, trebuie să afle cât mai multă lume despre concertul ăsta. Vizualurile de la Arene, da? Cosmin ştie despre ecrane? Raul a vorbit cu Tamasz? Vine? Are rost? Da, are rost. E important să fie Tamasz în carul de sunet, nu? Băi, intrăm în criză de timp, ce naiba. Să vină toată lumea la repetiții, să asculte piesele şi să vedem ce facem. Mihaela când pleacă la Braşov? Avem sală de repetiții acolo? Hai, mă, pe bune, hai mai repede, nu ne iese aşa. Vă spun, nu e timp. Şi dacă ne facem de căcat e nasol. Eu vreau să ştiu în cât timp montați. Şi să vă asumați chestia asta. Deci trebuie să avem minim cinci ore de repetiții cu probe, montare şi momente repetate. Băi, fără cinci ore nu se poate. Alina, obții? Set-up. Avem set-up. Set-up-ul de la Arene. Cine se ocupă? George, practicabile, probe de sunet. Cu Dani Klinger ați vorbit? Joi o să facem un şnur şi toată lumea trebuie să primească înregistrarea. Poate apucă Dani să facă lumini. Cosmin, poți să adaptezi vizualurile la ecranele de la Cerb? Când se pleacă? Câți suntem? Să fiți acolo de joi. Mihaela pleacă luni. Băi, vă rog eu, schimbați mailuri, că nu e de glumă. Carina, ce se întâmplă pe Twitter? Şi Facebook? Hai, mă, pe bune, când vreți să faceți conturile alea? Nu, nu ştiu cu ce plec... Încă ceva. Tre' să luăm în calcul că dacă Mihaela repetă cu fetele şi nu iese va trebui să renunțăm la moment şi să găsim altceva. Nu se pot face lumini decât în noaptea dinaintea show-ului. Da, vreau să şi repetăm cu fetele atunci. Cameramani o să avem? Nu cred. De ce?

Întrebările curg cu o viteză de două ori mai mare decât cea a răspunsurilor. Timpul pare că vrea să ne strângă de gât. Toată lumea are şi altceva de făcut, în afara show-ului nostru. E din scurt, e prea din scurt. Gândul ăsta riscă să ne paralizeze. Uşurarea vine de la ideea că nu e cale de întoarcere. Cu toatea astea, oamenii ne-au spus „da" şi ne mişcăm, încercăm, ne luptăm.

Nu se vede nimic la orizont. E o ceață deasă şi suntem o echipă care înaintează greu prin mlaştină. Ținem aproape şi ne strigăm unii pe alții ca să ne asigurăm că mai suntem acolo. Ar trebui să se vadă scena deja, nu? Nu ne-am rătăcit? Parcă ar trebui să se vadă primul moment... Nu ştiu ce să zic... Ceața e groasă, ne mişcăm greu. Strigă-i pe toți. Suntem aici? Răspunsurile vin unul câte unul. Haideți, vă rog, nu mai e timp. Hai să înaintăm...

Primul şnur

Primul şnur nu a avut loc niciodată. Au fost mereu prea multe lucruri de făcut. Nervii s-au întins la maxim şi am renunțat să-l mai facem. N-am trecut niciodată prin toate piesele fără oprire.

— De ce schimbăm acum?

— Nu schimbăm, mă, nimic, adăugăm ceva.

— De ce adăugăm?

— Ca să am eu o sarcină în plus şi să n-o pot duce? Băi, voi sunteți nebuni?

— Stăm de trei ore şi căutăm un căcat de arpegiator care nici măcar n-o să se audă.

— E un detaliu de doi bani.

— Eu zic că detaliile fac diferența. Ce dacă stăm. O să fie bine.

— Băi, sunteți nebuni. N-am făcut niciun şnur.

— Am trecut prin toate piesele.

— N-am trecut.

— Tu ştii cât o să vorbeşti între cântece? Unde o să vorbeşti? Ştii?

— Da, ştiu. Înainte de „17 ani", la „Dumnezeu..." şi pe introducerea de la „Porcu'". Şi înainte de „E plin de fete".

— O să vezi c-o să vorbeşti mai mult. Aşa faci mereu.

— N-o să vorbesc mai mult.

— Bă, io nu mai pot să fac şnur. Nu mai vreau.

Un drum către munte

Am emoții. Nici măcar nu mai lupt cu asta. M-am obişnuit, am emoții şi basta. Ar trebui să-l iau pe Cosmin cu mine către Braşov. Îl sun. Nu poate să plece chiar acum. Răsuflu uşurat. E mai bine singur în maşină acum. Nu pot să ies din ceață. Nu pot să întrevăd încă începutul spectacolului. Asta mă paralizează. Ceva mă atrage irezistibil către Braşov. Nu mai pot să fiu departe de scenă. Măcar prin apropiere. Trebuie să văd momentul fetelor. Alina spune că e bine, dar vocea i-a şovăit. Nesiguranța asta mă omoară. N-am vorbit cu Mihaela. Doar n-o să-mi descrie prin telefon. Trebuie să fiu acolo. O să fie mai bine dacă ajung. Eu am plecat ultimul. Am repetat la teatru şi am plecat. E mai bine singur. Am bagaje cât pentru o săptămână. N-am putut altfel. E ca bulimia pe fond de stres. Pun benzină, mănânc un sendviş. Sunt un om normal. Mă liniştesc puțin acțiunile astea, dar ceața asta nu-mi dă pace. Nu vrea să se limpezească nimic. Nu văd momentul şi gata. Bucegii îmi par mai trişti fără zăpadă.

— Alina, sunt pe drum. Vin direct la sala de sport.

— Mihaela repetă cu fetele...

Paganini, *Concertul pentru vioară în re minor*, *Concertul pentru vioară* de Bruch. Vengerov e un geniu...

Ceva se întâmplă şi, pentru câteva minute, între Comarnic şi Buşteni, plec din timpul meu. Am amintiri cu drumul ăsta către munte şi mă trag spre ele. Un sărut, o speranță, un drum în noapte în căutarea unei himere, o beție pe străzile cu zăpada sclipindă din Sinaia, Economat şi o altă iubire neîmpărtăşită, prea timid, atât de fericit în apropierea ei, de ce nu îndrăzneşti, de ce nu-i spui, o să treacă timpul şi-o să regreți toate momentele astea. Nu, sunt aici, nu le regret, dar se bulucesc peste mine ca Prahova când urlă învolburată pe undeva aproape de Valea Fetii, acolo unde veneau urşii în copilărie. Ce păcat că nu mai fac bragă în Buşteni.

O repetiție şi o minune energetică

Nouă fete frumoase şi o sală de sport. Sunt frânt de oboseală, după un drum prea lung. Am emoții. Mihaela a repetat cu fetele două zile. Ştiu că e puțin. Mă prezint şi rostesc „Tudor” de nouă ori. Nu rețin niciun nume. Hai, vedem momentul? Mihaela porneşte cd-ul şi fetele încep să se mişte. Alina e şi ea în sală. Are emoţii. Când se opreşte melodia, nu ştiu în ce parte s-o apuc cu primele cuvinte. E dezlânat, fetele nu se sincronizează încă şi multe lucruri sunt neasumate. Riscă să fie ridicol. Frica de ridicol mă paralizează. Mihaela se uită întrebător. A făcut o structură de mişcare foarte bună. Plus că fetele nu sunt balerine. Sunt fete frumoase şi dornice SĂ FACĂ. O fi suficient? Trebuie să vorbesc, trebuie să iau o decizie. Însă momentul nu poate să apară aşa. Nu ar fi bine deloc. Mă pregătesc să vorbesc.

— Băi, felicitări, foarte mişto, e foarte bine, are energie. Credeţi că mai pot să adaug şi eu câteva lucruri?

Fetele zâmbesc aprobator.

Şi este un moment în care ceva magic se întâmplă cu mine. Oboseala mă părăseşte brusc şi încep să spun tot ce cred. Sunt însă cuprins de o energie pozitivă incredibilă. Le spun fetelor că pozele corporale sunt oarecum asemănătoare. Le invit să diferenţieze. Apoi, le rog să nu facă altceva decât să se simtă bine şi confortabil în corporalitatea lor. Sunteţi frumoase, sunteţi sexy... Nu vă convine o ipostază? Nu-i nimic. Căutaţi alta. Sunt convins că veţi găsi.

Îmi dau seama că, pe măsură ce vorbesc, această întâlnire se transformă într-o repetiţie de teatru. Da, ăsta e secretul – este teatru şi mă simt ca peştele în apă pentru că mie asta îmi place să fac, să fac teatru, să repet, să caut, să exprim în mii de feluri. Fetele sunt incredibil de receptive, ceaţa pare că se risipeşte. Andreea, vreau să cazi pe jos aici şi toată tema ta trebuie să fie încercarea de a te ridica şi de a ajunge la capătul podiumului – poţi să faci asta? Andreea mă priveşte hotărât şi începe să lucreze şi arată bine. Întinde picioarele, te rog, mişcări largi, mari, care să se vadă. Antonia îmi arată momentul din final, are ceva pe dinăuntru fata asta care de-abia trece a douăşpea. Fetele încep să pună întrebări, vor şi ele să schimbe anumite momente, Mihaela lucrează cu ele. A făcut minuni. Reluăm – e mai bine, nu ne sincronizăm încă.

S-a depăşit timpul de repetiţie, îmi cer scuze, dar ştiu că nu trebuie să plec de aici până când nu avem momentul oarecum gata, cel puţin la nivel de intenţii. Decupaţi, vă rog eu, decupaţi, mişcări scurte şi încremeniţi în poziţii, da? Şi între momente nu vreau să fiţi voi, vreau să rămâneţi în personajele astea, se poate? Vă rog. Băi, e foarte bine, sunteţi prea mişto ca să nu iasă bine, da?

Vineri, 1 noaptea

Este 1 noaptea şi energia magică nu pare să mă fi părăsit. O să plătesc chestia asta cumva. Raul e pe scenă. Alina, George, Carina, Răzvan... Vine şi Klinger (lumini), Jojo, Scheletu', Cosmin. Şi fetele. Marcăm scena. Un practicabil acolo, unul acolo. Mă cert uşor cu Raul. Nu crede în poziţionarea asta. Spune că e prea departe de public. Avem nevoie de spaţiu, Raul, pentru fete. Plus că îmi trebuie şi mie spaţiu de joc. Raul: cred că suntem prea departe. Tensiunea pluteşte în aer. Nu renunţ. Se montează practicabilele. Repetăm cu fetele din nou. Una dintre ele ne-a părăsit. A clacat sau s-a speriat. Mă sperie şi pe mine asta.

Mă enervează că avem spectatori. Echipa tehnică, oameni din organizare. Suntem încă fragili şi încercăm să ne punem pe picioare, şi asta ţine de intimitate. Fetele sunt obosite, nu se mai concentrează. O singură dată trebuie să iasă bine prima intrare. O singură dată dacă iese, ştiu că va fi bine. Nu iese în noaptea asta. Mereu greşeşte câte una. Per total, e mai bine. Hai, încă o dată, fetelor, vă rog. Încă o dată şi ne vedem dimineaţă. Ochii încep să geamă sub greutatea zilei şi a gândurilor. Andreea, Diana, Andreea, Ştefania, Diana, Cătălina, Oana, Antonia...

E trei şi douăzeci. Raul se duce la culcare. Trebuie să vedem începutul pe ecrane. Şi prima situaţie de lumini. Cosmin lucrează încă. Dani Klinger la fel. E linişte în Piaţa Sfatului. Sute de lumini inteligente par că se mişcă haotic. Privită de sus, de undeva de pe lângă inscripţia luminoasă a Braşovului, Piaţa Sfatului pare că găzduieşte o navă spaţială eşuată ale cărei lumini au luat-o razna şi echipajul e incapabil să remedieze situaţia.

Cosmin se joacă pe ecran cu scrisul VAMA. Nu ne place cu galben şi magenta. Mai simplu. Alb, negru, oranj închis, vişină putredă. Strobo la lumini. Băi, vă rog eu, pot să văd şi eu începutul? Alea două minute? Vă rog. Ne sincronizăm? Cineva dă play. Se aude muzica din sala de repetiţii. Parcă e acum un an... „VAMA" începe să zburde pe ecranul uriaş. Luminile se ordonează şi încep să mature scena. STOP. Cosmin:

— Gata, cam aşa, deşi aş vrea să mai pun nişte granulaţie pe sub scrisul „VAMA" şi ceva zgârieturi.

— Dani, putem să dăm şi nişte blindere pe spectatori la început?

— Da, putem. Băi, vă rog eu, lăsaţi-mă că la şapte jumate vine lumina şi nu termin.

E cinci şi douăzeci. Ceaţa se risipeşte şi strigătele echipei se disting din ce în ce mai clar.

Pauză de nesomn

Îmi place drumul către Poiană. Mă linişteşte. Mă concentrez la serpentine. Trec pe lângă locurile de unde poţi privi Braşovul noaptea. Câte priviri s-au perindat pe aici de când au început luminile? Plesnesc de energie în continuare. Ştiu că n-am să adorm în cuşcă. Da, camera de hotel e o cuşcă. O să fiu distrus mâine. Nici măcar gândul ăsta nu-mi induce puţină oboseală. Nici nu ştiu când se face zece dimineaţa. Am dormit vreo trei ore. Băieţii sunt deja la probe. Stau cu Alina pe messenger. Cobor? Nu cobor? Au venit fetele? Suntem în timp? Suntem în timp? Suntem în timp? Suntem în timp? Nu mai aştept. Mă reped la maşină şi-o iau spre Braşov. Mi-e teamă să nu ne certăm jos. Criză de timp.

Singura repetiţie pe scenă

Ajung. Lumea e pe poziţii. Se fac probe. Totul e în timp. Fetele aşteaptă. Sunt obosite. Forţez un zâmbet, încerc să le motivez. Băieţii termină de făcut monitoarele. Toată lumea se aude bine. Mi le fac şi eu. Începem introducerea. Şi iarăşi, ca prin minune, mă cuprinde o energie inexplicabilă. E forţa sunetului, e muzica în sine, e apropierea cântării – sau toate la un loc. Încep să alerg ca nebunu'. La buza scenei se adună gaşca de la „18 ani". Trebuie să repetăm şi cu ei. I-am văzut şi ieri. Le-am zis cam aşa: Nu vreau nimic de la voi decât să explodaţi de energie. Voi sunteţi cântecul „18 ani" mai mult decât noi. Nici măcar când am scris versurile n-aveam 18 ani. E cântecul vostru mai mult decât al nostru, aşa că vreau să urlaţi toată tinereţea din voi. Folosiţi versurile din cântec şi faceţi ce vreţi pe scenă. Grijă la cabluri, atât. Mă priveau miraţi. N-am ce să vă spun, nu e nevoie de nicio organizare. Încă un lucru – dacă după momentul ăsta vă daţi jos de pe scenă şi nu sunteţi răguşiţi, înseamnă că nu v-a ieşit.

Mai avem jumătate de oră de probe. Fetele urcă pe scenă. E prima repetiţie cu muzica live. Tare. Mii de waţi doar din monitoare. Pe marginile arenei, oamenii se opresc. Da, nu poate da greş. Opt fete frumoase în cămăşi albe, bărbăteşti. Visul oricărui bărbat, să se trezească aşa dimineaţa. Zâmbesc. Fetele se mişcă bine, dar greşesc din nou intrarea. Încă o dată. Mihaela le aranjează. Opt, opt, patru, patru, opt, opt, patru, patru... Băi, vă rog eu, nu puteţi rata asta. Vă rog. Hai, încă o dată şi după aia repetăm şi cu gaşca de la „18 ani".

Ce bine e în picioarele goale pe scenă, mă gândesc. Şi ce bine că nu mai e timp de nimic. Încerc un discurs mobilizator pentru fete. Îmi dau seama însă că n-are rost – îşi doresc să facă, sunt şi ele cuprinse de importanţa momentului. La repetiţii am simţit că lumea nu se aştepta la momentul ăsta din partea noastră.

Plec la conferinţă cu gândul că am făcut tot posibilul. E zvon de ploaie. NU O SĂ PLOUĂ. Nu după atâta muncă. Dacă o să plouă înseamnă că undeva am greşit şi asta e, nu trebuie să aibă loc spectacolul. Asta mă linişteşte brusc. Se anunţă cod galben. Nu-mi pasă. Cineva încearcă să-mi vorbească despre ploaie: Taci!!! Acum îţi spun să taci şi taci!!! Nu porţi discuţia asta cu mine!!!

Cat nap

Ajung din nou în Poiană. Plouă. Norii se prefigurează oribil şi lugubru peste muntele din faţa mea. E încă timp. Cinci jumate. Ne adunăm la şapte. E timp. Mă uit spre cer şi încerc să ghicesc spărtura salvatoare, care va face loc soarelui. Comand fructe. Sunt frânt. N-am timp să dorm. Mă trezeşte un telefon peste patruzeci şi cinci de minute. Încă un Cosmin vine să-mi ia hainele.

Am senzaţia că am fost până într-o groapă comună a amintirilor mele. Amintiri peste care au presărat var, ca să nu se răspândească molima. E o senzaţie de dezrădăcinare somnul ăsta scurt de după-masă. *Cat nap*, spun englezii. E mai rău decât spleenul englezesc acum. Cosmin urcă. Îl privesc buimac. Nu pot să leg cuvintele. Aproape că am uitat că avem un concert în Braşov în seara asta. Trebuie să revin la viaţă cumva. Fructe, cât mai multe fructe.

E şase jumate. Cobor. Mă uit spre cer. S-a spart într-un loc. Şi bate vântul destul de tare. Zâmbesc. E clar, n-am greşit cu nimic. Îi scriu Alinei. Şi ea zâmbeşte, jos în Braşov.

Ultimele două ore

Ne uităm unii la alții și vorbim diverse. Dan are emoții. Raul vorbește cu Tamasz. Recapitulează ce clape folosește pe fiecare piesă. Nord Lead, Oasis, Nord Stage. Eugen a coborât la o terasă cu niște prieteni. Clopo se învârte și el prin cameră. Sunt momentele în care fiecare încearcă să privească în sine. S-a vorbit atât de mult despre cântare, încât simțim nevoia să facem abstracție de ea. Amân la nesfârșit momentul în care ar trebui să mă schimb și fac drumuri între machiaj și apartamentul nostru.

Fetele arată bine așa, dezabuzate. Au avut reticențe la început. Sunteți frumoase oricum, credeți-mă. O femeie frumoasă, dacă e încercănată, rămâne o femeie frumoasă încercănată. O femeie frumoasă, dacă plânge, va fi o femeie frumoasă care plânge. Nimic din interior nu ne urâțește. Poate doar suferința în exces. Nu e cazul acum... dar avem nevoie de metafora machiajului.

Nu știu cum trece timpul și, ca prin vis, ajung în culise. Alina e acolo. Carina. Multă lume necunoscută. Or avea ei vreo treabă pe aici. Mă duc la locul meu. Emoțiile mă gâtuie. Știu că mai e puțin până să scap de asta. Aud ca prin vis: VAMA! Băieții nu mai sunt lângă mine. Îmi dau seama că sunt pe scenă. Alerg la toaletă. E psihologică goana asta. Știu. Mă întorc la locul meu. Una dintre fete se uită la mine din culisele opuse. Ne privim. Un semn superenergic de la mine către ea. Știu că mi-e mult mai frică. Intră fetele în scenă. E bine, nu greșesc. Gata, s-a terminat, ceața s-a risipit definitiv – nu mai e cale de întoarcere, uite-i că urlă, da, ușurarea este fabuloasă. Vocea țâșnește din mine și mă eliberează definitiv din strânsoarea Emoției. Acum nu mai suntem decât noi și ei, până la capăt.

Aș putea să continui, dar nu vreau sau poate chiar nu pot. Ce a urmat e între noi și cei patru mii de oameni de acolo. Ne-am trăit povestea împreună. Le-am dat și ne-au dat. Ne-am dizolvat în ei până la orgasm, până la momentul în care îți venea să urli că vrei să nu se mai termine niciodată. N-au rost cuvintele. Singurul lucru care contează e muzica, teatrul, dorința de a fi pe scenă, pentru tine și pentru ei. Dorința de a mai face spectacolul ăsta încă o dată și încă o dată și încă o dată, să îmbătrânești așa, frumos și neviciat de nimic din răul care ne înconjoară. Să tot cânți și să tot joci. Pentru ei. Pentru totdeauna. Până când moartea ne va despărți.

Ultimele gânduri

Am vrut să scriu aici despre bucuria de a vedea o echipă ca a noastră la lucru. Despre oamenii puțini din jurul meu care mă cunosc cu adevărat şi care mă acceptă aşa cum sunt. Despre relația dintre nişte oameni care împărtăşesc aceleaşi valori şi speranțe. Despre bucuria şi liniştea pe care o încerci când ştii că pentru cel de lângă tine CONTEAZĂ. Că suferă enorm atunci când, fără voia ta, îl jigneşti, dar trece peste asta pentru că, ce naiba, avem lucruri mai importante de făcut.

Aş fi vrut să scriu aici despre entuziasmul molipsitor şi ochii puri ai unor puşti de 18 ani a căror bucurie de a fi pe scenă a însemnat pentru noi mai mult decât îşi pot ei închipui. Aş fi vrut să scriu despre bucuria de a lucra cu nişte fete mai profesioniste şi mai talentate decât multe actrițe cu diplomă pe care le cunosc. Despre bucuria lor de a fi într-un proiect ca ăsta. Aş fi vrut să scriu despre privirile obosite şi fericite ale echipei după concert. Aş fi vrut să scriu despre dimineața de a doua zi, când încă nu păream să ne fi trezit, anesteziați de oboseală şi fericire. Aş fi vrut să scriu despre cât de mult a însemnat fiecare dintre cei cu care am lucrat şi cu care sigur vom mai lucra.

Aş fi vrut să scriu încă o mie de lucruri, despre o mie de stări, dar mă opresc aici, pentru că am de gând să închei altfel. Am să închei cu mailul pe care l-am primit de la unul dintre puştii din grupul care a evoluat la „18 ani". Nu de alta, dar toate acestea ar fi meritat şi dacă el ar fi fost singurul nostru spectator, chiar dacă am fi suferit ca nişte câini de dorul celorlalți 3.999.

Salut Tudor,

Sunt unul dintre puştii din grupul „18 ani" – de la Cerb –, cel care în seara Cerbului te-a întrebat de clubul de Karaoke (nu ştiu sigur dacă mă mai ții minte, dar nu contează :P). După 2 zile pur şi simplu am simțit nevoia să-ți scriu, am încercat să țin legătura cu toți cei din grupul „18 ani", şi acum mai încerc, şi toți parcă suntem încă într-un vis, nu ne-am revenit... Stăm pe mess, ascultăm Vama non-stop şi vorbim despre ce s-a întâmplat... all day long... nu ştiu dacă ai trăit senzația, este ca atunci când te uiți la un film, trăieşti odată cu el, îşi face loc în sufletul tău, iar când se termină, locul acela rămâne gol... Exact asta simt eu după experiența asta – a fost pur şi simplu ca un vis! Sincer, cred că niciunul dintre noi nu va uita clipele acelea magice şi tot ce a fost – de la repetiţii şi până la concert.

Voiam doar să zic că sper să ţinem cumva legătura, noi cu tine, sau măcar unii dintre noi cu tine – am ascultat „Scrisoare către liceeni" şi cred eu că am înţeles mesajul tău; stăteam cu my best friend şi ascultam... şi după ce s-a terminat, am rămas amândoi fără cuvinte, pur şi simplu stăteam ca proştii şi ne uitam unul la celălalt... După care am început să vorbim despre ce ai spus tu acolo... niciunul dintre noi nu era cu cititul, cu alea, alea... şi ne-am dat seama că tot ce ai spus tu acolo este atât de adevărat... iar acum vrem amândoi să ne schimbăm... am început să citim... În fine, ideea este că mesajul tău a fost ca un wake-up call pentru noi, şi pentru asta vreau să-ţi mulţumesc mult de tot.

Ce mai voiam să-ţi zic... a, da... ştii că atunci când ai plecat, vărul meu ţi-a dat un CD, cu melodiile mamei mele, nu ştiu dacă l-ai ascultat sau nu, dar în cazul în care l-ai ascultat, lasă-mi şi mie o părere despre ele, te rog. :D

Cam atât am de spus pentru moment – din nou spun, sper să ţinem legătura în continuare, şi dacă îmi vei răspunde, am să-ţi mai scriu de fiecare dată când simt că vreau să-ţi spun ceva, ca acum.

Peace! :)

BLONDA CU SÂNI DIFERIȚI. BLOND SHOW

20.09.2009

— Bună seara, doamnelor şi domnilor, bine ați venit la Blond Show! Stăm de vorbă cu Seromina Velli Pătraşcu, blonda cu sâni diferiți.

În platou se află, într-adevăr, o blondă la bustul gol. Camera face un plan strâns pe bustul divei. O să vă întrebați cum am ajuns la concluzia că e divă. Ei bine, trebuie să vă spun că, în România, oricine reuşeşte să ajungă într-un platou de televiziune şi să pronunțe cât mai puține cuvinte este divă. Importanța stă, de altfel, în numărul redus de cuvinte pe care le poate folosi respectiva în show-ul televizat. Revenim.

Plan strâns. Un sân, mai degrabă o țâță – este mare – cu aer de uger, impunător, pufos, dominat de un sfârc care se întinde ca o pată rotundă de ulei de sub Dacia 1300 a unui mecanic de duminică. E un sân care se cere muls, frământat, mestecat. E visul oricărui puşti care de-abia a împlinit treisprezece ani, reprezentarea idilică a țâței în viziune puberă. E vulgar, lăptos, matriarhal şi senzual în acelaşi timp.

Se potriveşte cu chipul de purcică în devenire al stăpânei sale. Buze umflate, ochi albaştri conturaţi cu rimel de o calitate îndoielnică, un nas care se lăţeşte uşor la bază şi dă senzaţia că adulmecă pemanent ceva. Păr bogat, cârlionţat, de un blond platinat care se scurge în valuri pe umerii şi braţele uşor rotofeie. Celălalt sân e o stârpitură. Atârnă flasc ca o pară suptă de energie. Sfârcul nici măcar nu se prea intuieşte în comparaţie cu vecinul său de trunchi. Diferenţa este într-adevăr izbitoare.

Prezentatorul: Bună seara. Ce mai faci?

Blonda: Minunat.

(*Aplauze furtunoase.*)

Prezentatorul: Te-am invitat în seara asta să ne vorbeşti despre succes, modelling, muzică şi ce mai faci tu în general.

Blonda (*râde*): Hihihihi...

Prezentatorul: Minunat. Poţi să dezvolţi însă puţin?

(*Blonda râgâie şi se ridică în picioare. Defilează prin studio în pas de podium. Ţâţa mai mare tresaltă. Revine la locul ei.*)

Prezentatorul (*concluzie*): Este, într-adevăr, multă muncă în spatele unei cariere de succes. Spune-ne. Ai doi sâni diferiţi...

Blonda (*îl întrerupe*): Da. Am.

Prezentatorul: Nu era o întrebare. Întrebarea era dacă te-a ajutat în carieră această anomalie... (*Blonda îl priveşte, fix, tâmp.*) Faptul că ai doi sâni diferiţi.

Blonda: Aaaahhhhh... Sigur că da. Mai ales în muzică.

Prezentatorul: Cum aşa?

Blonda: Compozitorul meu, care este şi orchestratorul meu, care este şi impresarul meu, care este şi prietenul meu, care este şi un om minunat, este ciung. Aşa că întotdeauna mi-a frământat sânul mai mare, pe Coelho şi s-a mulţumit doar cu el.

Prezentatorul: Păi dacă e ciung, cum orchestrează, cum înregistrează, cum cântă?

Blonda: Cântă doar cu o mână şi astfel melodiile sunt simple, pe placul publicului.

(*Aplauze, urale, o bătrână plânge şi îşi mângâie sânii.*)

Prezentatorul: De ce pe sânul mai mare l-ai denumit Coelho? Mi se pare foarte interesant şi aş vrea să discutăm.

Blonda (*îşi vâră mâna adânc în chiloţi de parcă ar căuta ceva*): Coelho este scriitorul meu preferat.

Prezentatorul: Extraordinar, şi al meu. Al vostru nu?

Publicul (*în cor*): Daaaaaaaa...

Din acest moment, pe ecran apar sms-uri trimise de telespectatori: „Coelho e minunat! Ţine-o tot aşa" – Anca din Lehliu; „Şi eu l-am iubit pe Coeliu" – Domnica din Focşani; „Coelho – Toulouse-Lautrec 1-1 la pauză. Hai băieţii" – Radu din Bolintin; „Vai, cât aş vrea să am şi eu sânii tăi ca să pot reuşi în viaţă" – Georgyela din Bărcăneşti; „Emisiunea voastră e cea mai tare. Cum îl cheamă pe celălalt sân?" – Aniela din Vaslui; „Ce târfă sărăntoacă. N-a avut silicon decât pe-un sân" – Aurel din Piteşti... etc.

Prezentatorul: Aşadar, de ce l-ai numit Coelho?

Blonda: M-am gândit că tot Universul o să conspire şi pentru celălalt sân, să se facă mare...

Prezentatorul (*abrupt*): Avem o intervenţie în direct. Este chiar doamna Baboiu, de la celebrul shop de frumuseţe Kosanzin. Bună seara, doamna Baboiu – vă ascultăm.

(*Baboiu tuşeşte preţ de vreo treizeci de secunde.*)

Prezentatorul: Vreţi, vă rog, să repetaţi?

(*Baboiu tuşeşte din nou treizeci de secunde, apoi tace.*)

Prezentatorul: Este, într-adevăr, ceea ce aşteptam de la un om ca dumneavoastră.

Baboiu (*horcăind*): M-a impresionat până la lacrimi această minunată artistă tânără. România e pe drumul cel bun. Dumneavoastră faceţi o emisiune minunată şi vreau s-o ajut pe această tânără pe care o plac din suflet. De aceea o susţin şi îi voi cumpăra materialele necesare pentru frăţiorul lui Coelho.

(*Publicul este în delir, urale.*)

Prezentatorul: Iertaţi-mă, nu-mi găsesc cuvintele... emoţionant...

Blonda: Mulţumesc mult, mult de tot... (*îşi priveşte sânul stafidit. Este în continuare la bustul gol.*)

Baboiu: ...şi nu numai atât, dar voi telefona personal şi voi face toate intervenţiile necesare pentru un transplant de mână, pentru prietenul ei, orchestratorul.

Prezentatorul: Un transplant de mână?

Baboiu: Da. Trebuie să găsim – şi rog pe această cale oamenii care mai au suflet în România să găsească resursele şi să-şi taie o mână pe care s-o dăm acestui minunat cuplu.

(*Din acest moment se aude tema principală din coloana sonoră a filmului „Evita".*)

Prezentatorul: Colegii mei au pregătit un moment emoţionant...

(*Blonda strănută îngrozitor de tare.*)

Publicul (*în cor*): Hai noroc!

Prezentatorul: Un moment emoţionant. Să-l urmărim.

Pe ecrane apare un filmuleţ în care îi vedem pe Blondă şi pe Ciung alergând în ralanti către cameră. Deodată, el observă un trandafir pe care vrea să-l ia de pe jos. Se apleacă şi încearcă să-l culeagă cu ciotul. „Iubitule, de ce nu-ţi foloseşti mâna?" Citeşte monosilabic de pe o hârtie. „V-a-i d-ra-gă cu-m ţi-aş mai a-ti-n-ge sân-ul da-că mi-aş mu-rd-ări mâna cu un trandafir." Apoi rânjeşte tâmp. Apare scris: „Cu un sân şi fără o mână reuşim doar împreună". Baboiu horcăie îngrozitor în telefon. Legătura se întrerupe.

Prezentatorul: Momente emoţionante, momente profunde aici în emisiunea de astăzi. Spune-ne despre versurile tale. Cine le compune?

Blonda: Le fac eu şi Anda, prietena mea din copilărie.

Prezentatorul: Şi ei îi lipseşte ceva?

Blonda: Nu, ea e întreagă.

Prezentatorul: Cum te privesc prietenii?

Blonda: Din profil.

Publicul (*dezaprobator*): Ooooohhhhh...

Prezentatorul: Care sunt proiectele tale de viitor?

Blonda: Îmi plac fotbaliştii.

Prezentatorul: Păi ce legătură are?

Blonda: Mi-era frică că se termină emisiunea şi n-apuc s-o spun.

Prezentatorul: Ai un fotbalist preferat?

Blonda: Ce vrei să spui, nesimțitule?

Prezentatorul: Îți place vreun fotbalist?

Blonda (*isterică*): Nu, nu m-am culcat cu el.

Prezentatorul: Cu cine?

Blonda: Cu cine vrei tu să insinuezi că mă fut.

Publicul: Ooooohhh...

Blonda: M-ați chemat aici să vă bateți joc de mine? Să ştie toată lumea ce faceți voi aici. La machiaj mi-a dat cu fond de ten doar pe Coelho şi ai zis că vorbim frumos de muzică.

Prezentatorul: Cântă-ne ceva.

Blonda: Am uitat cd-ul în taxi.

Prezentatorul: Păi aşa, fără negativ...

(*Blonda se ridică în picioare. Publicul începe să aplaude ritmat.*)

Blonda: Stați, mă, că e lentă.

Publicul: Aaaaaaaaa...

Blonda: Hey hey hey, de ce nu vrei, de sânul mare să mă iei, hey hey hey, de ce nu vrei, de sânul mare să mă iei?

Pe acest cântec curge uşor genericul emisiunii. Prezentatorul priveşte apatic. Publicul cântă. Blonda dă din sân şi rage, dar nu se mai aude. E acoperită de volumul jingle-ului de final.

ÎNFĂŞURAT ÎN DURERI SUPORTABILE

23. 09. 2009

Soarele lasă umbrele să se plimbe liniştite pe suprafaţa pe care o luminează. Fire de praf se ridică aproape insesizabile din covorul de lână bej. Înfăşurat în dureri suportabile, stau întins pe canapea, încremenit în proiect. Mă vizitează trecutul în după-amiaza asta.

E vremea cărţilor cu aură pozitivă în librării. Sunt tot felul de imbecili cu dantura perfectă care te învaţă cum să ai succes. Viitorul îmi pare nesigur azi. Ce înseamnă nesigur? îmi şopteşte cu miros de mosc Ariel. Nesigur înseamnă că nu corespunde cu visurile mele. Dar va fi un viitor, în orice caz.

M-au vizitat azi-noapte personajele întâmplărilor trecute. Erau camere de hotel decadente, cu pereţi *bordeaux* spălăciţi şi paturi albe ca de spital. Priveam idolatru către lenjeria de mult dispărută a vreuneia din întâmplările mele. Mă scurgeam bolnăvicios din coridor în coridor ca sângele unei crime violente pe o suprafaţă care atenuează frecarea. Erau toţi timpii vieţii mele de până acum adunaţi în şedinţă, într-o cameră de vreo sută de metri pătraţi.

Acolo am aflat: odată ce comiţi o faptă ea nu va rămâne niciodată trecut. Mi-au spus că trecut nu există. Se folosesc de el ca să definească apropierea de moarte. Tot ce făptuieşti te schimbă, şi nu o dată, de două ori, ci de mii şi milioane de ori, mănâncă din tine şi te modelează într-un sens sau altul, perpetuu. Stau pe canapea şi privesc umbrele mişcându-se în voia soarelui.

N-a durat mult, în economia lumii, ca să fie nevoie de balsam pentru detergenţi. Hainele au nevoie de un miros mai plăcut, din ce în ce mai plăcut. Vom gusta poate din ele într-un viitor apropiat. Apoi vom constata că moleculele fibrelor reacţionează la vorbe dulci şi vom inventa cd-uri cu lecturi plăcute pentru păstrarea cămăşilor albe de mătase amestecată cu bumbac de cea mai fină calitate.

Mă scurgeam bolnăvicios pe coridoarele trecutului nesătul de prezent. Acolo, în trecut, e pepenele care îmi alină setea într-un mod bolnăvicios. Căci apa din pepenele trecutului nu-mi foloseşte la nimic aici, în prezent.

Nu, e nevoie de fibrele şi proteinele timpului meu ca să cresc şi să mă îndrept sănătos către moarte. Gândeşte pozitiv, dobitocule. Amestecă filosofia zen cu trecutu-ţi creştin şi nevoia de jihad şi ai să vezi ce bine o să te simţi. Urmăreşte-ţi karma, dar nu uita să mergi la biserică de Sfânta Maria. Mănâncă sushi şi vorbeşte sarmale, să vezi ce bine ai să te simţi.

Cunoaştere, cunoaştere, cunoaştere, strigă fiinţa ta din toate puterile. Poţi să cunoşti cât vrei, dar, dacă nu eşti statornic, vei sfârşi ca un puzzle nerezolvat. Statornic, cui? Hahahahaha... dacă ar fi atât de simplu răspunsul la întrebarea asta n-ar mai fi fost nevoie să ne exorcizăm fricile prin scris, iar Dante ar fi mâncat toată viaţa struguri admirând după-amiezele perfecte de pe terasa dormitorului Beatricei.

Nici fricile nu ştim prea bine să ni le explicăm şi le oferim semenilor noştri tablouri incomplete ale ruinelor sub care se ascunde ceea ce eram odată. Cum de m-am schimbat aşa? răsună întrebarea în capul ai cărui pereţi o fac să rezoneze de mii şi mii de ori. Trecutul lucrează, dobitocule – ţine cont de asta şi ai grijă de acum înainte.

Oricum, nimeni nu va avea acces pe de-a-ntregul la pânza pictată de tine. „Uite, iubita mea, în colţul ăsta sunt eu înfăptuind un lucru măreţ, nu se vede?"

E după-amiază şi nu ştiu ce să aleg. Viitorul dansează nesigur în faţa-mi ca o balerină începătoare ce se desprinde de bară. Atât de fragili suntem, încât am simţit nevoia să construim piramidele... Mă scurg încă pe coridoarele trecutului... va trebui să m-adun de pe aici când se va face seara care prevesteşte dimineaţa de mâine...

DINCOLO DE CEAȚĂ

13. 10. 2009

Sunt obosit. Am rămas în afara cetății. Aş putea să văd cine mă atacă dacă s-ar ridica ceața asta păcătoasă. N-am mai avut vlagă să mă târăsc dincolo de podul mobil.

Să mă sprijin cu spatele de zid. Da, e mai bine acum. Mult mai bine. Scrii pentru că vrei ca lumea să audă sau scrii ca să-ți arzi rănile cu fierul înroşit? De ce scrii? Te macină. Te macină încet, dar sigur. O făină dulce din care îşi iau aluatul pentru prăjituri gustoase de casă. Făină de gânduri încleiate şi lipite între ele. E mocirlă şi m-am udat la picioare.

Îi simt cum privesc de dincolo de ceață. Pe naiba, nu priveşte nimeni, nu-şi ascute nimeni cuțitele pentru ospățul cărnii mele. E mintea, care vânează război. Cu ea mă bat, dar loviturile-mi spintecă aerul cu sunete groase. Dormi, încearcă să dormi şi visează frumos. Lasă-te pe iarbă, aşa. Nu poți să-ți descleştezi mâna de pe sabie, nu? Ai s-adormi aşa, nu-i nimic. Doar că n-o să aibă nimeni curaj să se apropie de tine, să-ți dea să bei. Căcat. Nu-mi trebuie nimic de la ei. Mi-ar fi mai de folos râul, să mă oglindesc. Să-mi văd mutra mereu schimonosită de apa neliniştită. Într-un lac nu m-aş oglindi. Dar în râu... Râul curge şi nu-mi dă timp să-mi recunosc ochii. Când mi s-a înnegrit aşa privirea?

Dacă n-o să mai coboare podul mobil niciodată? Or să mă lase aici, în ţara nimănui. Dacă nu se mai ridică ceaţa? N-am să mai ştiu adevărul. Ce stupid, să rătăcesc la poalele cetăţii mele şi să n-am vână să le strig să mă lase înăuntru. Odată cu mine, ar intra în mine toţi duşmanii mei. De asta au ridicat podul mobil. Mi-au lăsat gândurile pe-afară. Ăsta nu e trupul meu. Astea nu-s mâinile mele. Doamne, nu mă lăsa să putrezesc la graniţa cu mine. N-aud nimic sau e vuietul chefurilor lumii? Au omorât tăcerea pe veci.

N-o să apară nimeni din ceaţa aia. Frica de ei e mai dureroasă decât loviturile lor. Or să mă lase aici să-nnebunesc de frică şi să tânjesc după o luptă dreaptă. Am storcit iubirile de ziduri, înfierbântat de gemetele ursitoarelor bete. Ce naiba m-a scos afară din cetate? Heremonias, Calimino, Evgenivo!!! Deschideţi, netrebnicilor! Ce, nu mă recunoaşteţi? Deschideţi, javrelor! La ce vă foloseşte casa mea? Nici măcar nu ştiţi unde am pus cheiţa de la ceas. O să rămânem fără timp, nesăbuiţilor.

Pentru iubire am să şoptesc coduri de-acum înainte. Poate aşa o s-audă şi ea. Să crape şemineul de ghicitori aruncate în foc. Deschideţi, nemernicilor!

Hei, voi!!! Dincolo de ceaţă! E bine??? E bine să stai ascuns? Pe naiba, nu e nimeni. E frig. Am să mă odihnesc puţin acum. Unde naiba sunt tufele în care mă ascundeam când eram mic şi aşteptam să plouă? Unde naiba... Poate mai la stânga, spre a doua fortificaţie. O să mor de foame, în faţa cetăţii mele. N-aud nimic dinspre vecinii de la miazănoapte. Or fi crăpat şi ei. Oh, mi-am uitat şi lăuta în cetate. Unde sunt tufele... să mă târăsc spre ele... să mă odihnesc un pic...

Bufonul... deştept bufonul că s-a zăvorât în sine. Nu poate să-l dea nimeni afară. Nebunii ăştia... ştiu ei ce ştiu. Şi mi-e milă de ei... din mocirla de pe câmpul meu de luptă îi plâng pe nebuni...

INIMĂ ÎN RENOVARE. DESCHIS MUZEU

14. 10. 2009

Cred că inima mea e închisă pentru renovare. Nu mai încercați. Lucrătorii se mişcă greu, româneşte. Fură la materiale, sunt leneşi. Nu ştiu cât va dura. Între timp vă sugerez să vizitați lounge-ul special deschis pentru cei care se încăpățânează să creadă că e ceva interesant de văzut, aşa, scos din context. De marți până duminică, am expus câteva vene mai vechi, o bucată de scoică de pe vremea când Vama Veche nu era a tuturor, trei scrisori care mă acuză de egoism, o casetă cu cântece de leagăn de mult uitate, trandafirii pe care nu i-am oferit niciodată, mai multe plicuri cu ceai din dimineți cu speranță, câteva caiete cu teme de vacanță, un portret din ziua în care am fost înşelat prima dată (trebuie să vedeți mutra aia), monede cu efigia fricii pe care nu mi le primeşte nicio bancă, un casetofon care m-a învățat să cânt, haine din studenție şi multe nimicuri fără definiție. Vă urez vizionare plăcută. Lunea muzeul este închis.

ŞTIU

17.10.2009

Şi atunci bufonul mi-a spus:

„Am găsit. Ştiu. Secretul este să iubeşti un om pentru tot ce nu îţi poate oferi. De-abia atunci nu te vei iubi pe tine în el. De-abia atunci el nu-ţi va fi oglindă şi vei privi cu adevărat în sufletul lui. Da, sunt neputincios, căci niciodată n-am ştiut să sparg oglinzi. Mi-a fost teamă c-am să mă omor."

A PLECAT DINTRE NOI ION COJAR

19. 10. 2009

A plecat dintre noi Ion Cojar. Regizor şi profesor pentru generaţii de actori şi studenţi. Un teoretician desăvârşit care şi-a lăsat amprenta pe variile personalităţi care i-au trecut prin mână.

E o zi tristă pentru că ne pierdem profesorii şi odată cu ei reperele. Vor lipsi din UNATC vorbele lui Ion Cojar pentru mulţi, adesea, plictisitoare, dar atât de importante în formarea subconştientului actorului. Nu i-am fost student, dar mi-aş fi dorit să-i fiu, chiar şi pentru un semestru.

La revedere, domnule regizor şi profesor. Actorii vă salută, oriunde v-aţi afla. Şi ştim, cu adevărat este important procesul, nu succesul. Mulţi uită asta, domnule profesor. Sunt însă mulţi care nu vor uita şi nu Vă vor uita.

Dumnezeu să vă odihnească!

I LOVE THIS LIFE

23. 10. 2009

Joi mă duc la teatru la ora zece, după o noapte în care am dormit puțin. Repet până la ora 14. Fug să mănânc. Vine Cosmin şi mă ia. Mergem spre aeroport. E ora 15, avionul decolează la 17:20. E timp. Asta dacă nu se sparge o țeavă la Băneasa. Record: 600 de metri într-o oră jumate. Să nu deviem. Ajung la avion. Ajung la Cluj. 18:40. Fug la hotel. Nu pot dormi. Interviu la 20:20. Totuşi fur două ore de somn. Încălzire. Concert la 00:30. Este 2:30 când ies de pe scenă şi 3:20 când intru în cameră. Mă trezesc la 5:45. E vineri. E acum. Urmează să aterizez la Bucureşti la 7:45. Repetiție la teatru la ora 12:00, apoi avion către Timişoara la 17:40. Probe de sunet la 20:00. Cântare la Timişoara 23:00 – „The Note". Avion a doua zi la 6:00. Repetiție la teatru la ora 12:00. Cântare la Piteşti la 19:30. Nunta bunului meu prieten Beiu la Bucureşti. 1:00.

Ce-mi vine în minte? Rafalele de aer rece de la scara avionului, mâinile celor o mie de oameni din „Obsession" care păreau aripi de porumbei luându-şi zborul într-o piață mare, o stewardesă amabilă care-mi oferă suc de roşii, cartela de la hotel, liftul, tricourile ude, nu mai am aer la „Dumnezeu nu apare la ştiri", fețe fericite în public, sunt o păpuşă de cârpă la final, sunt un globe-trotter, sunt pe pilot automat, dar jur că-mi place fiecare secundă din goana asta nebunească şi sunt fericit că nu trebuie să merg la birou, zi de zi, să am ceaşca mea de cafea personalizată, un wallpaper cu vreo stațiune exotică, şase birouri într-o încăpere mică, poveştile de zi cu zi şi țigara de pe hol din 50 în 50 de minute.

Nu, nu e aroganță, pur şi simplu asta nu e pentru mine – pentru mine e tristețea dimineților că s-a terminat şi speranța unui de-a pururi nou început. *I love this life. My life.* Timişoara, sunt varză, dar ne vedem diseară cu zâmbetul pe buze.

LA PLECAREA LUI GHEORGHE DINICĂ

10.11.2009

Repetam când am aflat de plecarea lui Gheorghe Dinică. M-am gândit mult dacă are rost să scriu rândurile astea. Ştim cu toţii ce va urma. Specularea mediatică a momentului. Cele trei zile de pioasă evocare, transmisiile în direct care vor număra florile de pe mormântul marelui actor. Trei zile de transmisiuni ale „tragediei", „durerii", „pierderii incomensurabile". După care se va reveni la imortalizarea stropilor din mocirla politică.

Când Gheorghe Dinică făcea cât toată media din ţara asta la un loc, televiziunile care transformă acum moartea unui Actor în circ mediatic nu existau. Prin urmare, Gheorghe Dinică nu are nevoie de ele. Nici de rândurile astea nu are nevoie memoria lui.

Nu plecarea lui Gheorghe Dinică trebuie să ne întristeze. Altă etapă, altă dimensiune urmează pentru el. Din păcate, întrebarea care se ridică de câţiva ani creşte tot mai mult, ca o iederă care umbreşte prezentul şi viitorul generaţiei noastre: noi cu cine rămânem? Cine vine din spate? Unde este generaţia de actori care să-i înlocuiască în mod firesc pe giganţii teatrului şi filmului românesc? Nu există. Pur şi simplu nu există. Şcoala românească de teatru pierde fără să găsească înlocuitori. În facultate, profesorii se rotesc vertiginos la grupele de elevi. Aşa e mai nou sistemul. Profesorii titulari nu mai vin la cursuri pentru că sunt prea ocupaţi să se împartă între goana după bani şi goana după bani. Grupele de studenţi nu se mai bucură de profesorii titulari ca de nişte pedagogi şi psihologi. Nimeni nu se mai duce la profesor ca la un al doilea tată. Nu mai există aşa ceva în şcoală. Sunt asistenţi care nici măcar n-au urcat vreodată pe scenă. Sau, dacă au făcut-o, n-au confirmat.

Generaţia de aur a teatrului românesc a avut TIMP. Un spectacol puteai să-l repeţi un an şi nu aveai altceva de făcut. Banii nu erau o problemă. TIMPUL şi-a dat concursul la măreţia unui actor de talia lui Gheorghe Dinică. Când după revoluţie a venit vremea vitezei, marii actori au rămas la fel de mari pentru că trupul firav al talentului lor de început fusese hrănit cu TIMP, iar acum nimeni nu le putea lua asta. Noi însă ne naştem în viteză şi ne e din ce în ce mai greu să ne hrănim talentul – pe al nostru sau al generaţiilor care vor veni. Şi atunci, pentru că nu e timp, un student primeşte lecţii de la cinci profesori în loc de unul, doar-doar va rămâne ceva.

Pe Gheorghe Dinică prea puţină lume l-a întrebat cum se face teatru. Acum el a plecat. Ne-a rămas vocea inconfundabilă, filmele şi anecdotele fantastice care au făcut din el un personaj şi în afara scenei. Actorul total. Dar nu ne-a rămas un lucru vital pentru viitor: cum se face teatru, domnule Dinică? Ce bine ne-ar fi prins acum vreo zece dvd-uri în care să ne spuneţi cum.

Nu tristeţea mă cuprinde acum, la moartea domnului Dinică, ci frica, o frică paralizantă. Aceea că vom rămâne singuri, orbecăind şi nu vom mai avea pe cine întreba. Cum să fac aici? Cum să fac să-mi iasă? Cercul e vicios. Timpul naşte talent. Talentul naşte generozitate. Noi nu mai avem timp. Mai avem însă actori de mare talent. Dar ei pleacă. Şi cu ei pleacă generozitatea şi secretele meseriei.

După ce ne reculegem în faţa amintirii lui Gheorge Dinică, ar trebui să ne gândim la cei care mai sunt împreună cu noi. Vă las pe voi să-i numiţi. Slavă Domnului, încă mai sunt. Pe cei plecaţi nu-i mai putem întoarce şi numai amintirea lor nu ne va salva. Însă putem păstra secretele celor care mai sunt cu noi. Cu condiţia să ne aducem aminte şi să-i venerăm ACUM.

La revedere, domnule Gheorghe Dinică, şi vă mulţumim.

Nu pot să nu închei cu cea mai adevărată afirmație pe care am auzit-o de la el, cu vocea aceea etern șugubeață:

— Dacă Michael Jackson se năștea în România, cânta la Gogoșarul!!!

AMATEUR HYPNOSIS

11.11.2009

Şi acum închide ochii. Urmăreşte drumul unei frunze către pământ. Eşti însăşi frunza. Simţi durerea rupturii. Nu poţi să te împotriveşti. Te rupi de toată seva şi suflarea care ţi-au străbătut striaţiile. Eşti o frunză. Nimic mai mult. Nu lupţi. Nu poţi să lupţi cu desprinderea. Chemarea pământului. E o zi frumoasă de toamnă. Ţine ochii închişi şi priveşte în jur. Sunt dealuri gălbui care se pierd la orizont. Eşti o frunză. Copacul de care te vei desprinde în câteva secunde se află în vârful unui deal. Se văd casele, undeva jos, în vale. Sunt câteva case albe, aruncate în dezordine ca nişte zaruri ale unor zei păgâni. Nu deschide ochii. Nu te gândi la el. Nu te gândi la hainele tale, nici la masa de prânz, n-ai maşină şi nu ştii ce-i aia să conduci. Nu ştii să scrii şi nici sărutul nu-ţi mai freamătă-n minte. Nu simţi. Toate cuvintele pe care ţi le voi şopti nu există: el, mirosul lui, umilinţă, program, ambiţie, ticălos, a înşela... Copacul îţi trimite ultimele fire de sevă înainte de desprindere. În tine vibrează totul. Simţi un tremur uşor, constant. Voi înşira alte cuvinte care nu există: secundă, piele, grabă, nevoie, trist, mecanism, fior, gând. Vreau să treacă pe lângă tine cuvintele astea. Le auzi, dar n-au sens. Urmăreşte-mă, îţi voi vorbi din ce în ce mai încet şi mai rar. Cuvintele trec pe lângă tine. Le auzi, dar nu mai înseamnă nimic. Sunt doar litere puse cap la cap. Descompune-le:

iubire nu e iubire, e buirei, biruie, iuribe, uberii... şi tot aşa. Cuvintele nu mai contează, nu mai au sens, nu le mai simţi, nu te mai pot atinge. Ţine ochii închişi. Respiră adânc. Acum vei simţi o durere. Ca şi cum eşti într-un carusel ce-şi schimbă dintr-odată, brusc, direcţia. Apoi o eliberare. Toate astea le vei simţi la trei. Unu, doi, trei. Respiră, respiră adânc. Te-ai desprins de copac. Vântul te poartă uşor, în drum spre pământ. Priveşte dealurile, pentru ultima dată. Soarele arde albul caselor către care te îndrepţi în zbor. Vreau să deschizi ochii, acum. Uşor, uşor... Ţine minte că nu vezi nimic altceva decât pământul spre care te îndrepţi şi casele din zare – albe, imaculate, cu acoperişuri roşietice. Nu simţi nimic, nici cădere nu mai simţi. Ai atins pământul, dar continui să cazi. Toată vibraţia din tine se scurge în pământ. Simţi cum te infiltrezi. Acum eşti una cu pământul. Nu există cuvinte, nu există nimic. Auzi iarba cum creşte în jurul tău. Da, se poate. Nu e o metaforă. E iarba care creşte. Firele de iarbă te înconjoară. Soarele se strecoară printre ele. Eşti o frunză pe pământ şi te scurgi în pământ. Un gândac se cocoaţă pe tine. Auzi antenele cum vibrează şi foşnetul pe care-l fac căutând prin aer. Pământul se cutremură în apropierea ta. Sunt paşii unui om. Te striveşte un bocanc, te face una cu iarba, dar nu mai eşti acolo ca să simţi durerea. Continui să te scurgi în pământ. Aşa. Iarba îşi revine la normal. Se îndreaptă, după ce bocancul îşi vede de drum. În jurul tău vuieşte aerul străbătut de mii de gâze. E un zgomot colosal. Sunt sunete pe care nu le-ai auzit niciodată. Te depărtezi de ele, te depărtezi de tine, o frunză pe pământ. Te scurgi în pământ. Bucăţi din tine rămân ancorate în argile nisipoase şi printre roci. Te descompui. Eşti în diverse straturi de pământ. Nu mai eşti întreagă. Doar vibraţia te mai leagă pe tine de tine. Tu nu mai eşti. Natura a rămas în urmă. Eşti în mijlocul tuturor lucrurilor şi nu mai există sens. Nu mai există nimic. Acum, închide ochii. Respiră adânc. Numără până la cinci. Deschide ochii. Ne vedem miercurea viitoare.

CASA DIN LAPTE LUMINAT DE LUNĂ

26.11.2009

Într-o cameră cu pereți de lapte cald,

Fără tavan

Întins pe spate privesc cerul senin.

Stelele nu sunt stele, ci găuri într-o catifea neagră care ne desparte de o altă lume, luminoasă.

Stau cu tine în pat, iubita mea, ți-e trupul umbre şi alb din reflexele laptelui luminat de lună.

Dacă te ating, atingerea e atât de cumva, încât pare că mă ating pe mine.

Pe mine mă mângâi dacă te mângâi pe tine, iubita mea.

Aş putea să-ți fac un ceai negru cu lapte. N-am nevoie decât să scobesc cu ceaşca în pereții casei noastre fără tavan...

BĂRBATUL ÎN SMOCHING ŞI FEMEIA ÎNFLORATĂ

11. 12. 2009

În zorii unei zile, un bărbat în smoching stă rezemat de un zid pe bulevardul Magheru. Câțiva paşi mai încolo, o femeie superbă, cu fardul împrăştiat în jurul ochilor, stă pe vine şi priveşte în gol. E în picioarele goale. Îşi ține sandalele în mâini. Mă răzgândesc: e o rochie de seară. E o rochie lungă de mătase înflorată, culoarea vişinei putrede.

Nimeni nu e trist, deşi ai spune că femeia nu-şi poate reveni dintr-un şoc resimțit nu cu mult timp în urmă. Am mai putea adăuga că oamenii care merg la serviciu, gri şi posomorâți în dimineața asta de noiembrie, îi privesc ciudat pe cei doi. Dar nu vom adăuga asta. Vom lăsa trotuarul gol. Nu sunt oameni pe stradă în momentul ăsta.

Bărbatul îşi aprinde o țigară. Zgomotul brichetei de metal o trezeşte pe frumusețea înflorată, încremenită într-un gând fără culoare. Se ridică uşor şi păşeşte agale către bărbatul sprijinit. Papionul lui negru atârnă spânzurat de gulerul alb al cămăşii. Din albastră, lumina zorilor se face vernil. Femeia se insinuează molatec la pieptul lui. O mână se încolăceşte pe după mijlocul dur. Cealaltă mână apucă țigara dintre buzele lui, apoi se unduieşte prin spatele gâtului puternic. Un picior îşi face loc între picioarele lui. Este o potrivire lentă care mai durează câteva secunde până când cei doi încremenesc ca într-o poziție de final de dans. Acum bărbatul stă nemişcat şi priveşte impersonal strada.

Femeia oferă străzii un spate sidefiu şi omoplați de marmură ce se ivesc dintre florile mari ale rochiei tăiate lasciv. Trage adânc din țigară şi lasă fumul să-i invadeze plămânii pentru câteva secunde. Un oftat prelung este semnul că fumul bate în retragere. Buzele cărnoase, înroşite intens, lasă fumul să părăsească definitiv silueta de vis a femeii lipite de pieptul bărbatului în smoching. Este o fotografie frumoasă.

Mâine cei doi nu vor mai fi. O ceartă minoră va pune capăt poveştii lor. El nu va mai purta smoching de prea multe ori. Probabil că şi ea va detesta rochiile înflorate. Fericirea trădează când ți-e lumea mai dragă. Nimic nu va mai fi, în afara mirosului pregnant de pe gât şi umerii negri ai sacoului. Niciun picior nu se va mai potrivi aşa şi nici brațele de marmură nu vor mai atârna cu acea greutate perfectă. Nici lumina nu va mai fi din albastră verde, iar zgomotul buzelor lipindu-se de țigară nu se va mai auzi nicicând. Viața va merge înainte. Tot înainte.

„Trăieşte clipa" e o prostie, căci clipele care merită cu adevărat a fi trăite sunt rare. Bărbatul în smoching şi femeia înflorată vor şti asta mereu. Cei doi se desprind din îmbrățişare şi păşesc agale pe Magheru. Şoldurile ei desenează inimi. E poate doar un vis al povestitorului acela că s-ar fi certat a doua zi. Nu mai ştiu nimic de ei după ce i-am pierdut, căci au luat-o la dreapta, pe o stradă laterală.

CUM RATĂM IUBIREA

17.12.2009

Oamenii fac greşeli mari de dragul iubirii. E un fapt ştiut. Ajung să se substituie celui de lângă ei, în formă doar. Ratând fondul.

Aud adesea că iubirea înseamnă să-l sprijini pe cel de lângă tine în momentele grele. Să simţi nevoia să o faci. Asta nu presupune însă că îl înţelegi, că ajungi să-i studiezi resorturile şi să ştii care sunt nevoile lui REALE.

Compasiunea faţă de nemulţumirile sau nefericirea partenerului tău şi umărul pe care i-l oferi nu înseamnă nimic altceva decât un antiinflamator sau, cel mult, un anestezic.

Înţelegerea nevoilor reale ale persoanei iubite, ăsta este pariul unei relaţii. Să mergi adânc în sufletul celui lângă care trăieşti şi să nu transformi o relaţie într-o mecanică a şabloanelor: „Hai să-l sun să văd ce face", „Cum a fost la birou, iubitule?", „Eşti bine?", „Hai să ne relaxăm în weekend, vrei?", „Hai lângă mine şi uită de toate problemele pentru câteva ore" – toate propoziţiile astea împărţite într-un orar prestabilit nu fac decât să reducă la o temă generală nevoia unuia pentru celălalt.

Peste asta vine frica oamenilor de a-şi spune în faţă, unul altuia, ce-şi doresc cu adevărat. Mai ales în plan spiritual. Din iubire, oamenii îşi menajează partenerii. Anumite lucruri nu se spun pentru că ar fi prea dur sau prea pretenţios pentru celălalt. Şi uite aşa ajungi să-ţi priveşti partenerul şi să-ţi pui întrebări (pentru că nu i le pui lui) privind posibilele lui capacităţi de a-ţi oferi ceva ce nu-i vei cere niciodată. De frică.

Pentru că iubirea e pe cât de curată, pe atât de perfidă. Ea se naşte şi înfloreşte cu cele mai înălţătoare sentimente, dar moare otrăvită de cele mai ascunse îndoieli.

Puterea de a afla totul despre cel din faţa ta, fără a-i tulbura apele sufletului, da, asta e marea provocare a iubirii. De câte ori nu ne-am pus întrebarea asta: „Cum să te fac să afli ce vreau de la tine, spiritual vorbind, fără să te fac să suferi, fără să te lovesc?". Şi de câte ori am rostit-o partenerului nostru?

Iubirea începe cu întrebări simple pe care le rostim şi sfârşeşte cu întrebări la fel de simple pe care nu le punem niciodată.

MÂINILE. STUDIU ÎNGERESC

22. 12. 2009

— Vezi cât sunt de mici? Ca două gogoaşe minuscule, nefolositoare. Sau ca două castane. Observi cum se mişcă, spasmodic? Şi prelungirile alea scurte... Curând vor creşte. Alea se numesc degete.

Îngerul senior zâmbea şi îl privea cu serenitate pe îngerul aspirant.

— Da. Bucăţile astea mici de carne cu degete se numesc mâini şi sunt absolut nefolositoare în prima lor fază, conchise îngerul senior. Candide însă, trebuie să recunoşti. Redeveni serios. Observă, te rog, pielea acolo unde se întâlneşte mâna cu antebraţul. Face nişte cute, se îngrămădeşte parcă, acolo, ca un surplus de carne. Pielea se va întinde pe măsură ce timpul trece şi braţul Omului va creşte. Mâinile lor, când sunt mici, nu prevestesc nimic din călătoria ce va urma.

— Ce va urma? întrebă puiul de înger.

— Hai să-ţi arăt. Uite aici, de exemplu: vezi că degetele s-au lungit şi s-au încolăcit pe beţigaşul ăsta de parcă se agaţă disperate de el. La capăt, unde se întâlnesc ca să strângă beţigaşul, sunt mai albe, iar imediat mai sus, uşor roşietice. Sunt primele lor semne de învăţătură. Se concentrează să scrie. Chestia asta cu scrisul e o invenţie de care noi ne-am amuzat teribil când s-a întâmplat. Ei nu prea ţin minte şi simt nevoia să-şi pună gândurile în siguranță. Pentru asta folosesc hârtii. Hârtiile sunt un soi de înveliş de mergolymină pe care o usucă şi o zgârie uşor cu lichid închis. Când învață să scrie se concentrează puternic şi strâng bețigaşul cu trei degete atât de tare încât sângele părăseşte vârfurile degetelor. Cu vârsta, se obişnuiesc. Acum nu e mare diferență între mâinile bărbaților şi cele ale femeilor. Sunt mâini de băieți şi de fete. Dar capătă delicatețe, vezi? Încheietura nu mai este atât de umflată şi degetele alungite par atât de fragile. Ştii cu ce seamănă? Cu antenele de la hypogrumii noştri.

— Aşa e, ai dreptate. Doar că hypogrumii au cerculețe egale jur-împrejurul antenelor.

— Da, dar felul în care se mişcă şi lungimea lor seamănă.

— Mai vreau...

— Uite aici. O mână de mamă cum strânge mânuța copilului ei. Din păcate, ăsta e un gest disperat. Vezi cum s-a încleştat mâna mai mare şi aproape că a ascuns în ea pe cea a pruncului? Aici, el e pe cale să vină la noi şi maică-sa nu se poate despărți de el. Îi strânge mâna cu putere, o încleştare disperată. Mâinile lor spun mereu foarte multe lucruri. Dacă s-ar preocupa mai mult, dacă şi-ar urmări mâinile unii altora ar afla mai multe. Preferă să se privească în ochi. Au senzația că acolo stă adevărul. Ciudat. Spun că ochii nu mint. De fapt, mâinile nu mint.

— Ce tare îl strânge de mână... Ce sunt dungile alea albastre-verzui de pe mâna mamei?

— Sunt vene. Încep să apară odată cu frământările lor. Traficul sângelui. Îşi fac loc şi se zbat, încercând parcă să demonstreze că sunt acolo. Dumnezeu a creat omul, ştii, dar e atât de complex... nici eu nu ştiu cum funcționează toate. Ei înşişi îşi petrec mare parte din viață încercând să afle. Oricum, venele astea sunt nişte canale subțiri prin care aleargă substanța care îi hrăneşte. Pe măsură ce îmbătrânesc şi încep să simtă tot mai mult, sângele străbate canalele alea cu viteze diferite. Şi uite-aşa venele încep să iasă la iveală şi le poți vedea cum parcurg mâinile şi picioarele.

— Nu-mi place imaginea asta... să mergem mai departe.

— Bine, dar să ştii că trebuie să înveți şi bune, şi mai puțin bune... Mă rog... Uite aici, mâna asta albă cu degete prelungi. Priveşte ce frumos se unduiesc. Uite cum atinge puful de pe faţa arsă de soare a băiatului. Pentru asta se pare că merită să ai mâini. Aşa mi-a spus odată Dumnezeu. Oamenii au puterea asta de la Dumnezeu. Ei simt cu mâinile şi transmit. Fiori de căldură traversează acum trupul băiatului cu faţa arsă de soare. Pentru că ea este iubita lui. Şi îi spune asta cu mâna. Doar îi atinge faţa şi el închide ochii şi simte că e iubit. Sau aici, vezi? Pe banca asta. Uite-le cum se împreunează.

— Da' de ce nu-şi spun nimic? Stau aşa lipiţi şi-şi amestecă mâinile...

— Sunt la început, ăştia doi. Abia s-au cunoscut. N-au curaj să-şi spună lucruri şi lasă mâinile să vorbească pentru ei. E momentul când oamenii sunt cel mai aproape de noi. Nimic nu-i tulbură şi toată fiinţa lor e în mâini. Priveşte degetele cum se încolăcesc şi se caută. Parcă e joaca naturii acolo. Sunt lebede care-şi apleacă gâturile lungi să bea apă, şerpi letargici încolăcindu-se lent, muguri de flori care se deschid, tremurul libelulei, un cioc de acvilă, solzii peştilor, sunt unghiile, podul palmei lui parcă e o piatră albă de râu. Mâinile lor pot fi orice. Acum, fără să-şi dea seama, îşi schimbă poveştile între ei, iar dacă drumurile lor se încrucişează pe undeva, mâinile vor transmite asta. Dumnezeu a pus toţi ochii lumii în buricele degetelor, dar oamenii nu se folosesc de asta decât la începutul Iubirii. Apoi uită şi se iau cu viaţa şi credinţa lor că mintea le arată drumul.

— Ce-i cu măciulia asta?

Îngerul senior izbucneşte într-un hohot de râs exagerat, aproape grotesc. Discipolul îl priveşte întrebător din spatele aurei ca o perdea de apă.

— Nu-i nicio măciulie, deşi nu eşti prea departe. E mâna strânsă a unui soldat. Vezi cele cinci noduri ca nişte pui de castane? Acolo încep degetele, iar când mâna e strânsă, formează pumnul. De fapt, degetele sunt formate din carne şi oase. Carnea înfăşoară oasele până când oamenii se leapădă de suflet şi de gând. Atunci sunt morţi. Acolo unde se formează pumnul falangele se împart în două şi se leagă ca să formeze „puii de castană".

— De ce strâng oamenii mâinile?

— Din multe motive. Toate se schimbă, însă, pe măsură ce trece timpul peste ei. Cel mai adesea apucă lucruri. Le mută dintr-o parte în alta. Le pun într-o anume ordine şi ridică tot soiul de aşezări. Se hrănesc.

Cel mai mult îşi fac rău. Se lovesc. Cu pumnii. Sau apucă tot felul de lucruri cu care îşi iau viața unii altora. Se omoară. Multe nenorociri se întâmplă când oamenii îşi îndoaie degetele în pumn. E ca o bucată de lut, mâna asta de soldat.

— Mie-mi pare mai degrabă un bolovan învelit în pergament.

— Vezi liniile roşietice? Sunt tăieturi. De obicei, le capătă când apucă tot soiul de lucruri sau când se luptă. Se taie şi curge sânge, lichidul ăla care-i ține în viață. Apoi, după ce se usucă, rămân semne ca astea pe piele. Bărbații sunt cel mai adesea zgâriați pe mâini.

— Îşi fac atâta rău...

— Da, mâinile iubesc, mâinile urăsc. Iartă şi ucid. Toată viața oamenilor e în mâinile lor.

Îngerul râde iarăşi, hohotind.

— Ce mai e acum?

— Mi-a ieşit un joc de cuvinte amuzant. Am spus că viața oamenilor e în mâinile lor. Pentru mine asta înseamnă că toată ființa lor se oglindeşte în mâini. De aia îmi şi plac atât de mult. Pentru ei însă, aceeaşi propoziție înseamnă că au drept de moarte asupra vieții. Că se pot juca cu viața lor, în fel şi chip. De aia râd. Hai să-ți arăt ceva.

Îngerul senior îşi luă un aer serios, apoi făcu nişte gesturi largi vălurind aerul. Discipolul privi tăcut. Îngerul îi urmărea pe furiş reacțiile. O lumină roşietică, groasă ca un lapte, îi învălui pe cei doi. Totul vibra în jur, semn al unei emoții crescânde. Îngerul aspirant gemu:

— Ce se aude? Cât este de frumos... În ce se afundă degetele?

— Este cel mai frumos lucru inventat de om. Este un pian. Iar mâinile sunt ale unei fecioare care cântă. Aici, mâinile îşi dau măsura. Vezi cum mângâie bucățelele albe şi negre din lemn? Clapele. Nu oricui îi este dat să poată face asta. Nu toți oamenii pot. Dar toți, deopotrivă, sunt fermecați, ca şi tine acum. Muzica. Se numeşte Muzică momentul ăsta când mâinile apasă lemnul. Priveşte cât de uşor alunecă pe clape. Primii paşi ai unei căprioare... furia unei caracatițe ce-şi aruncă tentaculele în toate părțile... unduirea trestiilor în bătaia vântului... conuri de brad care lovesc pământul... porumbei ciugulind nimicuri... plecăciunea unui supus în fața regelui sau lumânări care se încovoaie de căldură, miere curgând din ulcior, rădăcini smulse din pământ, picioarele cailor în galopul sălbatic. Nimic din ce a făcut Omul nu-i mai aproape de Dumnezeu ca muzica.

— Îl iubesc pe om, spuse îngerul mic.

O spuse simplu, netulburat, şi glasul lui însoţi ca un clinchet de clopoţei melodia izvorâtă din mâinile fecioarei. Aerul vibra de frumuseţea unei descoperiri.

— Aş vrea să am şi eu mâini, fie şi pentru o zi...

— Taci, spuse îngerul senior, abrupt. N-ai voie să-ţi doreşti aşa ceva. Tu însuţi eşti una din miliardele de mâini ale lui Dumnezeu!

— Dar omul...

— Taci. Hai să-ţi arăt mai departe.

Şi îngerul senior continuă povestea mâinilor. Îl duse pe discipol în locurile întunecate pe care nu i le mai arătase până atunci. Îi arătă partea rea şi dureroasă a mâinii. Degetele butucănoase ale zgârceniei şi tremurul vanităţii, unghiile negre ale uneltirilor şi mâinile durerii cu unghiile smulse din carne, vânătoarea de oameni şi ghilotinele, degete sfârtecate cu carnea arsă sau atârnând pe os ca steagul rupt al unui batalion care se predă, ciumaţii şi leproşii cu mâinile lor, mâinile reci, umede şi nemişcate ale criminalilor, degete nesătule de poftele neîmplinite, mâinile rătăcind prin aer ale nebunilor, surzilor, mâini resemnate, mâini slăbite de curbele vertiginoase ale destinelor, îi arătă mâini învineţite şi uscate de bătrâneţe, moarte sau înţelepciune, mâini strâmbate de suferinţă ca nişte tufe de trandafiri sălbatici, mâinile cleioase ale laşilor şi mâinile pudrate ale politrucilor şi curtezanelor, mâinile gălăgioase ale beţivilor, mâinile mizerabile ale alcoolicilor, stivele de mâini din gropile comune ale oamenilor. Se opri, brusc, în tăcere.

— Gata? întrebă cu voce stinsă îngerul aspirant, semn că degetele fecioarei care iubea clapele cu mâinile pentru a naşte muzica se şterseseră din memoria brutalizată de atâta durere.

— Niciodată nu e gata. Mai sunt miliarde de mâini... O singură imagine mai vreau să-ţi arăt. Priveşte.

— Nuuuuuu... urlă îngerul aspirant şi urletul lui străbătu cerurile şi înconjură Pământul.

Simți o durere în toată ființa lui.

— E mâna fiului lui Dumnezeu străpunsă de pironul Omului.

— Nuuuuu... De ce?

— Omul poate să mângâie clapele pianului şi apoi să înfigă pironul în mâna lui Dumnezeu. Pentru asta n-ai voie să-ți doreşti mâinile lui, fie şi pentru o clipă.

Lecția de azi s-a terminat. Îngerul senior se depărta, bolborosind ceva de neînțeles. Îngerul aspirant se simțea răscolit şi nu-şi putea explica durerea care îl cuprinsese la vederea ultimei imagini. Ultimele cuvinte ale îngerului senior se loveau de marginile ființei lui. Lumina se răspândi uşor ca o ceață care se ridică deasupra mlaştinilor. Aerul vibra din nou. Îngerul simți prezența lui Dumnezeu pentru câteva clipe. Ascultă în tăcere, apoi, după câteva secunde, se trezi şoptind:

— Eu pot doar să iubesc...

SĂ OMORÂM SINDROMUL CARAGIALE

2.01.2010

Cred că una dintre problemele noastre reale ca popor este un fel de sindrom Caragiale pe care nația pare a-l fi îmbrățișat cu succes și la umbra căruia lâncezim fatalist, anesteziați moral.

Personajele lui Caragiale sunt profund imorale, ambivalente. Pristanda impune cu succes numărătoarea dublă în favoarea stăpânilor; Cațavencu e în stare să facă și să desfacă alianțe cu oricine – ba mai mult, linge unde a scuipat în speranța unui viitor în care zarurile să cadă mai fast, Agamiță Dandanache propune șantajul etern; coana Joițica face un joc amoros dublu fără să-și pună vreun moment problema adulterului; Trahanache e prea senil ca să mai fie moral; Tipătescu e junele orgolios prea orbit de putere ca să fie deranjat de un triunghi amoros promiscuu.

Numai geniul lui Caragiale face ca toate aceste personaje să fie simpatice. De fiecare dată când citim sau privim spectacolele sale, râdem de aceste personaje, apoi ne mulțumim să ridicăm în slăvi „actualitatea" scrierii lui nenea Iancu. Nici prin cap nu ne trece să condamnăm vreodată aceste vicii. Râsul este de ajuns. Este pedeapsa capitală. Hazul de necaz e condamnarea definitivă pe care noi ne-am însușit-o mai presus de situațiile și personajele lui nenea Iancu.

Noi am făcut din „hăhăială" apoteoza condamnării morale – mai mult decât atât, un fel de scut, o împrejmuire care ne scoate pe fiecare dintre noi în afara jocului murdar.

Noi, românii moderni, suntem oricând dispuşi să pedepsim prin râs, dar numai atât. De parcă această „hăhăială" naţională care condamnă vicii mai mult sau mai puţin grave ar fi de ajuns. În fapt, nu face decât să-i simpatizăm şi mai mult pe autorii faptelor reprobabile, iar pe noi, cei care ne hăhăim fatalist, ne ajută să credem că n-am fost şi nu vom fi niciodată condamnabili. Căci râzând, noi ne constituim într-un fel de instanţă superioară, blajină şi condescendentă care nu mai are timp să observe că perpetuează acelaşi tip de rău. Râsul ne oferă doar iluzia excentricităţii noastre morale. De fapt, suntem la fel cu cei de care râdem tocmai pentru că nu-i pedepsim.

Anii postrevoluţionari au născut tot felul de astfel de personaje care mai de care mai pitoreşti. Foşti securişti ajunşi în funcţii de conducere, bancheri fantomatici, politicieni mizerabili care fură cu zâmbetul fermecător pe buze, afacerişti ai statului, doamne de o calitate îndoielnică poleite cu lux la braţul unor ţărani îmbogăţiţi peste noapte, mitocani transformaţi în invitaţi de onoare ai show-urilor tv, miliardari de plastic, moguli securişti, târfe prospere, jurnalişti decăzuţi, ziarişti fără ziare, profeţi de ocazie, investitori fără investiţii, oameni de afaceri, diverşi trepăduşi.

Toţi au în comun un traseu dubios printre jaloanele statului şi afaceri cu bani publici. Unicul scop: banul şi puterea, fără niciun fel de preocupare faţă de cei care plătesc taxe. Faţă de umilul cetăţean spectator. Praful şi mizeria în spatele cărora aceste personaje odioase par să fi revalorizat şi monopolizat România, praful şi mizeria în spatele cărora scheme simple de prăduială se desfăşoară neîntrerupte de nimic au fost ridicate de hohotele noastre de râs.

La adăpostul umorului ca formă de izolare a „mizerabililor", ei n-au făcut altceva decât să-şi vadă de drum. Hăhăiala nu i-a împiedicat de la nimic – ba mai mult, i-a făcut simpatici şi cunoscuţi. Românul vrea să râdă. „Să-i dăm atunci românului prilej de râs", au urlat televiziunile în cor. Grupurile de umor s-au năpustit asupra genului: scenete cu personajele momentului, de parcă nimic altceva n-ar mai fi putut să ne smulgă vreun zâmbet. Caricatura nu a făcut decât să dea amploare personajelor reale. Căci prin definiţie caricatura este îngroşarea prin tuşe a defectelor unui personaj consacrat. Mizerabilii noştri însă n-au valoare intrinsecă. Hăhăiala noastră îi face întâi caricaturi, pentru ca mai apoi să-i transforme în personaje credibile. Este exact drumul invers. Ca un exemplu, Mircea Geoană riscă să devină un personaj simpatic, demn de mila noastră superioară, deloc condamnabil, care prin numărul de bancuri apărute pe seama lui are mari şanse la o viitoare candidatură. E doar un exemplu.

Ce presupune schimbarea? Şi ce ar putea să ne aducă ea? Schimbarea ar însemna pentru început să nu mai râdem de ei. Să nu-i mai confirmăm prin râs. Să salvăm acest tip de energie pe care o eliminăm râzând. Să nu-i mai hrănim cu hohotele noastre de râs. Ar fi un prim pas. O răceală seacă ar trebui să fie tot ce le oferim acestor „modele mizerabile". Să nu-i mai folosim pe post de bancuri şi să nu le mai condamnăm prin râs devierile comportamentale şi viciile. Să nu mai râdem de hoţie, mitocănie, arivism, duplicitate, minciună, demagogie, şmecherie, falsitate, prost gust, incultură. Să nu le mai dăm votul râzând. Să nu-i mai validăm.

În primă fază, această atitudine s-ar putea să nu aducă nicio schimbare. Dar în absenţa râsetelor noastre se va lăsa tăcerea – iar în tăcere, vocile celor care au curajul să-i condamne pe cei care ne fură banii, demnitatea şi valorile s-ar putea să se facă auzite. Fără râsetele noastre se vor auzi doar răgetele lor, dar şi vocile celor care vor să-i pedepsească cu adevărat. Marea hăhăială *à la* Caragiale trebuie să se oprească. Râzând de ei râdem de noi – ba mai mult, devenim apărătorii lor.

Se spune că umorul te ajută să treci mai uşor peste momentele dificile. Dacă vom râde pentru eternintate vom „inveşnici" momentul dificil prin care trecem. Râsetele noastre nu trebuie să mai ascundă şi să hrănească monştri şi moravuri. E de ajuns. Şi nu e greu. Putem începe prin a fi serioşi în ceea ce-i priveşte pe mizerabilii zilelor noastre. Ăsta e un lucru pe care-l putem face fiecare dintre noi.

Pentru cei care vor să râdă cu orice preţ există Stan şi Bran, Buster Keaton, Charlie Chaplin, Benny Hill, Fernandel, Jerry Seinfeld, Jay Leno, Dem Rădulescu, Toma Caragiu, Chevy Chase, Louis de Funès, Birlic şi lista poate fi completată de fiecare dintre voi.

Pe această listă însă nu trebuie să se regăsească reprezentanții mizeriei zilelor noastre. Pentru că asta nu mai e şi nu mai trebuie să fie de râs.

Caragiale a scris câteva piese de teatru condamnând cu umor viciile morale ale epocii lui. Noi am transformat lectura acestor piese în strategie de supraviețuire prin râs. Nu a funcționat. Ba mai mult, a dat naştere unor monştri. Poate că ar trebui să încercăm şi altfel.

TOATE CUVINTELE LUMII...

5.01.2010

Un publicitar, un actor şi un profesor de matematică privesc încurcaţi la femeia de serviciu care vorbeşte portugheză. În Valea Binecuvântată sunt 29 de grade sub zero. Cei patru sunt înghesuiţi într-una din încăperile unui beci. Portugheza se învârte printre ţevile unei centrale termice. Ceilalţi trei aşteaptă înfriguraţi rezultatul conversaţiei.

Deasupra lor, la parterul casei, sunt vin roşu de Saint-Estèphe şi nişte fripturi aburinde în sos Roquefort. Dimineaţă s-au mâncat pâine coaptă de la brutăria satului şi croasanţi simpli. Apoi, pe la prânz, s-a băut punci de mere cu rom. Fierbinte, cât să-ţi lase frigul doar în amintire. Limbile pământului se amestecă în timpane. Poate vrei să schiezi la lumina lunii, Marie-Anne.

Portugheza deschide un robinet. Ţâşneşte apă rece. Şi hohote de râs. Suntem departe de căldură. Bat clopotele de la biserica din sat. Sau o fi orologiul. Ce frumos pluteşte în aer formula zăpezii.

Cântă Gheorghe Dinică mai pe seară, după ce s-a trezit şi vinul de-a binelea. Nu ştiu ce-am făcut cu portugheza, da' parcă e mai cald acum. Deşi Dona Dumitru Siminică rămâne cel mai mare lăutar al urechilor mele, discul lui Dinică are ceva magic. Forţa din spatele acestui om e cea care mă face să-l ascult cu drag, nu amintirea lui. E viaţa lui care se cântă prin el. Nu mai contează timbru, ureche muzicală, ambitus, nimic – e starea unui om care s-a oglindit toată viața în versurile pe care le aud eu acum. Un om care-şi cântă trecutul. Nu mai vrea să demonstreze nimic. Scena nu mai e pentru el. Mlaştinile talentului şi prăpăstiile orgoliului au fost depăşite. Actorul nu mai vrea să arate nimic. A rămas omul şi un cântec sincer. Nu mai cântă pentru nimeni. Miza a dispărut în spatele trecutului. Nimeni nu-şi mai aminteşte nimic.

Am să iau toate cuvintele lumii şi-am să le învârt până când o să mă liniştesc, citind câteva propoziții. Cât de puțin lipseşte să amesteci perfect cuvintele lumii. Cât de aproape suntem. Alergăm paralel cu perfecțiunea. Ne uităm la ea şi nu reuşim să-i ieşim în cale. Şi suferim ca nişte câini până când începe să ningă, fierbe vinul, cântă Marlene Dietrich şi Gogol e mai profund decât Caragiale. Şi e mai trist. Pentru că în stepa rusească e loc pentru toată mizeria lumii. E atâta spațiu în care mizeria se lăfăie până când, la capătul drumului, în goana calului, Cicikov are timp să-şi intersecteze privirea cu dragostea pe care n-o va atinge niciodată. Dar o vede, Doamne Dumnezeule, o vede...

CAFENEAUA

13.01.2010

S-a întâmplat ieri. Şi m-a răscolit. Mi-a făcut sufletul valuri. Ca un lac bătut de vânt. Şi mi-a stârnit doruri de mult apuse în spatele lumii mele.

Am intrat în cafenea pe la patru. Ora e importantă, măcar pentru faptul că la patru e lumina aceea care mângâie munții şi zăpada într-un anumit fel. Se apropie noaptea şi în jurul zilei se învârte o tristețe inexplicabilă, ca un blestem păgân care-ți roade pântecele creierilor. Aş fi vrut să găsesc loc la fereastră să mă strecor în noapte, odată cu munții. Nu era. Mi-am găsit o măsuță înghesuită într-un colț, de unde vedeam însă întreaga cafenea. O cafea neagră cu coniac de mere şi struguri, un ştrudel, o plăcintă cu brânză. În trei limbi, vocile oamenilor se amestecă molatec prin capul meu răcorit de înălțimile de peste zi.

Încerc să citesc şi cuvintele mă sustrag dintre vocile cafenelei. Doar în răstimpuri se mai înalță câte un glas care mă trage de mână, mă vrea întors acolo, în prezent, printre oamenii cafenelei peste care se lasă seara. Mai toți bătrânii din jur au pielea feței bătută de vânturi şi arsă de soare. Roşcată pe alocuri sau cu pete maronii, boțită ca folia de aluminiu, căci pergamentul nu mai e un termen de comparație al zilelor noastre.

Ochii lor sunt însă tineri şi jucăuşi. Îmi pare oarecum dramatic contrastul ăsta dintre limpezimea ochilor şi pielea care ameninţă să cedeze, ca o ţesătură prea distrusă de curăţătoriile chimice. În faţa mea, dincolo de vreo două mese libere, un bătrân îmi oferă un profil, citind ziarul. Are un nas coroiat care trimite la zgârcenie, e slab şi colţurile gurii subţiri îi dau un aer răutăcios. Pare stăpân pe sine, în ciuda unui tremur uşor al capului. Îl fixez îndelung, să văd dacă e permanent. Este.

Bătrânul are ochi albaştri spălăciţi, care nu spun nimic. Mai degrabă îţi stimulează imaginaţia şi gândul îmi zboară la un ofiţer nazist. Mâna care nu ţine ziarul îşi roteşte degetele peste o ceaşcă de cafea. Pare un om sigur pe sine, ca toţi bogătaşii din Valea Binecuvântată, mă gândesc că poate a distrus câteva mii de scrupule ca să-şi bea cafeaua liniştit, cu privirea asta arogantă şi siguranţa de sine a unui tren elveţian. E îmbrăcat elegant, însă nestudiat. Eleganţa vine din puloverul vişiniu, lălâu, de sub care răsar gulerele lungi ale unei cămăşi albe, peste care se înfăşoară, aruncat parcă într-o doară, un fular tricotat cu modele din culori moarte, ca un fel de colaj de toamnă de prin Apuseni amestecat cu Bărăgan. Mi-e antipatic şi nu înţeleg de ce.

Nu schiţează nicio mişcare, în afara tremurului pe care nu-l poate controla şi degetele lungi, zbârcite, care cercetează febril marginile ceştii de cafea. Îl abandonez preţ de câteva pagini bune. Ca prin vis, chelnerii se derulează pe la periferia ochilor mei, care poate că vor obosi cât mai târziu, mult după ce pielea va fi cedat în lupta asta absurdă cu gravitaţia timpului. Oamenii vin şi pleacă din cafeneaua elegantă. Elegantă nu prin feţele de masă impecabil scrobite sau mobilierul solid, din lemn de munte, frumos şlefuit. Nici măcar prin vitrina imensă care se întunecă. E ceva mai mult decât atât. Eleganţa vine parcă din toate fantomele care bântuie locul ăsta la care nu s-au mai putut întoarce ca să retrăiască un moment de supremă fericire.

Parcă e un loc bântuit de toate zâmbetele şi privirile care l-au populat de la înfiinţare şi până acum, când eu citesc retras într-un colţ la o masă mică pentru două persoane. Căci e un loc unde cu siguranţă intri când eşti fericit. Apoi, într-o zi, pleci şi tu de pe lumea asta dragă şi te întorci mâhnit să-ţi vânturi fantoma prin faţa celor care gustă din fericire, înlocuindu-te pe tine şi pe alţii ca tine. Sufletul doar rătăceşte pe la mese, nimeni nu aude, nu vede. De aici vine eleganţa acestui loc înţesat de blănuri scumpe şi căciuli de schi, pahare de şampanie şi ceasuri de legendă, pulovere fine de caşmir sau obraji de fete rumeni de frig şi netezi ca un perpetuum mobile, aromă extravagantă de trabuce, aici, în vârf de munte, şi ciocolată caldă sau fanteziile lumii întrupate în zeci de prăjituri.

Surpriză. La masa bătrânului se aşază o femeie în vârstă. Gâtul lung şi şubred este înfăşurat într-o helancă de culoare cafeniu-deschis. Chihlimbar la gât. Fardul nu e ostentativ, doamna este coafată recent şi atent, cu volum. Pantaloni bărbăteşti maronii şi un inel de argint cu piatră sclipitoare. E o femeie caldă cu aer de pedagog. Nu ştiu de unde vine o aparentă severitate care nu reuşeşte să mascheze sufletul unui om bun. Un om bun, un om rău. Stau şi mă gândesc cum atribui eu etichete, aşa, ca un băiat care lipeşte impersonal afişe electorale. Le-am făcut celor doi o viață, o istorie. El e rău, ea e soția dominantă severă şi dedicată. Mai bine mă întorc la citit.

Mai cer un ceai. Bătrânul zâmbeşte şi se apleacă spre doamna maro-crem. Îi vorbeşte. Nu mi-aş fi imaginat gura subțire capabilă să mai zâmbească. Lasă ziarul deoparte şi articulează liniştit, rar. Pot să ghicesc după pauzele buzelor sale. Ea încuviințează. Dintr-odată, privind la cei doi bătrâni apropiați peste masă, vorbindu-şi unul altuia, mă cuprinde un soi de linişte sau armonie – sau ambele. E ceva ca o muzică de cameră în conversația lor. Jocul buzelor, tremurul, aprobările elegante ale doamnei crem, ziarul, ceaşca de cafea, chelnerul alb-negru care se apleacă uşor, întrebând ce poate dori doamna şi ținând cont de bătrânul deşirat şi sever care probabil că nici lui nu i-a zâmbit până acum.

O geacă albastră soseşte furtunos la masă şi-mi dă planurile peste cap. Apuc să văd un bărbat solid şi brunet la vreo treizeci şi cinci de ani care priveşte scurt de jur-împrejur, apoi se aşază mângâindu-şi mama uşor pe spate. Niciun gest către moş. Se aşază cu spatele la mine. Costumul de schi a năvălit abrupt în povestea asta. E o familie venerabilă şi atât, îmi spun. Mă întorc la citit. Cei trei întețesc o conversație normală. Vorbesc nimicuri de peste zi sau poate despre câte o rudă, fiul lor iată că şi-a făcut timp şi-i mai pune la curent cu viața personală, poate despre familie sau alte mărunțişuri fără vreo rezonanță cu ceva.

La un moment dat am impresia că spațiul s-a micşorat. Mă uit spre vitrina imensă. Într-adevăr, întunericul ne-a redus dimensiunile şi s-a instalat confortabil la geam, ca un copil răzgâiat care îşi lipeşte nasul de sticlă, dinspre afară către înăuntru, în timp ce părinții exasperați îl cheamă să-şi termine piureul cu pui.

În fața mea, bărbatul schior cere nota. Redevin atent. Cei trei tac acum. Doamna crem e uşor tensionată şi-şi priveşte îngrijorată soțul care-şi trage o pereche de mănuşi maronii peste degetele zbârcite. Niciun cuvânt. De parcă urmează un moment solemn ca o decernare de premii sau un discurs. Chelnerul e prompt. Bărbatul plăteşte. Cash. Am impresia că mă holbez. De fapt, mă holbez, fără să mă pot abține, la o scenă normală. Apoi bătrânul se ridică. Nu, nu se ridică, face eforturi. Cei doi nu schițează niciun gest. E un tremur uşor în tot corpul, bătrânul ştie că nu trebuie să-şi abandoneze zâmbetul forțat. E ca şi cum ar spune „ştiu că vreți să mă ajutați, dar trebuie să înțelegeți că e important pentru demnitatea mea să mă ridic singur". Mama şi fiul stau la pândă. Mă trece un fior. Pot să simt încleştarea mâinii pe marginea mesei și... iată-l în picioare.

Nu ştiu de ce, mă înduioşez. De fapt, ştiu de ce, dar alung gândul ăsta imediat. Nu vrea să plece, se cuibăreşte într-un colț al minții şi mă priveşte întrebător. Bărbatul îi oferă haina bătrânului. Doamna îmbracă singură o blană roşcată pe care moşneagul elegant şi deşirat o priveşte cu admirație. Îşi trage pe el haina, cu greu. Bărbatul se pune în fața lui. Bătrânul îl priveşte sever, dar nu pentru mult timp. O fracțiune de secundă. Ultima scânteie a bărbăției. Apoi acceptarea, resemnarea amestecată cu bucuria că e fiul lui acela care îi încheie haina.

O ultimă încercare. Cordonul. Nu va reuşi, îmi zic. Într-adevăr, mâinile tremurânde încearcă să împerecheze acul de la catarama cordonului cu una din găuri. Bătrânul e concentrat. Cum stă aşa, cu capul în jos, pare un şcolar scos la tablă, ruşinat că nu ştie nimic despre lecția din ziua aceea. Nu renunță moşneagul. E o încurcătură acolo. Bărbatul îi atinge mâinile cu delicatețe. Cu multă delicatețe. I le atinge şi le depărtează uşor. Mâinile cad pe lângă corp, cuminți, învinse. Bătrânul priveşte în zare, aşa pare. Apoi, cu un gest care umple toată cafeneaua de tandrețe şi electrocutează toate emoțiile din jur, doamna crem îl ia de braț ca în vremurile trecute, când brațul ăsta subțire era pentru ea polul siguranței şi al iubirii. Fiul îşi încinge tatăl cu cordonul ca şi cum ar justifica astfel o strângere la piept, nedemnă de doi bărbați adevărați. După ce îl priveşte scurt în ochi, cu recunoştință, bătrânul îşi trage pe cap o căciulă bej, de lână, menită poate să-i dea un aer tineresc. Sau să-i țină de frig. Totul e gata. Cei doi păşesc agale afară din restaurant. Bărbatul mai aruncă o privire peste masă. Tata n-a uitat nimic. Iese.

MILIOANE DE ULISE

15. 01. 2010

„Iubiți itacieni, luați aminte de ce-am să spun.
Nenorocirea asta
Din slăbiciunea noastră ni se trage."

Homer, *Odiseea*

Citesc *Odiseea*. Şi realizez că noi, românii care mai sperăm ceva de la pământurile astea şi ne trezim zi de zi cu mâhnirea ştampilată pe suflete, săpată în riduri, opritoare de zâmbet, noi sperăm aidoma lui Ulise că ne vom întoarce într-o zi acasă. Ştim, fiecare dintre noi, cum arată acest „acasă", România de care am auzit că a fost cândva ca o Itaca peste care domnea liniştea şi bunăstarea.

Idealizăm imaginea țării în care am vrea să trăim. Şi, amăgiți etern, încercăm cu disperare să ne întoarcem acasă. Cu sufletele gâtuite de nedreptatea celor care ne ascund zi de zi România şi ne îndeamnă să rătăcim departe de țărmurile ei, sperăm, sperăm şi iar sperăm că zeii se vor îndura şi ne vor arăta drumul.

Zi de zi ne trezim pe insula lui Calipso, personalizată astăzi sub forma unei clase politice asupritoare, indiferente şi indolente, aşteptînd ca nimfa să se înduplece şi să ne lase să plecăm Acasă. Zi de zi ne amăgim la gândul că Circe va rupe vraja mediocrității şi superficialului şi ne va împinge corăbiile Acasă.

Suntem victimele unui ciclop mai mare decât Polifem, pe al cărui ochi ne zbatem în zadar să-l scoatem şi astfel să curmăm canibalismul care ne pierde sufletele. Ulise a câştigat cu răbdare, iar puterea sufletului său a venit din dor de casă şi din dragoste şi statornicie pentru Penelopa vieții sale.

Avem atâta înțelepciune ca să ne recăpătăm România? Cu lacrimi în oase, zi de zi, fiecare dintre noi tânjim după țara care ne aşteaptă undeva, poate la capătul zilelor noastre, poate la mijlocul vieții copiilor noştri. Cât va dura cu adevărat Odiseea noastră? Fiecare român este Ulise. Dar oare România viselor noastre e cu adevărat Itaca? Oare şi ea ne este statornică precum Penelopa? Oare la capătul dorului nostru răsplata va fi pe măsura zbuciumului la care ne-au supus zeii?

Milioane de Ulise se trezesc în fiecare dimineață şi merg la muncă, vrăjiți şi neputincioşi. Rămâne speranța că într-o zi, cu obrajii şiroind, vom vedea țărmurile României noastre dragi şi credincioase. Şi atunci, de pe vârful Omu, zeii noştri buni vor ridica blestemul care apasă această țară şi care se numeşte Prezent.

Voi şti de acum că fiecare om care mă priveşte în ochi pe stradă are Odiseea lui, la capătul căreia se află România.

Voi şti asta şi poate vă voi iubi mai mult pe fiecare dintre voi. Şi uite aşa, din dragostea asta, ar trebui să ne regăsim casa.

Pentru că, dacă ne mai uneşte ceva, alungați din propria Țară, este *Odiseea.*

CONTEMPLARE

16.01.2010

Îmi privesc copilăria pe fereastră.

Deşi nu sunt diferenţe de temperatură, geamul se abureşte.

SINGUR CU SARAH CHANG

15.01.2010

Sala Ateneului este goală. Privesc în sus, către cupola aurită. E cerul gurii zeului muzicii. Sunt în rândul patru. Eu şi încă vreo şase persoane. Sunt singur, de fapt. Nici măcar nu sunt în sală. Mi-am părăsit corpul şi mi-am răsucit încheieturile. Sunt din plastilină şi mă pot modela după propria-mi plăcere. Sunetul solitar al viorii spintecă liniştea, lăsând în urmă dâre de secunde strălucitoare. Trupul mi-e brăzdat de un fel de hieroglife ale muzicii.

Sarah Chang repetă pe scenă sonata lui Franck. Este de nedescris călătoria pe care mi-o oferă această ființă minionă care se năpusteşte asupra viorii ca o trestie bătută de vântul aprig de după furtună. Nu mai ştiu pe unde am călătorit. Ştiu doar că totul s-a petrecut cu o viteză incredibilă. Şi foarte departe de pământ. Deasupra lumii, deasupra oraşelor, călare pe fantezii care-şi schimbau formele şi culorile cu viteza curcubeului.

Cu fiecare moment în care arcuşul părăsea corzile pentru mai mult de o secundă aveam senzația că mă voi scurge printre scaune, că o să mă fac apă ca Amélie, năpăstuit de liniştea care îşi aşeza greutatea deasupra mea. Apoi, din nou sunetul acela cald, mătăsos şi zimțat în acelaşi timp, sunetul care intră în tine şi rezonează cu plămânii şi inima şi gândurile.

Sarah Chang repetă şi eu am privilegiul să fiu în sala asta goală care peste câteva ore se va umple de oameni ale căror respiraţii şi foşnete n-or să mai fie linişte pură sculptată şi biciuită de o vioară. Îmi dau lacrimile – aşa, simplu şi dintr-odată. Sunt lacrimi de plăcere, e o nevoie inexplicabilă de a plânge, un plânset care scurtcircuitează tot răul din tine, te spală de păcate, un fel de spovedanie smulsă de muzică, nu te poţi opune, îngerii fac dragoste cu tine, o dragoste eternă, de-a pururi senină, nu pângăreşti şi nu eşti pângărit, simţurile tale se amestecă într-un singur gând care-ţi modelează creierul şi sufletul, le amestecă şi se naşte ceva nou.

Toate astea şi încă vreo două mii de senzaţii m-au străbătut ieri după-amiază şi mi-am pus întrebări peste întrebări – şi încă mă mai întreb...

AU STINS TURNUL

19. 03. 2010

E linişte. Din când în când, avioanele spulberă tăcerea. Ca şi cum Dumnezeu ar trage fermoarul la sacul lui de dormit. Îndoielile se aud mai bine în liniştea asta. Au stins turnul. Au lăsat aprinse doar sperietorile de avioane. Azi povestea m-a încălecat şi mă sufocă. Mă ţine strâns la pieptul ei, doar-doar voi striga „piua!". Nu strig „piua!". O să ajung la sfârşit. Poate n-o să fie nici ca tine, nici ca mine. Să lăsăm întâmplarea să decidă pentru noi, vrei? Nu, nu vrei – tu consideri că meriţi cea mai bună şi mai simplă scriitură. Vrei metafora metaforelor, un diamant de patru karate la pieptul tău etern. Mie ce-mi dai? Ciozvârte, îndoieli, zgârciuri care se agaţă cu disperare de caninii minţii mele? Mă doare tare. Nici în somn nu mă laşi. Eşti mai rea ca nevastă-mea. Care-o fi. Te agăţi de mine în somn şi nu mă laşi să respir. Nu pot să te mai fut în seara asta. Nu mai vreau, înţelegi? Dă-mi o clipă liberă să mă uit la tine de departe. Să te privesc obiectiv. Eşti prea impresionistă ca să mă uit de aproape la tine. Nu văd decât pixeli. Ştiu, îmi vrei carnea, răsuflarea, sângele, sugi din mine ca dintr-o stridie, ţi-ai luat cleştele cu tine pentru că ştii că ai de-a face cu un homar. Da, sunt un homar încăpăţânat. Vrei să-mi sugi măduva. Nu-ţi foloseşte la nimic. E de ajuns cât mă chinuieşti acum. N-ai putea să vezi mai multă îndoială. Aştepţi să fii rostită şi nimic nu-ți convine. Stai locului, piftie nesimțită. Piftie de idei. Stai locului să te bag în forma ta. Să te prezint musafirilor. Stai locului, târfă. Stai să te recitesc. Să-ți văd vânătăile. Cine te-a lovit aici? Aaa, nu e lovitură, e strânsoare. Pe alții îi lași, nu? Ce-mi lipsește, javră? Ce-mi lipsește ca să pleci definitiv? Am ceva stil, nu? Cât să nu-ți fie rușine să ieși pe faleză cu mine... Au stins turnul... hai să ne culcăm și noi... lasă-mă să dorm în seara asta. Promit că mâine schimb becul de pe hol.

LA REVEDERE, TUDOR

25.03.2010

În fața mea stă un tânăr deșirat, slab, cu ochi albaștri luminoși. Stă pe pat, în camera lui destul de simplă. Un pat și o bibliotecă mare care acoperă un perete întreg. O bibliotecă din lemn masiv, maro. Undeva într-un colț, sprijinită de un calorifer, e o chitară, iar pe fotoliu – un clarinet desfăcut în două bucăți și niște portative. În cameră mai e un clasor, nu un clasor de timbre, ci o piesă de mobilier care găzduiește sertare de la A la Z în care sunt îndesate discuri de vinil. E al tatălui său, dar nu știu prin ce întâmplare a ajuns în camera tânărului firav. Discuri de vinil cu povești și muzică clasică. Mai găsești și bucăți de muzică pop din anii '80. Un disc cu Lennon și McCartney a ieșit din pluton.

Tânărul stă pe pat cu un casetofon mare în brațe și plânge. Plânge de-a binelea și ascultă obsesiv același cântec – Queen, „Don't try so hard", de pe *Innuendo*. Derulează și plânge. Este ziua în care Freddy Mercury a murit în urma unei pneumonii pe fondul infectării cu HIV. Tânărul nu poate să creadă. În orice caz, nu vrea. Mă privește cu ochii albaștri, curați, se uită la mine de parcă mă roagă să fac ceva, să schimb cursul lucrurilor. Nu pot să fac nimic pentru el. Aș vrea să-l iau în brațe și să-l alin, dar nu-mi stă în putere.

Se ridică de pe pat. „If you're searching out for something/ Don't try so hard" răzbate, din boxele casetofonului, vocea zeului muzicii. Nu-i ajunge, vrea să-l ştie în viaţă, îl vrea înapoi acolo, în Londra intangibilă despre care nu ştie mare lucru pentru că e de-abia primul an în care el e un adolescent român liber. Dar ştie că Freddy iubea Londra şi îşi doreşte să-l ştie din nou acolo, pe lângă Regent Street sau jucându-se cu Wembley-ul.

Se ridică pe vârfuri şi coboară de deasupra bibliotecii un geamantan lung şi îngust. „If you're feeling kind of nothing... Don't try so hard..." Îl deschide şi scoate de acolo o clapă Casio, una dintre claviaturile anilor '80, de jucărie parcă. O cuplează la priză şi opreşte casetofonul. Încearcă să cânte cu degete firave, nesigure. Nu ştie să cânte la pian – el face clarinet şi chitară, însă încearcă să-şi smulgă durerea din suflet şi vrea s-o facă pe clape, aşa cum l-a văzut el pe Freddy de atâtea ori. Nu iese nimic, sunetele nu-l ajută, nu-i poate aduce nici măcar acest ultim omagiu. Stă acolo în genunchi în faţa clapei de pe covor ca în faţa unui templu la care accesul îi este interzis, o religie care nu-i aparţine, un zeu care nu vrea să-l ajute.

Mă uit la el – la mine e soare şi primăvară şi oameni excesiv de politicoşi îşi şoptesc amabilităţi şi se bucură de vreme. La el e noiembrie şi îşi plânge idolul. Are un idol şi-l plânge şi nu se gândeşte decât la asta. Ştia că se va întâmpla, ştia, dar nu credea că îl va chinui atât. Îşi ia casetofonul ca într-o îmbrăţişare plină de speranţă şi îl porneşte din nou. „One day you'll be a sergeant major..." Ridică privirea spre mine cu ochii ăia albaştri curaţi – mă doare limpezimea ochilor lui – ochii tânărului viu care suferă la moartea unui om care devine legendă acolo, sub ochii lui, în camera mică, cu bibliotecă, pat, fotoliu, clarinet şi clasor. Nu de legendă are el nevoie, ci de speranţa că muzica aia se mai poate face, măcar o dată. Măcar un singur cântec, un acord, câteva note care să mai stârnească în el emoţiile alea. Cum să mai iubească el pe muzica aia când zeul ei tocmai murise?

Tânărul se uită la mine de pe pat. Îl privesc în ochi şi nu mă pot opri să admir cât sunt de curaţi şi de deschişi. Nu e nici măcar o umbră în ochii ăia. Nu sunt pereţi, nu sunt colţuri sau străzi întunecate, e doar o imensă întindere de apă, o mare în care este imposibil să vezi vreun nor care ar strica echilibrul dintre apa şi cerul mijlocite cu graţie de linia orizontului.

Mă ridic de la masă şi mă duc la toaletă. Mă uit în oglindă. Nu, n-am să mai pot privi niciodată ochii ăia albaştri, curaţi. Nu, nu în prezent. La revedere, Tudor.

MEMORIA TRUPULUI SAU BRUTĂREASA UCIGAȘĂ

3.05.2010

Te ridici greu. Te scuturi de praf și te uiți în jurul tău după un punct de sprijin. Încă se mai rotesc toate. Și nopțile în care simțeai că până și plapuma e o presiune prea mare care apasă fizic pe inimă. Te ridici al naibii de greu. Dacă te-ar filma, ar ieși ca într-un western cu suspans. Curg stările de pe tine, amintirile se preling pe haine, doar că e prea mult, sunt mult prea multe șiroaie de amintiri și de secunde, e o diaree de neoprit care te slăbește, elimini toată durerea din tine, iar când crezi că ai scăpat, vine încă un val, mai puternic ca niciodată.

Nu, n-am să mai fac asta în viața mea, orice iubire terminată e o mahmureală groaznică pe care te juri că n-o s-o mai repeți, te juri că n-o să mai faci asta vreodată pentru că nu mai ai putere – și oricum, undeva, cândva, la un colț de plajă, pe o alee sau pe toboganul nu mai știu cărei zile te așteaptă un sac de iubire gata să ți se spargă din nou în cap.

Te ridici greu, te scuturi de praf și de amintiri. Te îndrepți către frigider și bei apă rece. Apoi investești în muncă și în prieteni și începi să construiești. Cu migală, ai grijă de gânduri pentru că sunt fragile și ești încă pe marginea craterului din care tocmai ai reușit să te sustragi. Curentul e puternic şi în doi timpi te poate suge înapoi şi iar ieşi de acolo – dacă mai ieşi – cu hainele îmbibate de sentimente, imagini şi secunde.

În astfel de momente oamenii caută să-şi vindece sufletul. Greşit, greşit, de o mie de ori greşit. Sufletul e puternic, e pregătit pentru suferinţă în laboratoarele divinităţii. Trupul e cel care suferă cu adevărat, trupul are o memorie păcătoasă, păgână, o memorie ancestrală. Trupul înregistrează vibraţiile trupului. Şi, când două trupuri s-au frământat în iubire până când s-au făcut un aluat gros şi dens, ei bine, atunci se rup greu. Nu mai ştii, când iubeşti, ce e al tău şi ce e al ei, cine eşti tu, cine e ea, tu oi fi tu sau oi fi ea sau ce sau cum sau când.

Eşti întreg şi complet în linguriţa aia de fiecare noapte, eşti întreg când ţi se face palma cupă de îngheţată în care se topeşte unul din sânii ei, iar cealaltă mână frământă coapsele până când ritmul aduce somnul. E răsuflarea ritmică şi obrazul tău lipit de omoplaţii calzi care se îndreaptă spre tine ca să se retragă într-un al doilea timp. Dormi cu spatele la ea sau la el. E mâna lui osoasă cea pe care ţi-o încolăceşti în jurul tău şi i-o săruţi, bărbatul de care te agăţi în somn ca de un odgon pe puntea unei corăbii care pluteşte în derivă şi fiecare rafală ar putea să-ţi smulgă din mână braţul lui care îţi frânge coastele acolo unde se formează cotul. Trupul are memorie – de aia călugării îl biciuiesc şi îl ucid în fervoarea rugăciunii, ca să înalţe sufletul deasupra lumii.

Da, te ridici şi te scuturi de amintirile care ţi se preling şiroaie pe gât şi pe umeri, printre degetele de la picioare, pe la subsuori. E ca amorţeala piciorului pe care l-ai ţinut prea mult în aceeaşi poziţie – toată memoria cărnii te doare de-ţi vine să-ţi blestemi trecutul să se facă cenuşă şi să se împrăştie, să nu-l mai poţi vreodată reface. Nu, asta nu e posibil, trupul trebuie să sufere. Trupul care iubeşte, iubeşte înaintea sufletului şi e ultimul care moare, căci s-a frământat în aluat şi când se rupe e ca o brutăreasă uriaşă care vrea să facă două pâini din aceaşi iubire şi ia aluatul ăsta al tău şi al ei şi-l aruncă meşteşugit în aer şi-l mai frământă de câteva ori; brutăreasa asta uriaşă, cu mâini de epopee, frământă iubirea voastră şi nu mai ştii care eşti tu şi unde e ea şi deodată frânge aluatul în două bucăţi egale, pentru două pâini mari, şi urli de durere că tu nu mai eşti tu, o, Doamne – bucăţi din tine au rămas în ea şi memoria sânilor ei îţi îmbibă saliva şi, oricât ai scuipa şi oricâtă apă sau uitare ai bea, e acolo, în salivă, sunt impregnate bucăți de coapse şi de sâni şi sudoare de nimfă şi mângâiere multă şi priviri ca nişte țurțuri lungi de gheață care se topesc în tine, dulce-acrişor.

Sufletul încearcă să te salveze şi să te scoată la suprafață – nu, nu e loc de întors; ar fi o variantă să redevii aluat încă o dată şi să-ți iei bucățile din tine înapoi, dar nu, asta nu mai e posibil, zarurile au fost aruncate şi brutăreasa vrea să facă două pâini. Respiri greu şi horcăi, te târăşti şi te dor oasele cumplit, e nevoie de timp ca să-ți ostoieşti durerile astea, ca să te obişnuieşti în tine cu bucăți de el sau invers.

Nu ştii cine eşti, nu ştii, încă, cine eşti, ți-e frică să te mişti, orice mişcare poate fi fatală. Nu mai ştii cum se fac lucrurile, în ce ordine, şi parcă ăsta nu-i mirosul tău aici, pe încheietură, parcă miroase a ea – şi iar ameţeşti şi te ții de mese şi iar vomiți toate amintirile şi vine câte-o lămâie cu țâțe care-şi stoarce sucul în ochii tăi, durere de-o noapte, sortită să-ți aline durerea de peste zi, durerea cu durere se scoate, blestemate fie zilele în care vă cunoşteați trupurile până la ultimul fir de puf de deasupra buzelor. I-ai numărat toate firele de puf de zeci de ori şi-ai vegheat când răsuflarea era grea şi te speriai să nu ți-o fure somnul.

Te ridici greu. Ai gust de flegmă şi scuipi şi hohote de râs reverberează din pereții zărilor, căci nu limba ta ți-e la tine în gură, ci a ei. Scuipi amintiri cu limba ei şi asta n-are să se vindece prea curând.

Te ridici, te scuturi de praf şi amintiri. Curg şiroaie. Te uiți cu scârbă şi ură la sufletul care te priveşte liniştit, analitic, din fotoliu şi îşi notează pe un carnețel toate ciudățeniile astea care te parcurg. Ce dobitoc! Îți spune că îşi notează ca să-ți aducă aminte data viitoare. „Măi, jeg de suflet, tu înțelegi că de-abia ne ținem pe picioare?" „Ne ținem?", te întreabă cu un aer academic. Ne ținem, boule, căci trupul meu e îmbibat cu-al ei. Cretinule, nici nu ştiu dacă-s femeie sau bărbat, eu, care îți vorbesc acum, şi nici nu-mi pasă. Nu vreau să ştiu ce am în pantaloni, nu vreau să simt – atâta vreau, să nu-mi mai frângă brutăreasa oasele şi să le amestece cu oasele ei rupte ca să-i fim făină pentru pâine.

Te ridici şi te scuturi de praf şi timpul te ajută să te ții drept. Ieşi pe stradă şi te înscrii în mulțime, ai biroul tău şi nişte tabele cu desene care îți spun ce ai de făcut. Vorbeşti despre asta şi o faci bine, o faci din ce în ce mai mult. Îți umpli plămânii cu cifre şi *chart*-uri, conduci echipe şi brusc îţi dai seama că eşti foarte bun la chestia asta. Ar trebui să stai opt ore în faţa oamenilor şi a graficelor în culori, dar ceva îţi spune că aici e o portiţă de scăpare.

Oraşul zumzăie, fruntea îţi vibrează cu fiecare victorie, simfonia claxoanelor e în cinstea ta, aerul jilav de dimineaţă, momentul cafelei de la sfârşitul zilei când „rămâi peste program" în admiraţia mărturisită a subalternilor tăi care nu se ridică la nivelul tău, la „gradul tău de implicare". O, Doamne, şi trupul respiră, funcţionează, aşa convalescent cum e, îl duci la sală şi îl pregăteşti intens pentru fiecare zi de muncă, nu-l laşi să respire, îl înfăşori în tricouri şi în parfumuri, îl ungi cu vorbe şi cu cărţi de specialitate, îi laşi pe oameni să-ţi atingă mâinile şi să te bată pe umăr, ba uite că îi dai şi ceva de băut, te urci pe câte o masă şi dansezi ca să dai un exemplu bun – ce mai, eşti de-a dreptul simpatic.

Apoi seara, seara ţi-l secătuieşti şi mai tare, o ultimă sută de metri, un sprint rapid, îl duci în pat, anesteziat, învelit în cârpe, gata pentru următorul „shot" de adrenalină, mâine dimineaţă şi în fiecare dimineaţă, simţi cum renaşti, construieşti ceva măreţ, o carieră, eşti parte din visul unei corporaţii, visul corporatist pe care îl înjură toţi şi pe care îl înjurai şi tu când... NUUUUU... NUUUUU... când ce??? TACI!!! Nu ai voie să deschizi uşa aia!!! Nu există „Când" – doar „Va fi". Ţine-te bine, nu ameţi, nu pica în groapă, e doar o răbufnire trecătoare, e un reflex, nu da înapoi, nu te mişca, respiră adânc, nu te mişca, uşor, uşor, reia de unde erai şi ocoleşte uşoooor memoria. Biciuieşte trupul. ACUM!!!

Deci? Reiau: visul corporatist pe care îl înjură toţi – şi ce dacă îl înjură, şi corporaţia a fost visul unui om înainte să fie corporaţie. Visul unui singur om care a reuşit, s-a gândit numai la asta, a avut un plan, o viziune – aşa ai să faci şi tu.

Totul merge bine, eşti vindecat, ai ridicat un zid temeinic, ţi-ai tratat trupul şi acum eşti perfect dedicat vieţii adevărate, aici, unde tu eşti stăpân, nimic nu te poate dezamăgi, ai prieteni adevăraţi şi colegi care cred în tine, te susţin, te apropii de vârful visului corporatist, acolo unde vei fi un singur om, şi de-abia acolo, în vârf, vei putea visa TU la o corporaţie a ta pe care s-o vezi cum creşte ridicată de forţa viziunii tale şi de termitele care-ţi vor asculta ordinele, eşti pregătit – cine spune că e nevoie de atâtea chestii ca să fii fericit? –, iubirea e în orice, există iubire de profesie şi de sine şi tot felul de iubiri, nu e nevoie de boala aia lungă de care nici nu îndrăzneşti să-ţi aminteşti, căci până şi amintirea îţi face rău.

Eşti bine. Eşti excelent. Eşti în vârful corporaţiei. Din biroul tău se vede oraşul, dar gemetele vieţii nu ajung până la tine. Oraşul însuşi e o viziune fără viaţă. Aşa cum îi şade bine unui proiect grandios. Viaţa presupune prea multe detalii ca să te încurci cu ele. Toate merg bine până când, într-o zi, o zi care în viitor va deveni trecutul pe care îl vei blestema aşa cum ai făcut-o deja, dar ai uitat, ei bine, într-o zi totul se va clătina. În faţa cui? De ce?

Ei bine, două gambe perfect arcuite, imaginea ideală – pe care o ştiai de mult îngropată – a arcuirii gambelor te va lăsa cu gura uşor întredeschisă şi pulsul se va face simţit din nou. Două gambe şi imaginea gâtului de lebădă care se răsuceşte ca să facă loc unui chip cu ochi întrebători. Atât. Afară e primăvară, dar ai fi găsit ceva extraordinar în oricare anotimp. Ploaia de noiembrie ar fi fost romantică, oricâtă mocirlă s-ar fi creat.

Visul corporatist se clatină – în definitiv, trebuie să încetineşti, nu? Ce e viaţa ca să fie o goană şi să nu merite trăită, ai realizat atâtea, se învârte mecanismul şi undeva, departe, brutăreasa sforăie acum, horcăie şi fonfăie, încă n-are nevoie de pâine, e sătulă, încă nu e iubire şi, cine ştie, poate de data asta va fi nevoie de o singură pâine, fără să mai trebuiască să sfâşie aluatul.

Sufletul urlă, intră în alertă, e disperat, şi-a notat în carneţel totul atunci când stătea pe fotoliu în faţa ta şi acum răsfoieşte pagină după pagină şi îţi citeşte, dar degeaba... de acolo, din oraş, nu se aude până sus, visul corporatist e prea departe de pământ şi se clatină în faţa ideii de gambe, a gâtului de lebădă şi a privirii întrebătoare...

WITH LOVE, IOANNA

9.05.2010

E peste drum de Notre-Dame. De fapt, peste Sena. Ai putea s-o treci cu vederea, pentru că de afară nu e altceva decât o căsuță mică, înghesuită, care parcă a dat din coate s-ajungă şi ea la stradă. Două bănci în fața vitrinei şi deasupra scris cu litere de-o şchioapă *Shakespeare and Co. Antiquarian Books*.

De fapt, nu sunt numai cărți vechi, dar ele predomină, îngrămădite în rafturile de pe pereții care nu par să reuşească să formeze vreun unghi drept în toată această casă. Da, este o căsuță umplută până la refuz cu cărți. Oriunde te-ai uita, privirea întâlneşte caractere, caractere pe cotoare de cărți.

Imediat ce ai închis după tine uşa librăriei-anticariat, te învăluie o linişte care vine dinspre miile de titluri care aşteaptă în tăcere. Sau este senzația că un lucru nemaipomenit se poate întâmpla dintr-o clipă în alta. Totul e îngust, miniatural şi te gândeşti cum oare încap atâtea cărți într-un spațiu atât de mic.

Shakespeare e la loc de cinste. Mii de titluri îi confirmă statutul. Un fluid neîntrerupt pare să vină din toate cărțile astea atinse de mii şi mii de mâini, îmbibate cu atâtea răsuflări, îngălbenite de timpi diferiți. Se adună toate influențele posibile într-un fel de abur care plutește galeș prin căsuța desprinsă parcă dintr-o poveste a lui Kenneth Grahame.

Mă dezmeticesc cu greu și Parisul alunecă încet de pe mine. Mă plimb, stingher la început, neștiind încotro să-mi arunc privirile. E atât de multă informație amestecată cu un soi de magie a literelor, încât nu știu ce să fac mai întâi – să mă las în vârtejul poveștii pe care căsuța încearcă să mi-o impună sau să caut vreun titlu interesant. Aleg să mă preling pe lângă rafturile cu cărți. Îmi dau seama că e de stat și, agale, pulsul mi se acordează cu inima acestui loc.

Urc cea mai îngustă scăriță din Paris, la etaj. Senzația de basm se accentuează, căci sus totul e mai mic, mai îngust, mai dulce-apăsător. Aleg cărți la întâmplare: *O istorie a cuceririlor Imperiului Britanic*, Eliot – *Scrisori*, Edgar Allan Poe – *Poezii* și tot așa. Nimic în ordine – sau nu într-o ordine pe care s-o sesizez acum. Aleg încă o carte de pe un raft de la capătul scării. O deschid și dau peste o vedere. La început mă gândesc să închid cartea, pentru că scrisul de mână pare să mă facă părtaș la o poveste care nu mi-e destinată. N-am rezistat și am citit ceea ce veți citi și voi acum:

My dearest Adrian, the relationship I have with you is the most extraordinary I've ever had. I wish we had one day a chance in our lives to fall in love with each other without this constant necessity of saying goodbye... I love the ideea of hiding letters like this in these old books.

If you find it, it means there is (quand même) some fate in our relationship.

With love,

Your Ioanna

Un soi de durere. Asta am simțit. Nu știu de ce mi s-a părut cel mai autentic și mai sincer lucru pe care îl auzisem în ultima vreme. Îmi părea că toată scrisoarea aia geme de iubire și că, în ciuda înșiruirii simple a cuvintelor, era mult mai mult de atât: părea un strigăt de durere ca pentru ceva incomplet. Stăteam cu cartea în mână și mă simțeam vinovat, oarecum, că nu eu eram cel vizat.

Simțeam că intervenisem fără voie în povestea superbă și tristă a iubirii dintre Adrian și Ioanna. M-am uitat la dată: 7 iulie 2000. Zece ani. Zece ani până când mărturisirea unei dorințe aprinse să rezoneze în sufletul unui om perfect străin de resorturile interne care au făcut-o pe Ioanna să aștearnă acele rânduri. Sau poate eram predispus la dramatism. Poate nevoia mea de poveste mi-a scos în cale acea scrisorică făcută în joacă de o franțuzoaică răsfățată, neîmpăcată cu ideea dragostei la distanță. Am închis cartea și am pus scrisoarea la loc ca să-i mai dau lui Adrian o șansă.

M-am mutat apoi într-o altă încăpere, unde următoarea imagine a topit în mine toate bucățile de prezent: pe o banchetă îngustă, în stânga mea, o fată stă întinsă și citește dintr-o carte pe care o sprijină în poala iubitului ei. El stă rezemat pe spate și ascultă privind fix și senin în tavan. Fata citește în engleză, rar, răspicat. În dreapta, două femei răsfoiesc apatic cărți. Pe fereastra îngustă din fața mea se văd Sena, o parte din Notre-Dame și sutele de turiști care se mișcă dezordonat. Dincolo de geam pare însă foarte departe. Aici, înăuntru, este atâta dragoste, încât rămân țintuit locului în mijlocul încăperii. Știu că nu trebuie să fac niciun pas ca să nu rup vraja țesută de cuvintele care se răstoarnă ritmic din gura fetei. E plin de cuvinte al căror sens nu mă chinui să-l descifrez pentru că asta m-ar duce într-o altă lume și eu vreau să rămân aici, cu oamenii ăștia care se iubesc, amorțit de liniștea ploii și verdele Senei, cu gândul la Ioanna și Adrian.

DUMNEZEU ŞTIE FIZICĂ

17.04.2010

Tendința generală este aceea de a încerca să-i atribuim lui Dumnezeu miracole pe care scepticii le justifică apoi prin demonstrații științifice. „N-are legătură cu Dumnezeu", spun ei. „E perfect demonstrabil științific." Dar cine zice că Dumnezeu nu ştie fizică?

NATURĂ MOARTĂ

26. 04. 2010

Azi e frumos la repetiții. Îngerii se scurg languros pe pereți și se încolăcesc pe formele faldurilor perdelelor. Corzile zbârnâie rotund prin aer. Îngerii salivează şi-şi lasă capetele pe spate. Pentru câteva secunde, vertebrele se eliberează de conştiința faptului că sunt țarcul trupului. Muşchii respiră liber şi sângele se învolburează cu viteza mierii. Sângele e miere curgând alene de pe buzele unui copil lacom. Inima renunță să mai fonfăie ca de obicei. Abandonul vine de la sine. Abandonul e victoria îngerilor asupra voinței. Cazi, cazi în tine. Îți eşti prăpastie şi văzduh. Cazi până îți zdrobeşti oasele de tine pentru ca mai apoi, din înger în înger, să te ridici până în bolta spiritului tău. Limba încleiată în sărut. Salivezi rouă. Transpiri aburi de mentă. Orgasmul e strănut.

TANGOUL AGONIEI

4.05.2010

Cad, iubito. Te-am omorât şi cad. Cad cu o viteză uluitoare şi nu pare că mă voi mai opri vreodată. Cad şi mă frec de lume, o să iau foc şi asta nu e nici măcar vreun fel de iad. Cad. Fără fund e căderea mea, nu e salvare, iubito, sunt un meteorit plin de păcate care iau foc şi se înmulțesc, o jerbă uriaşă de scântei. Orice gând se topeşte şi se lipeşte arzând de pereții murdari ai lumii prin care cad. Încerc să mă agăț, dar țâşneşte sânge de sub ughii, sânge fierbinte, plumb topit turnat prin gâtul meu ca să-mi înfunde speranța în plămâni. Te-am omorât, iubito – cu sânge rece am omorât tot în tine, te-am omorât cu un zâmbet candid pe buze, ca şi cum aş mai cere un pahar cu apă unei bătrâne care vinde nimicuri pe marginea drumului, într-o zi toridă.

Căderea mă îngraşă, sunt din ce în ce mai fierbinte şi mai mizerabil, pilitură spontană de gânduri care fac praf lumea prin care cad. Cad de când am înfipt ultima dată cuțitul în tine. Ți-am tăiat sfârcurile şi n-a curs nici sânge, nici lapte. S-au scurs lacrimi din țâțele tale, asta a fost tot. Şi tu zâmbeai, iubito, şi ți-am înfipt cuțitul în cap. Speram să nu găsesc nimic acolo, am zis să-ți iau scalpul, prea sigur pe mine eram. Credeam c-o să descopăr câteva gânduri ațoase precum carnea de vită, gânduri fumegând a cauciuc ars. Te-am hăcuit, iubito, te-am însemnat cu un cuțit de bucătărie şi te-am lăsat horcăind pe podele. Ai mai forțat un zâmbet. Aşa loveai tu.

Eu începusem să cad căci reuşisem într-un final să mă învinovățesc şi mă pregăteam de bucuria morții noastre, iubito. Vinovat de crima ființei tale, după ce ți-am închis gura şi ți-am astupat gândurile cu o cârpă mirosind a ratare şi benzină, după ce te-am înjunghiat până când nu mai erai nici amintirea unei umbre, aşteptam să cad, să-mi zdrobesc țeasta în cădere, să mă fac praf de fundul suferinței ca s-o pot lua de la început, mutilat şi liber. Dar nu, cu un ultim efort tu ai zâmbit şi mi-ai apucat haina, tocmai când începusem să alunec în hăul plin de speranța renaşterii mele.

M-ai imobilizat acolo sus, în lumina arzândă pe care mă pregăteam s-o părăsesc, şi m-ai orbit cu lama neaşteptată a propriului tău cuțit. O fracțiune de secundă am sperat că-mi iei gâtul, de când visam să-mi dai moartea, înecându-mă în sângele care a fiert pentru tine cândva! Ți-ai decupat intestinele, iubito, în fața mea, chiar că mi s-a făcut rău, şi mi le-ai îndesat pe gât, zeci de metri de intestine, mi le-ai băgat pe gât şi, victorioasă, mi-ai dat vânt în prăpastie. Ai rămas acolo sus, incompletă, fumegândă, tremurai spasmodic în bătaia soarelui lucid şi ochii îți jucau în cap. Erai o păpuşă jalnică, dansând mecanic. Ultimul orgasm a fost etern.

Ți-ai pus vintrele în mine şi ai rămas acolo sus, tremurând de nevoie şi dorință. Oricine ajunge acolo sus poate să te aibă pentru că eşti veşnic în călduri, eşti veşnic neterminată şi n-au cu ce să te mai umple, iubito. Ți-ai plantat greutățile în mine şi dansezi tangoul agoniei. N-o să ne mai salvăm niciodată. N-o să-ți mai recuperezi ovarele.

Eu o să cad cu o viteză uluitoare în groapa fără sfârşit, în timp ce tu o să dansezi grotesc, sodomizată de pelerinii de pe Muntele Speranței în Iubire. O să devin din ce în ce mai greu în toată căderea asta a mea, o să sară din mine gânduri şi stări de foc, nimic n-o să reziste, o să împrăştii pulbere de foc şi dacă am să mă agăț de lume o să mă dezintegrez, dar niciodată de tot, niciodată până la contopirea cu ceva sau până să fiu înghițit de vreun alt păcătos de foc – nu, o să mă refac în viteza aia de nedescris, în care singurul gând care mă va ține într-o viață fără de alintătoare moarte va fi gândul la tine.

Căci noi doi, iubito, vom fi rămas singurii capabili de a ne fi crutat suferința unul altuia cu condiția să nu ne fi ciopârțit în asemenea hal. Gândul că ai putea să mă vezi fericit te ține în viață acolo sus, pe munte, unde bărbați cu răsuflări de cai nechează jur-împrejur, te amuşină şi se năpustesc asupra ta ca să-ți oprească dansul nefiresc, să aibă senzația că, pentru o clipă, ei te manevrează, te posedă sau îți dau plăcere. Ei lasă plăcere în tine, dar tu nu simți nimic, vintrele tale sunt la mine şi eu cad fără să fi găsit vreodată fundul. Noi doi suntem soluția fericirii noastre şi, ca să scăpăm unul de altul, ar trebui să ne putem da lovitura finală.

Paradoxul se adânceşte, eu sunt o ghiulea de foc, fără gânduri, sângele e plumb topit, mă frec de lume şi nu găsesc izbăvirea dezintegrării. Orice fel de tărâm de care să mă fac praf ar fi pământul făgăduinței, locul din care m-aş putea ridica după câteva unități de timp celest. S-ar opri şi dansul tău, acolo sus, pentru o vreme şi poate că ai putea să simți atingerea eliberatoare a unui alt bărbat.

E nevoie de un Pygmalion acolo sus, la tine, iubito, ca să-ți refacă înăuntrul, iar aici jos, pe Pământul Făgăduinței, e nevoie de o adiere de vânt şi de ceva timp ca să mi se adune rămăşițele şi să văd care e noua mea plăsmuire.

Dacă voi încerca vreodată să refac drumul până sus, trebuie să mă aştept să-mi ard trupul firav la tot pasul, pe unde am căzut, topindu-mă, topind în juru-mi.

DESTINUL DESTINULUI

11. 05. 2010

Iubito, am îmbrățişat destine paralele.

Pe al nostru l-am lăsat în stradă, tremurând de frig. Cămaşa ta bărbătească, pantalonii mei de pijama, neras, duhnind a întrebări clocite şi neterminare. Stă în mijlocul străzii, incapabil să traverseze, ca un bătrân cu mintea încă tânără pe care l-a părăsit vlaga.

Destinul nostru, iubito, a rămas în mijlocul străzii. Un copil pe care noi nu-l mai ținem de mână, căruia nu-i mai ciupim obrajii dolofani, pe care nu-l mai răsfățăm cu orele târzii în prezența celor mari.

Un singur amănunt ne-a scăpat: acolo, în mijlocul străzii, abandonat, al nimănui, prea îngrozit ca să se poată sustrage, ar putea să încurce circulația în aşa hal încât alte destine să ajungă în aceeaşi situație, generând un ambuteiaj oribil.

Ar fi fost de datoria noastră să-l omorâm, iubito, înainte să îmbrățişăm în silă destine paralele. Din spirit civic, din respect față de traficul şi destinele altora, din considerație pentru noi înşine şi pentru ceea ce ne-a făcut cândva să râdem la aceleaşi glume.

Recomandare: dacă întâlniți pe stradă destine abandonate, incapabile să se mişte, faceți un efort şi ajutați-le să traverseze. Eventual, încercați să le plasați lângă vreun coş de gunoi. Nu le priviți în ochi şi nu vă lăsați pradă vreunui sentimentalism ieftin. Gestul dumneavoastră să rămână un simplu act de igienă urbană.

Vă mulțumim.

FOTOGRAMA FOTOGRAFULUI. FILMUL SPECTATORULUI

16.05.2010

Realizez că îmi place la fotografie dimensiunea ei infinită. O fotografie nu este doar un moment înghețat în timp. Fotografia este suma derivațiilor unui asemenea moment. Nu apreciezi o fotografie doar pentru zâmbetul cald al femeii care priveşte undeva departe. Te gândeşti fără să vrei la cauzele şi consecințele zâmbetului. Apoi te substitui bărbatului din fotografie sau, lăsând imaginația să zboare, te integrezi de-a dreptul în povestea de dinainte şi de după declanşare.

Fără să vrei, creezi o altă perspectivă a fotografiei pe care o priveşti, perspectivă care de data asta te include. În câteva fracțiuni de secundă compui o întreagă poveste în care fotografia pe care o priveşti devine doar o umilă fotogramă dintr-un film ale cărei dimensiuni depind doar de nevoia ta de a proiecta.

De fiecare dată când priveşti o fotografie, priveşti un punct de vedere care te provoacă aproape automat – te forțează chiar – să-ți construieşti o declarație imaginară raportată la trecutul şi viitorul subiecților din cadru.

Astfel, putem spune că o fotografie este de fapt singura fotogramă comună milioanelor de filme care derivă din subiectul ei. Milioane de privitori ai unei fotografii devin regizorii tot atâtor filme imaginare care au un singur lucru în comun: o fotogramă aparținând unui fotograf.

MOARTEA SUFERINȚEI

21.05.2010

Cred că mi-am negat nişte dureri în ultimii doi ani. Nişte lovituri. Aparent a fost bine. Pare că te simți mai puternic. Aproape reușești să-ți vinzi iluzia asta. Că eşti mai puternic. Până când, într-o zi, un singur cuvânt declanşează în tine durerea nevindecată, netratată, netrăită peste care ai aruncat zeci de kilograme de uitare aşa cum arunci nisip peste jarul unui foc de plajă după ce s-a terminat o noapte magică şi te duci să te culci pe unde nu contează.

Apoi, când durerea izbucneşte, mai proaspătă ca niciodată, vulcanoidă, purulentă, acneică, te trezeşti că ai pierdut timp, că sunt conturi nereglate şi în tot timpul ăsta – cât ai crezut că ceea ce pui la spate rămâne pe veci acolo şi nu-ți va mai ieşi niciodată în cale – n-ai făcut altceva decât să fii mai puțin om.

E vremea vracilor optimişti care-ți vând energie pozitivă împachetată colorat în câteva sute de pagini, călugări de ocazie care au descoperit rețeta fericirii şi ne-o vând prin librării cu generozitatea celui care ştie că va încasa, este vremea vizionarilor care spun că viața merge înainte orice s-ar întâmpla (ce truism idiot!) şi că tu nu trebuie să te opui acestui curent, e vremea profeților care ştiu cum se trăieşte viața şi ne luminează din studiouri de televiziune.

Fericirea e pe buzele tuturor. Toată lumea o vinde, toată lumea o cumpără, nimeni nu o păstrează, căci este cel mai preţios activ care se tranzacţionează la Bursa Imaginaţiei.

Nimeni nu vorbeşte despre Suferinţă ca unică soluţie pentru a încheia conturile cu tine. Lumea evită să ia în seamă acest cuvânt. Suntem din ce în ce mai slabi şi mai fricoşi. Nu vreau să mă achit de trecut prin suferinţă, nu, conturile cu ea trebuie închise pe loc. Suferinţa trebuie împuşcată atunci când ridică ochii spre mine - dau fuga la o librărie şi-mi cumpăr o carte despre energii sau cure de optimism în variante asiatice.

N-am curaj să las suferinţa să mă privească în ochi. Fără să-mi dau seama, hrănesc cea mai mare hidră din toate câte au bântuit prin mine. Suferinţa ar fi putut să-mi aline suferinţa, dar o ucid zilnic şi îi înmulţesc capetele care or să mă înconjoare într-o bună zi - acea scenă americănească cu străzile ude şi eroul negativ încercuit de maşinile victorioase ale Poliţiei, care ajung la locul faptei doar ca să aibă pe ce curge genericul. Fiecare girofar e un cap de hidră care mă va forţa să-l privesc, într-un final.

SUPER-EROUL IUBEŞTE GREŞEALA. PSSSSSST!

11.06.2010

Totul tinde să fie perfect. Asta mă oboseşte. Mai mult ca oricând, perfecţiunea a devenit himera preferată.

„Trăieşte-ţi viaţa la maxim." „Viaţa ta ca un show." „Tu ai puterea." „Visul tău, mai aproape ca niciodată." „Fericirea e mai aproape ca niciodată cu noul *x*" – unde *x* este orice produs de la hamburger la un nou model de SUV. „Mai liber ca niciodată." „Fii cel mai bun cu *y*" – unde *y* este unul dintre sutele de produse care te ajută să fii cel mai bun în cutare domeniu.

Cel mai bun. Cel mai frumos. Cel mai cinstit. Cel mai puternic. Cel mai charismatic. Cel mai tare. Cel mai deştept. Cel mai suplu. Cel mai grozav. Cel mai pregătit.

Reţeta e simplă: sloganuri banale care frizează superlativul şi induc iluzia perfecţiunii. Excelent. Sigur, noi toţi suntem oameni inteligenţi şi nu picăm în plasa publicităţii pentru marea masă. Nu picăm, pe naiba! De când mentalul nostru este mai puternic decât miile de mesaje vizuale care hrănesc zilnic himera unei lumi ideale?

Mentalul nu rezistă şi, subconştient, devenim ogarii care aleargă zilnic după iepuraşul mai sclipitor ca niciodată.

Ne amăgim cu credinţa că am putea face faţă invaziei publicităţii. Lumea vinde perfecţiune mai mult ca oricând – iar noi suntem forţaţi să cumpărăm. N-ar fi aspiraţia asta o dramă dacă nu ar veni la pachet cu frica de eşec. Societatea mă vrea perfect, mă vrea „cel mai" şi este drăguţă, îmi arată toate mijloacele prin care eu aş putea să devin „cel mai", iar eu, eu, netrebnicul de mine, ce fac? Eşuez. Sunt gata să dezamăgesc societatea asta care îmi arată drumul către „cel mai", îmi arată ce e de făcut, iar eu pur şi simplu ratez, nu mă calific când totul era aranjat, era sub nasul meu, nu trebuia decât să urmez indicaţiile, scrie clar pe ambalajul de la pasta de dinţi, e foarte vizibil pe pungile de cereale, în cărţile de specialitate – of, Doamne, nu sunt în stare de nimic.

Paradoxul lumii noastre e acela că, deşi perfecţiunea este explicată pe înţelesul tuturor, ba chiar există hărţi şi trasee, eşecurile sunt din ce în ce mai dese.

Oamenilor le e frică să refuze statutul de supraom. Le e frică să refuze intrarea în cursa pentru acest statut. Maratonul perfecţiunii are miliarde de participanţi. „Ai greşit!", se aude urletul monstruos al Societăţii, care mă priveşte de undeva de sus, are ţâţele mari, care atârnă spre gura mea, n-am cum să mă feresc, va trebui să sug de la ele laptele iluzoriu; Societatea urlă la mine ca o mamă iubitoare şi responsabilă, nu, nu e o mamă rea, uite, îmi dă să sug şi eu îmi bat joc de laptele ăsta plin de proteine. „Ai greşit!", urlă din nou Societatea – paralizez de frică, sunt la începutul începuturilor, sunt un prunc care nu înţelege de ce n-are voie să-şi consume excrementele. „Ai greşit!!!", urlă din nou Societatea şi atunci înţeleg: fac parte dintre cei aleşi, mama mea e bună, îmi arată calea, o lumină orbitoare se deschide în faţa mea, visurile nu sunt de neîmplinit, visurile sunt cireşe pe care le culegi vara când dau în pârg, cu condiţia să asculţi de mama şi să-ţi înfigi dinţişorii în sfârcurile ei lăptoase din care picură lapte ecologic pasteurizat. Nu, nu există decât perfecţiune – trebuie să ascult de Mama Societate şi o să fiu un super-erou.

Mă fac mic undeva, pe lângă un colţ de bloc, în semiîntuneric – nu e nimeni, sunt aproape de marginea oraşului, mirosuri pestilenţiale îmi sufocă simţurile. Mă fac mic, mă piş într-un colţ, speriat că mă va descoperi cineva, mă piş şi plâng. Cum o să pot trăi cu secretul acestui sacrilegiu? Cum o să le spun oamenilor că iubesc greşeala?

DUBII CU PRIVIRE LA DEMONI

1.07.2010

Stau pe întuneric şi privesc demonii copilăriei mele. Şi-au făcut datoria. M-au speriat pentru eternitate. Acum, pieile zbârcite le atârnă de pomeţi, iar ei mă privesc rugător, mut.

Mi-e milă de demonii care mi-au strecurat frica în oase. Aproape că am uitat cum se insinuau în sufletul meu cât o ghindă, pe la ceasul somnului de după-amiază.

Mutilat şi iertător, mă prezint în faţa oamenilor din jurul meu, gata să le fac rău.

I-am achitat pe călăii fiinţei mele mici. Mulţi îmi spun că ar trebui să mă întorc la ei cu orice chip şi să-i omor acolo, lângă pat, în camera plină de desene, unde cutia cu trenuleţul electric zăcea acoperită de praf, sub pat.

Sunt destui oameni care spun că mă pot însoţi până în zilele alea când îmi hrăneam primele nefericiri şi demonii îmi violau sufletul cât o ghindă. Mi-e frică totuşi de şerpaşii ăştia de ocazie. Mi-e frică să nu rătăcesc drumul înapoi. Demonii mei zac într-o baltă de sânge, iar eu tremur cu cuţitul în mână, încercând să refac traseul. Însoţitorii mei ar trebui să-l ştie. Poţi oare să ai încredere în călăuzele astea care spun câte-n lună şi-n stele?

Îi mai las să mă privească. Răul a fost făcut.

După ce-ţi omori demonii, dacă ai curajul s-o faci, e musai să te întorci pe acelaşi drum.

CÂND ERAM COPIL

24.07.2010

Când eram copil, se auzeau zgomotele copitelor cailor lovind asfaltul. Când eram copil, bucuria nemăsurată era aceea a paharului de apă pe care îl beam pe nerăsuflate după ce veneam de la fotbal. Când eram copil, toate lucrurile erau mari. Atât de mari, încât nu-mi făceam probleme că aş putea vreodată să le ating sus, în vârful lor. Când eram copil, credeam cu străşnicie în biletele de la căsuța loto pe care le fabricam singur. Când eram copil, vizavi de blocul nostru era o biserică de pocăiți. Săream gardul bisericii – nu pentru credință, ci ca să bem apă de la cişmeaua fermecată. Când eram copil, îmi făceam curaj să merg cu tramvaiul. Atunci, tramvaiul ar fi putut să mă ducă oriunde. Când eram copil, am văzut un mort pentru prima dată. Pe doamna Dezideriu. A fost atunci când m-am gândit că pâinea de la mort are gust de lumânare. Mă furişasem în dormitorul alor mei şi am privit mult cum doamna Dezideriu se uită la cer cu ochii închişi de pe platforma unui camion pe care îi aşezaseră coşciugul. Când eram copil, număram nucii de pe drumul spre mare. Când eram copil, aveam unde să mă cuibăresc. Când eram copil, toamna era speranța, iar vara nesfârşită. Când eram copil, doamna Mărioara mă striga înapoi acasă. Când eram copil, nu transpiram abundent. Nu îmi era cald. Îmi era doar frig, atunci când era frig cu adevărat. Când eram copil, plângeam fără să mă gândesc la alte lucruri în acelaşi timp. Când eram copil, plângeam şi mă gândeam la lacrimile mele. Când eram copil, râdeam până mă durea burta. Când eram copil, nu tânjeam şi nu mi-era dor. Când eram copil, iubeam fără să ştiu. Îi iubeam pe ei. Pe ei doi. Când eram copil, erau mari şi se aplecau către mine. Nu-mi făceam griji că aş putea să-i ating pe creştetul capului.

DUMNEZEU

30-08.2010

Cel mai frumos lucru al dumnezeirii este că Dumnezeu se află şi în sufletele celor care îl contestă, fără ca aceştia să i se poată opune.

CE SUNT DROGURILE?

31. 08. 2010

Drogurile sunt condiționarea visării. Or, un vis condiționat e ca un pescăruş care zboară pe o întindere imensă, mărginită de plase. Imensă, dar nu nesfârşită.

LUPTA CU MINE

13.09.2010

În weekend am fost la mare. *Kite*[1]. A fost altfel decât până acum. Pentru că marea era cu adevărat zbuciumată. N-a mai fost plutire. A fost luptă. Dar nu lupta cu marea. Din moment ce alegi să intri într-o apă cu asemenea valuri, lupta e cu tine. Nu cu marea. Marea nu mi s-a părut nervoasă, în ciuda valurilor de vreo trei metri care adesea mi se spărgeau în cap şi mă răsuceau prin apă. Era mai degrabă impersonală. Ca şi când mi-ar fi spus: „Uite, măi băiatule, nu înțeleg ce e cu tine – ai văzut doar că sunt zbuciumată, n-am cum să controlez chestia asta, acum ți-ai găsit să faci dragoste cu mine? Pe bune, sunt nervoasă rău".

Placa în picioare, înclin zmeul uşor, apoi brusc şi mă trage din apă. Plutim. Primul val e scund, aşa, ca un verişor, însă familia lui urmează repede – frații uşor nervoşi peste care reuşesc să sar, o mătuşă cocoşată care mă aruncă vreo doi metri în aer şi, la zece metri înaintea mea, mama furioasă care fuge urlând după copiii gata să se izbească de mal. Măicuța lor îmi seceră picioarele cu pletele ei de spumă, mă scufund câteva secunde, sunt scufundat, dar el e acolo sus, salvarea

1. *Kitesurfing* – sport extrem nautic.

mea, zmeul meu, îl simt prin bara de care sunt legate ațele, liniile zbârnâie, trag de bară ca să nu cadă şi el, mai am o fracțiune de secundă şi ies la iveală, nu sunt victorios, dar apuc să privesc în sus, îl văd, îmi zâmbeşte, mă asigură, e prea scurtă gura de aer, căci tatăl valurilor trecute de mine mă izbeşte în cap, îmi smulge placa şi se duce bolborosind după familia lui.

Sunt în mijlocul mării, fără placă, zmeul e încă sus, însă valurile n-or să se oprească, ştiu asta bine, vântul suflă spre mal, norocul meu, mă îndrept şi eu spre mal odată cu placa, încep să-mi strunesc zmeul, trebuie să ajungem la ea, la placa noastră, să călărim iar pe marea asta nebună. Un zigzag, două, trei, mai am un metru până la placă, nici măcar, o ating, o prind cu degetele de margine, mult prea puțin, urechile îmi vâjâie, mă învârt jur-împrejur şi simt cum pânza loveşte apa cu un zgomot surd, mă trage pe sub apă, e vântul care nu-l lasă deloc să mă scoată, o să ies, mă gândesc, şi-mi țin respirația până se duce şi învolburarea asta.

E vrednic şi iute zmeul ăsta – nici n-aşteaptă să-i trag ațele că se şi repede sus, în vânt, apa se scurge neputincioasă de pe spatele lui cambrat şi lucios, chiuie şi mă trage vreo cinci metri prin apă, ca un câine neplimbat care-şi târăşte stăpânul. Îl las să-şi facă mendrele puțin, se linişteşte şi încercăm din nou să călărim marea.

Ies din apă, prima tură a fost obositoare, nu-i bine să mă pun cu mine, îmi tremură muşchii, mă dor toate, îmi vâjâie urechile, mă bate vântul, dar sunt fericit. Îmi deschid hamul şi mă umflă râsul. Cum naiba a ajuns hamsia asta la mine în ham? O hamsie lipită ca un țânțar plesnit de perete cu un plici hotărât. *Rider* şi pescar. Râde toată lumea, o tragem în poză pe hamsia decedată când vântul mă purta pe ape şi apoi privesc din nou marea. Lumina lui septembrie trezeşte în mine o scurtă nostalgie, cu concursul unei scheme de nori desenate parcă de răsuflările unor îngeri fumători adunați la o bârfă într-o pauză de lume.

M-am mai dat de vreo trei ori, cu mai mult succes, călărind mai multe valuri. Le înfruntam când ieşeam în larg, apoi fugeam de ele când mă întorceam, aproape paralel cu țărmul. Valurile se formau în spatele meu şi mă urmăreau ca o haită de câini albi care nu latră, dar răsuflă greu, îți simți călcâiele reci. Zmeul meu râde, suntem mai iuți decât ei, trag de bară, iar când colții de spumă sunt gata să-mi taie picioarele, el se aruncă-n vânt şi mă smulge din fața dulăilor care se topesc de supărare şi fac loc altora la fel de mari şi de iuți, şi iar fugim ca nebunii până la mal.

Mi s-a întâmplat să mă urc pe coama valului şi s-o iau înaintea lui şi m-am prăvălit odată cu el, m-am prăvălit zâmbind, acoperit de spuma mai puțin înspăimântătoare pe măsură ce ziua se trecea către seară.

Marea. Vântul. Zmeul. Niciodată cei trei n-au fost împreună, n-a fost niciodată o legătură strânsă. Veşnicii au trecut până când primul zmeu să fie umflat de vânt şi apoi să târască Omul pe mare. Omul leagă natura şi lucrurile ca să-şi modeleze visele. Şi dorul ăsta incomensurabil, mai puternic decât orice combustibil, mai viril decât însăşi explozia primordială, dorul ăsta de nehrănit îl mână pe om spre mare, pe mare, dincolo de mare.

A fost o aventură în weekend. Am luptat cu mine şi am învățat că trebuie să ştiu să mă retrag la timp din lupta asta. E un vis de visat şi un răsărit de văzut, e un apus de mirosit şi mereu încă o noapte de veghe. Până când ceea ce e mai presus de OM îşi face treaba.

CHIRIAŞ ÎN ROMÂNIA

16. 09. 2010

Aş porni o revoluţie, dar sunt prea egoist. Şi nici puterea nu mă excită în forma asta. Cred că toţi marii revoluţionari au fost obsedaţi sexual. În ce mă priveşte, n-am tras încă o concluzie în sensul ăsta. Apoi, stau şi mă întreb: la ce-mi foloseşte că sunt curat, dacă nu mă urc pe baricade, dacă nu mă bag între ei, să le arăt cât sunt de murdari şi de răi?

Apoi îmi spun că treaba mea e să fac teatru, film, să cânt, să învăţ. Şi cercul vicios ajunge şi în dreptul meu: pentru cine să mai faci teatru, film sau să cânţi, de la cine să înveţi dacă nu te-ai implicat niciodată, dacă n-ai avut curajul să te agăţi de mânerul roşu şi să-l tragi în jos? Acum publicul tău e înlocuit de publicul lor. Iar publicul lor se complace într-o cădere liberă. Eu nu vreau să cad. Cercul vicios se roteşte şi mizele mele sunt greşite. Crupierul îmi ia tot cu sânge rece.

Sunt chiriaş în ţara mea. Taxele pe care le plătesc sunt preţul chiriei. În schimbul acestor bani sunt lăsat să locuiesc în România. Mă lasă să şi vorbesc, deşi nu mă ascultă. Nu e o locuinţă extraordinară, nici vorbă, iar proprietarii nu se preocupă decât să-şi încaseze banii la timp.

Senzația că nu am țara mea e dureroasă. Poate că în diasporă aş fi resimțit mai puțin această durere. O plecare asumată e o suferință asumată. Viața a ales pentru mine să rămân. Încă.

Apatrid în propria țară, aşa poate suna paradoxul meu. N-am vorbe şi nu mai am nici măcar ură. Ar fi fost bine să-i pot urî pe toți iresponsabilii ăştia nebuni. Ura e un combustibil. Indiferența, nu. Indiferența nu hrăneşte nimic. Dar ucide la rândul ei printr-un soi de exterminare lentă. E ca un câmp pe care, de la prea multe pesticide, nu mai creşte nimic. În România nu mai creşte nimic – doar o stare de perplexitate gâtuită. Nimeni nu e în stare să-şi elibereze urletul. Pentru că e greu să urli când eşti singur. Iar noi, românii, suntem singuri. Fiecare pentru sine. Urletul se naşte în colectivitate sau măcar atunci când pe partea cealaltă a prăpastiei are cine să te audă – atunci se desfac barierele sufletului, slobozind urletul.

Senzația că sunt batjocorit nu mă face să-mi revin. Încă sper că e o senzație. Contrar aparențelor, sunt un individ pozitiv. Evit încă să înțeleg că sunt batjocorit. Asta mă transformă într-un masochist.

Bine ai venit în România, străine. Dacă vrei senzații tari şi un popor pestriț în mijlocul căruia să-ți petreci câțiva ani din viață e ok. Ce-ți putem oferi? Păi, ar fi multe: Îți răstălmăcim bolile şi îți greşim diagnosticul – asta e supercool –, vei trăi mereu la maxim, într-o confuzie vecină cu nebunia. E supertare. Te putem ține ore în şir blocat în trafic, iar când vei simți nevoia să protestezi, te lovim şi te înjurăm. Avem pornografie peste tot şi aproape legal. E suficient să-ți faci abonament. Pregăteşte-te să fii complet neînțeles. Niciodată un străin n-a fost mai aproape de charisma genialității ca aici, acum, la noi. Numai la noi cele mai simple lucruri se pot transforma în veritabile enigme. Sfinxul e la orice colț de stradă. Orice funcționar public îți poate schimba destinul cu cel puțin trei întrebări. Avem mizerie morală constantă. Te-ai plictisit de conveniențele şi şabloanele societăților civilizate? Ți-e dor de trădări şi pumnale în spate? Vrei să asişti la lucrături fără subtilitate? Te excită să n-ai încredere? Vrei să simți gustul exotic al principiilor terfelite? Îți oferim asta în pachetul standard, străine. Nu-ți cerem sufletul. Îți vrem doar banii. Alege să trăieşti la limită, alege România. Alege să cazi. Liber.

Da, avem multe de oferit celor care vor să trăiască altfel.

Mă deranjează că am redefinit speranța prin părțile astea. Până acum puțin timp, speranța era un declanşator. Era o tabletă efervescentă aruncată în paharul cu mizeria de zi cu zi. Fuzionând cu mizeria, speranța mai năştea vise plăpânde. Acum speranța e o grenadă amorsată. Eşti un sinucigaş dacă mai speri. Îți mănânci din propria viață, îți înfuleci propriul timp. Eşti nebun.

Pe terenurile de luptă se bat ei, cei pe care i-am lăsat să ne conducă în timp ce dormeam. Se bat până la sânge, până când unul dintre ei moare. Zona de conflict e înconjurată de garduri înalte, împletite din sârmă ghimpată. În spatele gardurilor mulțimea priveşte bălind. Victoria nu se va sărbători. Mulțimea nu va primi hălci de carne sau bani. Nimic din toate astea. Ne uităm totuşi. Cu gurile căscate şi degetele prinse de sârmă, stăm agățați de gardul protector şi privim înfometați.

— Dă-l în pula mea de zâmbet! urlă cineva prin megafoanele care anunță scorul. Dă-l în pula mea de gând care nu reuşeşte să se mai închege.

Şi asta mă doare. Sunt într-o permanentă stare de avort. Toate gândurile mele mor în câteva săptămâni, jalnici embrioni care n-apucă metamorfoza. Creierul mi-e năclăit şi sunt paralizat. N-am chiuretă, n-am anestezic. Am ceva apă fierbinte în speranța că vreun gând va reuşi să se nască şi îl voi putea creşte pe lângă gardurile de sârmă ghimpată.

Întrebările îmi dau o stare de vomă. Nu mai întreb nimic. E important să nu mi se facă greață. Oricum, ar răspunde evaziv. Asta m-ar ameți şi mai tare. Mi-ar tulbura urechea internă. Acolo unde se formează echilibrul. Unde se formează echilibrul în țara asta? În fiecare dintre noi. Care noi? În fiecare dintre mine. Oricum, cei care găsesc echilibrul nu întind mâna către cei care bâjbâie în vertij. Nimeni nu echilibrează pe nimeni. Balansul ne defineşte. Aş fi vrut să-i întreb multe lucruri. Mi-e frică să nu vomit.

Cât de imbecili să fim încât să credem că o baladă populară defineşte un popor? Nu balada populară defineşte poporul, ci însăşi opțiunea poporului pentru baladă.

Spuneți copiilor voştri că nu avem istorie. Spuneți-le că sunt liberi să facă ordine în haos. Spuneți-le că n-au nimic în afara pământului pe care îl locuiesc. Lăsați-i să-şi facă țara pe care o simt. Şi, cine ştie, poate atunci vom avea şi noi o epopee. O ţară care moare trebuie să lase loc unei ţări care se naşte.

Istoria? În halul în care am ajuns, e un detaliu. Trecutul? Un vis urât. Viitorul? Nu ştim încă, pentru că ghicitoarele nu plătesc taxe.

OMUL CARE A MURIT CĂUTÂND O RIMĂ

7.10.2010

Un om a murit. Până aici, nimic spectaculos. Interesant este că a murit uitând să respire. A uitat să respire, pur şi simplu. Şi a murit. Când a ajuns în rai, o mulţime murmurândă de îngeri s-a bulucit să-l vadă. Era o perioadă în care bântuia gripa, astfel încât unii dintre îngeri îşi trăgeau nasul, iar alţii strănutau pe înfundate. Omul nostru îi privea speriat. După ce i s-a povestit cum şi de ce murise, un veteran îl întrebă:

— Cum e posibil să uiţi să respiri? Ce făceai?

Omul răspunse:

— Căutam o rimă pentru un vers.

Un curent de indignare străbătu mulţimea. Mă rog, nu sunt convins că era indignare, dar aşa a ajuns această poveste la urechile mele. Îngerul veteran fâlfâi a tăcere şi întrebă:

— Ce vers?

Nu se mai auzi niciun strănut, nici măcar un nas suflat. Pentru câteva secunde, desigur, după care omul răspunse din nou:

— Dacă iubirea s-ar sfârşi pe pământ...

Câteva săptămâni mai târziu nimeni nu înțelegea de ce pe pământ cădeau îngeri. Noi ştim că erau îngeri căzuți în căutarea rimei care să dezvăluie tabloul apocaliptic al unui pământ fără iubire. Se pare că îngerii pur şi simplu uitau să respire, în căutarea celei mai bune rime. Au fost şi câteva conflicte la început din cauza unora care se grăbiseră să prezinte nişte variante cu totul şi cu totul nepotrivite. Cert este că acolo sus îngerii se împuținau. Cădeau pe pământ în chip de oameni.

Dumnezeu, căruia nimeni nu îndrăznea să-i ceară ajutorul, zâmbea în barbă, privind cum pe pământ plouă cu iubire.

E CRIZĂ. DE CE NU MĂ SINUCID? MONOLOG IMAGINAR

25. 11. 2010

Dom'le, nu poți să te sinucizi așa, oricum. Am văzut că acum, în vreme de criză, oamenii mai aleg să-și rezolve problemele luându-și Viața. Adio, Viață, adio, probleme. Cam așa stă treaba. M-am gândit și io la treaba asta cu sinuciderea ca să rezolv problemele, dar am ajuns la concluzia că mai multe probleme îmi fac dacă încerc să mă sinucid. E complicată treaba, mai ales dacă alegi să mori cu ștaif. Pentru că, dacă te știe lumea, nu poți să te omori oricum, trebuie să ții cont și de imagine.

Bun. Eu stau la etajul patru. M-am gândit să mă arunc pe geam, dar am niște copaci în față și mi-e teamă că în loc să ajung la morgă ajung în ghips și dup-aia la recuperare și mai dau și cât nu face la kinetoterapeut. Nu e bine. O variantă ar fi să m-arunc de la opt, dar nu îi cunosc pe vecinii de acolo și nu știu dacă m-ar lăsa să intru în casa lor. Oricum, vă dați seama, nu poți intra în casa omului, de-abia îl saluți și hop pe geam. Nu se face.

Nici prietenilor nu e frumos să le faci așa ceva. Am mulți prieteni care cred că ar înțelege, dar nu vreau să le creez complicații. Vine poliția, cercetează și, Doamne ferește, trage concluzia că prietenul meu, care a fost așa de drăguț și mi-a pus balconul la dispoziție, este un criminal. Plus că, dacă el e criminal, s-a dus dracu' mesajul meu cu criza, depresia și sinuciderea și reiese că sunt o victimă. Iar eu victimă chiar nu îmi permit să fiu.

M-am tot gândit la pesticide, la furadan. Nu merge, că sunt alergic. Mi-este absolut imposibil să mor cu bube pe față sau mai știu eu ce reacții la nivelul pielii. Țin, domnule, la imaginea mea. Sunt deprimat, e adevărat, Viața nu are niciun sens, dar nici în halul ăsta. Moartea este totuși un eveniment, și nu orice fel de eveniment. Vorba aia, o dată în Viață moare omul.

După cum vedeți, sinuciderea nu e chiar așa simplă. Mai ales dacă ești pretențios.

M-am gândit să mor înecat. Aici e o altă dificultate, care ține tot de imagine. Știți bine că la noi serviciul de înmormântare se ține cu sicriul deschis. Iar eu țin la imagine, așa cum am subliniat mai sus. Dacă te îneci, nu mai pupi tu costum de haine care să-ți vină bine. Mai ales că prefer smoching. Și, dacă se poate, să fie un smoching de firmă. Un Paul Smith, mă gândeam.

După ce te îneci, te scoate cam umflat din apă și cu greu ți se mai potrivește ceva. M-am gândit să comand un smoching cu două numere mai mare, dar problema e că nu te umfli peste tot la fel. Alternativa ar fi să-ți ia un croitor măsura imediat ce te scot scafandrii din apă, dar e greu să te sincronizezi. Croitorii în ziua de azi sunt extrem de ocupați și n-au timp să stea după scafandri. S-ar mai putea să-mi ia măsurile la cabina virtuală de la magazinul Cocor imediat ce m-au scos din apă. Pentru asta ar trebui să mă înec pe Splaiul Independenței, însă am observat că în perioada asta nivelul Dâmboviței nu este destul de crescut. Categoric, sinuciderea prin înec e greu de controlat.

Un glonț în cap. E, uite, asta chiar nu pot. E posibil să fie televiziuni la moartea mea. Nu știu dacă prind chiar un *prime time*, dar trebuie să iau asta în calcul. Ați văzut că toată lumea se luptă pentru prim-planu' mortului. Eh, cum poți să apari la prim-plan cu o gaură în mijlocul capului? Și chiar dacă îți tragi un glonț în gură. Iese prin ceafă, e adevărat, dar e posibil să rămâi cu fața contorsionată, schimonosită, să ai, așa, o expresie uimită sau chiar îndurerată care nu s-ar potrivi bine cu intențiile tale de sinucigaș. Adică nu face să mori cu ceva în suflet, iar pe față să fie întipărită altă stare. După cum vedeți, sunt multe aspecte demne de luat în seamă și aș vrea să subliniez mai ales importanța consecințelor post-mortem. Pentru că mulți sinucigași nu se preocupă de aceste aspecte, iar, după părerea mea, o sinucidere bine organizată se termină de-abia după ce te-au pus în groapă.

Ca să revin, pe față trebuie să se citească exact mesajul pe care ai vrut să-l transmiți. Dacă ți-e scârbă de viață, colțurile gurii ușor lăsate în jos și o sprânceană ridicată. Dacă ai avut probleme financiare, pumnii strânși. Dacă e dragoste la mijloc, bilețelul, mailul sau sms-ul bine redactate, fără echivoc, pentru a nu-i pune în dificultate pe anchetatorii poliției române, dar nici pe specialiștii atât de iscoditori ai televiziunilor generaliste. Dacă îți iei viața supărat pe lumea care nu te înțelege, e de preferat să mori cu ochii deschiși, cu o privire acuzatoare care să dea fiori celor care te-au văzut ultima dată și care vor vorbi despre asta trei zile, cât durează orice moarte publică în România.

Aici aș vrea să vă descriu o inovație. M-am gândit să creez un cont de Facebook, post-mortem, astfel încât lumea să poată să se folosească de *like* și *share* și să răspândească sinuciderea pe cale virală. Tot aici se pot pune linkuri cu toate aparițiile din presă. N-aș vrea să mă bazez doar pe evenimentul în sine pentru că, după cum ați văzut, televiziunile își pierd rapid interesul, ceea ce este regretabil. De aceea, post-eveniment trebuie depusă o muncă intensă de promovare pentru ca mesajul să rămână memorabil. Din păcate, până acolo e cale lungă pentru că viața nu ne lasă să ne sinucidem așa ușor.

Ajungem la un moment delicat al studiului pe care l-am întreprins. Spânzuratoarea. Din punctul de vedere al organizării nu e foarte complicat. Există oriunde niște frânghie și o bară, lustră, vreun piron prins de perete sau o clanță. Problema delicată este aceea a erecției și, cu sfială vă mărturisesc, dacă apuc să intru în erecție s-a dus dracului orice spânzurătoare și începe bairamul. Uit, pur și simplu, pentru ce mă aflu colo și eșuez lamentabil în viață.

Din perspectiva integrității corporale sunt în afara discuției salturile în fața trenului, metroului, mașinilor, tirurilor, moartea prin electrocutare (provoacă arsuri complet inestetice) sau orice alte forme de sucombare violentă.

Am reflectat îndelung la ideea unei supradoze. Heroină cu cocaină sau diazepam cu alcool sau heroină cu cocaină cu diazepam și cu alcool şi tot aşa. Aparent, prezintă multe avantaje. Nu există potenţiale victime colaterale şi, cu oarecare aproximaţie, reuşeşti să mori îmbrăcat frumos. Mi-e foarte jenă să vă povestesc ceea ce urmează. Problema sinuciderii cu alcool şi barbiturice e una strict financiară. După cum bine ştiţi, de la vârsta de un an şi şase luni, vârsta la care am făcut primii paşi în viaţă fugind de acasă, consum alcool şi narcotice în cantităţi industriale. Astfel că acum, în vreme de criză, nu îmi pot permite să achiziţionez cantitatea necesară (ruşinos de mare!!!) ca să fiu trimis pe lumea cealaltă. M-am gândit la un credit de nevoi personale, însă dobânda (care nu e fixă, mama lor de bănci!) percepută până la data Judecăţii de Apoi, dată la care se presupune că ar trebui să returnez creditul, ar transforma datoria într-o sumă uluitoare. Bineînţeles că nu pot împrumuta această sumă de la cei dragi pentru că nu doresc să-i transform în părtaşi inconştienţi la acest eveniment organizat de mine.

Sunt deprimat şi trist că trăim într-o societate, într-o Românie, în care ţi se pun atâtea beţe în roate în orice ai întreprinde. Aleg astfel să trăiesc pentru că eu nu vreau să umblu cu jumătăţi de măsură şi doresc să rămân un profesionist în orice aş face. Nu înţeleg de ce am ajuns în situaţia ca iniţiativa sau demersul personal să întâmpine o asemenea dificultate în a se realiza. Este clar că societatea, criza, mai ales criza morală, ne obligă să trăim şi să găsim resurse pentru a ne îndeplini proiectele în vremuri mai bune, în vremuri în care imaginea nu va fi atât de strâns ataşată individului.

Îmi dau seama, dincolo de toate obstacolele expuse, că mi-ar fi ruşine să mă sinucid privindu-i pe politicienii din jurul nostru. Dacă ei aleg să trăiască, luptând cu criza şi luând povara banilor grei ai ţării (ce a mai rămas din ei) pe umerii lor, dacă ei pot merge înainte fără să se sinucidă şi sunt un exemplu atât de viu pentru noi, ceilalţi, ar fi ruşinos, aproape imoral, să comit acest gest, când exemplele supravieţuirii se află aşa de aproape de mine.

CRĂCIUNUL NU E...

23.12.2010

Crăciunul nu înseamnă cadouri, dacă asta înseamnă nervi. Crăciunul nu înseamnă îmbulzeală, ci mai degrabă retragere. Crăciunul nu e goană irezistibilă de a fi în rând cu lumea care pune bucatele pe masă pentru că „aşa-i tradiția". Crăciunul nu e tradiție. Crăciunul nu e ghiftuiala oarbă, nu e năpustire hulpavă după ce ai postit. Crăciunul nu e război în trafic pentru familie. Crăciunul nu e familie dacă familia zbârnâie de tensiuni nerostite. Crăciunul nu e Moş Crăciun în alb şi roşu. Crăciunul nu e colind cu orice preț, supracântat, la ore nepotrivite. Crăciunul nu e o perioadă în care „ne deschidem inima ca să intre lumina sfântă". De ce ar fi închisă în restul anului? Crăciunul nu e slogan dulceag sau vorbe mari. Crăciunul nu e reamintirea valorilor morale lipsă. Crăciunul nu e un program special la televizor. Şi nici zâmbet fals. Crăciunul nu e prilej de regret că nu ai cu cine petrece sărbătorile. Crăciunul nu e bilanț. Crăciunul nu e lumină electrică în exces sau bradul pe care te-ai luptat să-l aduci acasă ca un erou modern. Crăciunul nu e luptă. Crăciunul nu e promoție. Nu-l găseşti pe rafturile care urlă că e Crăciunul. Nu e cozonac, caltaboş, tobă, şorici sau vin roşu. Crăciunul nu e ilustrată şi nici fericire tâmpă împachetată în spoturi publicitare cu reni şi Moşi Crăciuni pentru diferite nişe. Crăciunul nu e nimic din toate astea. Nu e drum'n'bass, nici popcorn sau *clubbing*. Crăciunul nu e discotecă şi nici fantezie sexuală de iarnă. Crăciunul nu e bere. Crăciunul nu e nimic din tot zgomotul ăsta surd şi disonant, ca o orchestră mondială care se acordează la nesfârşit fără să mai înceapă să cânte. N-are niciun rost aşa. Nu e despre asta. Nu pentru mine. Mi-o spun în fiecare an, încercând cu disperare să înot spre marginile vârtejului care mă trage la fund, unde în mâlul vâscos zac resturi de sarmale, conserve, reproşuri, un fel de mâzgă sufletească, o inerţie veştedă.

Crăciunul e altceva. Crăciunul este momentul în care s-a schimbat totul. Crăciunul e momentul în care Oamenii au descoperit Speranța prin Iubire. Vorbe mari, nu? Da' de unde – vorbe prea mici plutind pe Marea Moartă. Dar, pentru ca vorbele astea mici care plutesc în derivă să ajungă la destinație şi să umfle pânzele celor care mai au curajul să navigheze, e nevoie să sărbătorim Crăciunul. Pentru EL. Pentru tot ce ne dă în fiecare zi. Pentru tot ce uităm să-i înapoiem.

Aş fi vrut să închei altfel. De fapt, Crăciunul nu e nici măcar ce am scris eu aici. Nu poți scrie despre Crăciun în mijlocul Mării Moarte.

RETORICĂ

17.01.2011

Ce preț mic are viața unui artist dacă e în stare s-o dezvăluie, fie şi în culori schimbate, unui public flămând, capricios, gata oricând de un festin ad-hoc!

Ce bucurie neroadă să te vinzi aşa ieftin, hrană pentru un ego niciodată sătul? Cerc vicios în care te înscrii şi te învârți fără centrifugă.

SCRISOARE CĂTRE COPII

18.01.2011

Dragi copii,

Mulți dintre voi aveți casele voastre. Părinții voştri vă iubesc şi se luptă să aveți de toate. Casele în care locuiți sunt ale lor. Sunt cumpărate din banii lor. Bani munciți. Chiar dacă părinții unora dintre voi plătesc rate pentru aceste case în care locuiți, peste zece sau cincisprezece ani casele vor fi ale lor cu totul. Vor fi proprietatea părinților voştri, iar după moartea lor vor fi proprietatea voastră. Să fii proprietar înseamnă să ai ceva ce ai dobândit prin munca ta. Ceva ce ai cumpărat cu bani munciți de tine.

În casele în care locuiți mulți dintre voi aveți camerele voastre. Fiecare dintre voi îşi aranjează camera cum vrea. Sau aproape cum vrea. Oricum, este camera voastră, acolo unde sunt lucrurile voastre preferate, calculatorul, cărțile, revistele, blugii, ciorapii, tricourile, secretele – da, mai ales secretele –, căştile, iPod-ul, jucării din anii trecuți, păpuşi îmbătrânite, posterele cu formația preferată, mâzgălelile de pe perete, nenumărate urme şi indicii ale prezenței şi personalității voastre. Chiar dacă, tehnic vorbind, această cameră, camera voastră, nu vă aparține – nu aveți un act pe numele vostru care să ateste că voi sunteți proprietarul camerei –, prin felul în care este organizată şi prin suma tuturor obiectelor care îi compun universul ea este a voastră pentru că, în mod sigur, pe nimeni altcineva nu ar prea interesa conținutul mult prea personal al camerei. Putem spune deci că împreună cu părinții voştri sunteți şi voi proprietari.

Acum, haideți să facem un exercițiu de imaginație. Dar vă rog să-l faceți bine. Să vă implicați în acest exercițiu cu fiecare propoziție care va urma de acum înainte. Este o seară liniştită de decembrie. Mama şi tata sunt în bucătărie. Sora ta cea mică doarme. În sfârşit, a adormit, aşa că în casă e un moment de linişte. Se aud vorbele şoptite ale părinților tăi. Am să continui la singular, pentru că experiența asta imaginativă trebuie să fie a fiecăruia dintre voi, în mod singular. Din când în când se aud hohotele înfundate ale mamei. Tatăl tău se prosteşte în bucătărie. Gesticulează cu un pahar de vin în mână, se maimuțăreşte şi o face pe mama să râdă în hohotele astea reținute care ar putea s-o trezească pe sora ta cea mică.

Închizi uşa. N-o să vină nimeni, ştii. Te abandonezi propriului tău univers. Este linişte. Intri pe net să vezi ce fac ceilalți. Eşti atât de sigur că fiecare din casă îşi vede de treaba lui, încât deschizi uşor geamul. Aerul rece dă buzna înăuntru şi aduce parcă sărbătorile cu el. Îți aprinzi o țigară. Îți bate inima – dar ce poate fi mai tare decât să fumezi a treia țigară din al treilea pachet al vieții tale în casă cu părinții tăi nefumători? Prea tare, cum ai spune tu. Ai vrea să-ți pui şi căştile pe urechi ca să fie totul perfect. Dar asta ar însemna să nu-i auzi pe ai tăi dacă vin.

Trei explozii asurzitoare tulbură liniştea asta perfectă. Liniştea în care nu se auzea decât bâzâitul calculatorului şi hohotele răzlețe ale mamei. Realizezi imediat că doar sperietura te-a făcut să crezi că sunt explozii şi că, de fapt, nu sunt nici la vecinul de deasupra, ci bufnituri în uşa voastră de la intrare. Te repezi spre hol în acelaşi timp cu tatăl tău, care întreabă cu o voce puternică:

— Cine e?

În spatele lui, mama ta strânge cu ambele mâini clanța uşii de la bucătărie, pe care încearcă s-o închidă încet, ca şi când n-ar vrea să deranjeze pe cineva.

— Miliția e, deschideți!!!

Tatăl tău deschide uşa. Un ofițer şi doi soldați înarmați intră primii, apoi doi civili care rostesc sec în timp ce soldații ațintesc armele către voi, urlând să nu vă mişcați:

— Aveți trei ore să împachetați. Casa asta se rechiziționează – de azi înainte aparține poporului.

Nu înțelegi nimic, nu-ți vine să crezi, ca prin vis îl auzi pe tatăl tău țipând, spune ceva, apoi îl vezi jos la picioarele soldaților, cu gura plină de sânge. Ești perplex, neputincios, nu poți să te miști și realizezi într-un târziu că o dâră de lichid fierbinte se scurge pe partea interioară a coapsei, către gambă, spre călcâi. Te cuprinde rușinea, căci frica te-a cuprins de mult. Nu știi când ai ajuns în cameră, sora ta cea mică plânge, mama aleargă prin toată casa, în hol sunt trei geamantane mari în care nu încape nimic și tu nu înțelegi încă ce se întâmplă. Nu înțelegi că trebuie să părăsești casa asta și că tot ce este în ea nu-ți mai aparține – nu mai ești proprietar decât pe ceea ce poți căra cu tine în cele trei valize mari, căscate în mijlocul holului.

Cei doi bărbați îmbrăcați civil fumează liniștit la bucătărie, în timp ce soldații au început să se plimbe prin casă, ba unul dintre ei intră peste tine în cameră și îți smulge iPod-ul, îl bagă în buzunar, capul îți vâjâie îngrozitor și privirea ți se întunecă, vezi ca printr-o sită – te-a pocnit pentru că ai protestat.

Peste câteva ore casa ta este o amintire. Poți să-ți imaginezi asta. Stai într-o dubă închisă ca o mașină de marfă și nu știi încotro vă duc. În dreapta ta e unul dintre soldați. În fața ta, pe o banchetă îngustă, mama plânge și o ține în brațe pe sora ta cea mică, ale cărei urlete îi fac pe soldați să-și iasă din pepeni din când în când și să strige:

— Fă-o să tacă!!!

Cauți cu speranță către tatăl tău, care e plin de sânge, sânge închegat, și respiră anevoios, aproape fonfăit. Te uiți la el și vezi că respirația se îndesește, îi curg mucii din nas, îi șterge cu manșeta înroșită a unei cămăși bej. Apoi, n-ai mai văzut asta niciodată până acum, tatăl tău izbucnește în plâns și plânge lângă mama și lângă sora ta, toți trei plâng, iar tu înlemnești de frică și ți se rupe sufletul pentru cei din fața ta și te întrebi unde merge duba asta. Afli însă repede, când te trezești pe peronul gării într-o îmbulzeală de nedescris. Pe tatăl tău îl despart de tine, iar ăsta este un moment când începi și tu să urli și să-ți scuipi plămânii de durere și de frică, pentru că îl iau cu adevărat de lângă tine. Urli ca un nebun și vrei să te smulgi dintre oamenii între care ai fost înghesuit de un cordon lung de soldați care îi separă pe bărbați de copii și femei. Te cuprinde disperarea și te agăți de mama ta, ca să n-o pierzi şi pe ea. Staţi îmbrăţişaţi şi încercaţi să-l mai prindeţi din priviri pe tata, care e dus cu o altă mulţime de bărbaţi.

Urletele te sufocă şi te sperie – te înghesui în tren împreună cu alte femei şi alţi copii, e un vacarm, e un infern, nu e real ce se întâmplă, întrebările zboară prin aer, nimeni nu acceptă, nimeni nu înţelege, femei care leşină, femei isterice, femei doborâte, îndurerate, copii disperaţi, muţi, priviri incapabile, o lumină slabă care se întinde ca o pânză de păianjen peste toată această pădure de Frică umană.

Dragi copii ai anului 2011,

Trenurile astea au plecat în multe direcţii. În 1940, bunicii şi tatăl meu au fugit din calea ruşilor înspre România, ca să nu ajungă în acele trenuri care duceau spre Siberia. În anii 1950, trenurile astea mergeau la Canal (Canalul Dunăre – Marea Neagră) sau la Gherla sau la Adjud sau la Piteşti.

Ce trebuie să ştiţi este că Partidul Comunist Român a luat proprietăţile oamenilor. De multe ori s-a întâmplat aşa cum am descris eu mai sus. Pentru că una din ideile comunismului era aceea că totul este al poporului şi că cei care AVEAU şi munciseră din greu ca să AIBĂ trebuiau să dea totul celor care NU AVEAU. Doar că, în comunism, s-a demonstrat că cei care NU AVEAU au rămas la fel de săraci.

Între 1947 şi 1989 aproape nimeni nu mai avea în România ceea ce dobândise înainte de război. Oamenii au putut să devină proprietari doar pe apartamente de bloc şi maşini Dacia. Palatul Parlamentului României se ridică, dragi copii, pe locul în care un cartier care a fost ras de pe faţa pământului. În comunism nimeni nu mai avea voie să aibă. Dacă depăşeai o anumită sumă de bani, intrai în vizorul Securităţii.

Ce şanse au avut românii, în general? Unii au fugit în munţi şi au încercat să reziste de acolo împotriva Partidului Comunist Român, care le luase totul. Alţii au crezut că lucrurile nu pot merge chiar atât de rău, aşa încât au rămas şi au ajuns la Canal sau în închisorile comuniste. Cei mai mulţi au plecat capul şi au trăit în frică, sărăcie, foame şi adeseori teroare. Timp de cincizeci de ani. Unii au colaborat cu Securitatea, alţii nu.

Securitatea a fost instituția care a ajutat Partidul Comunist și pe Ceaușescu să țină țara sub teroare, să-i priveze pe români de libertate și de toate drepturile care vin la pachet cu libertatea.

În 1989, Ceaușescu și Partidul Comunist au căzut. Și atunci, la Timișoara, oamenii au spus: *Nimeni dintre cei care au făcut parte din Securitate și nici activiștii comuniști să nu poată să participe la primele trei alegeri generale, pentru că ei au reprezentat RĂUL cel mai mare în această țară. Nu putem să fim în continuare conduși de comuniști.*

Dar, dragii mei copii, această propunere nu a trecut. Astfel, activiștii comuniști și cei care au făcut parte din Securitate au putut să candideze pentru ocuparea unor funcții în conducerea țării noastre. Și, din foști ofițeri de Securitate, ei au devenit afaceriști și politicieni. Timp de douăzeci de ani.

Acum, copii, vă rog să-mi răspundeți la o întrebare simplă: cine credeți voi că se află în Parlamentul României, la putere și în partidele politice din România?

Copii, v-am scris această scrisoare ca să vă gândiți puțin. Să știți că este un singur lucru pe care tehnologia, rețelele sociale, presa sau televiziunile nu îl pot face pentru noi. E un lucru pe care nici părinții, profesorii, bunicii sau prietenii nu-l pot face pentru noi. De fapt, nimeni în lume nu poate să facă asta pentru noi: nimeni nu poate să gândească în locul nostru.

Iar acum vă invit să vă gândiți. Cu toate datele de mai sus, credeți că în această țară schimbarea a fost reală, categorică, dramatică? Sau a fost șchioapă, mascată, plăpândă?

Și atunci cine să înceapă schimbarea, dacă nu cei care s-au născut în libertate, dragi copii?

P.S. Ceea ce am scris eu mai sus nu e nici pe departe lămuritor în ceea ce privește comunismul din România și consecințele lui. Vă sfătuiesc să vă întrebați părinții, să căutați pe net, prin cărți sau să scotociți amintirile bunicilor.

Dacă vrem să aflăm de ce trăim rău în prezent, trebuie să mergem în trecut și, gândindu-ne, să încercăm să aflăm adevărul – poate vom înțelege ce trebuie și pe cine trebuie să schimbăm!

Succes, copii!

PROSTII

4. 09. 2011

Ați văzut filmele alea în care oamenii, ca să se răzbune, mai trag nişte gloanțe în cadavrul duşmanului lor, deşi ştiu că acesta e mort? Ei bine, oricâte gloanțe ai descărca în cadavrul unei iubiri pierdute, n-o să-ți potoleşti setea...

LA NAIBA, NICIODATĂ N-AM TITLURI BUNE LA TEXTE

2.05.2011

În seara care tocmai a trecut am văzut un artist mare. Nu, am văzut un spectacol mare. Cel mai bine ar fi să spun că am văzut marele spectacol al unui mare artist.

Realizez un lucru pe care nu l-aş generaliza – e o constatare subiectivă: un spectacol mare te face să te simţi bine singur.

Mi-am mai dat seama de ceva aseară: şi spectacolele care te ajută să reflectezi în vederea revelaţiei sunt mari. Mi-am dat seama că sunt în căutarea emoţiei. Aseară emoţia m-a înaripat şi m-a făcut să visez. Şi îmi lipsea asta. Presupun că mă încăpăţânez cu disperare să caut emoţia în cele mai diverse locuri. Uneori nepotrivite. Ca şi cum ai căuta apă în deşert. Dar ce sens mai are viaţa asta dacă nu cauţi apa tocmai în deşert?

Am ieşit de la teatru şi umblam singur pe străzi. A venit cu un aer retro primăvara asta. Bucureştiul parcă respiră amintiri. Mergeam pe stradă, rememorând momentele care mă emoţionaseră. Mergeam, căzut în mine, oricine aş fi eu... Dintr-odată, o voce ca de nicăieri, ca o rafală de vânt, mă încremeneşte:

— Cât e ceasul?

Mă întorc, smuls din mine de vocea asta şuierată care s-a agăţat de lăuntrul meu ca o cange din cele în care se agaţă cărnurile în măcelării. Din spatele grilajului ferestrei unui apartament de la un parter de bloc mă priveşte o bătrână cu părul vâlvoi. Ochii goi se agaţă dincolo de mine, în mine.

— Cât e ceasul? repetă disperată bătrâna.

Mă apropii şi-i spun:

— E zece şi optsprezece minute.

Mă fixează neîncrezătoare şi aproape că drama vieţii începe să i se citească în ochii umezi, ca o ceaţă care se risipeşte, lăsând privirii mlaştinile aburinde.

— Cât? şuieră sever.

Ridic tonul speriat:

— Zece şi optsprezece minute.

Bătrâna încasează informaţia, apoi izbucneşte:

— Lasă minutele - ceasul, ceasul cât e?

— E zece, zic.

— Zece. Zece zi, lasă minutele.

Pe bătrâna din spatele grilajului n-o mai interesează minutele, deşi timpul e din ce în ce mai zgârcit cu ea. Plec cu paradoxul ăsta în cap şi cu ochii ei care mă fixau dincolo de mine.

Mă întorc apoi la nebunul din spectacol, la conflictele lui interioare, şi mă întreb: ce s-ar fi ales din lumea asta fără eterna căutare care ne sfâşie vieţile?

Poţi să te conformezi şi poţi să alegi să mori în fiecare zi sau să te naşti în fiecare zi. Sau poate nu poţi alege nimic. Nimic.

DE CE FUNCȚIONĂM...

16.09.2011

Undeva, pe o şosea a lumii, o femeie îşi sprijină capul pe umărul soțului ei care conduce în noapte către nicăieri. Închide ochii şi adoarme liniştită. Un copil de câteva luni face primii paşi din viață. Îşi agăță degetele minuscule de mâna sigură şi atentă a mamei lui. În tranşeele unui război civil, câțiva soldați acoperă ieşirea celui mai curajos dintre ei. Un bătrân moare. Înainte de a pleca, îşi vede pentru ultima dată fiul, care îl strânge dureros de tare în brațe. E mai puțin singur aşa. Într-un restaurant, deasupra mării, doi gentlemeni îşi strâng mâinile. Nu e nevoie de vreun contract. Doar mâinile lor sigure. O gimnastă se aruncă într-un salt infinit şi aproape mortal. Părăseşte bârna sub privirile încremenite ale tribunei. La aterizare, antrenorul pândeşte cu încordare de leu. Un copil intră pentru prima dată în mare împreună cu tatăl său. Pe Wembley se execută un penalty. Jucătorul întoarce capul speriat către coechipierii lui. Sunt acolo, lângă el. Cu pumnii strânşi. O bătrână descumpănită ezită să-şi abandoneze casa în flăcări. În fața ferestrei sale, o mână întinsă o aşteaptă să se salveze. Un pilot de Formula 1 urcă fără ezitare în bolidul care-l va purta cu peste 300 de kilometri la oră. Undeva, pe o sârmă întinsă, deasupra unei mulțimi, doi acrobați execută un număr mortal. Un câine conduce un orb. Un vultur îşi veghează puii la primele lor rotocoale. Un chirurg operează pe creier într-o linişte apăsătoare. Un puşti de cinşpe ani se aruncă pe spate şi priveşte cerul în cădere. Bungee jumping. Un „rockstar pluteşte pe mulţime". Doi alpinişti se sprijină unul pe altul împotriva gravitaţiei. Un beţiv salvează un copil de la înec. Un jucător de snooker loveşte simplu, sigur, fără să ezite. O soprană se lansează în cea mai grea acută a vieţii sale. Mii de oameni se cunună în bisericile lumii. Un om lovit de soartă se roagă lui Dumnezeu. Un paraşutist deschide în ultimul moment.

E numai despre încredere. În tine şi în ceilalţi. Şi despre iubire.

DE LA STOCKHOLM LA PENSIONARI

30.10.2011

Când am coborât din avion, am căutat repede o toaletă. Devenise presant. Era una chiar la ieşirea din burduf, pe culoarul lung care ducea către tranzit şi recuperarea bagajelor. A trebuit să renunţ, pentru că mulţi dintre cei din avion aveau aceeaşi problemă şi ocupaseră din timp toaleta. Găsesc eu una la capătul culoarului ăstuia imens, mi-am zis. N-am apucat să fac nici douăzeci de metri, că pe dreapta apăru salvator semnul bine cunoscut: încă o toaletă. Intru, însă acelaşi rezultat: ocupat. Îmi reiau drumul cu gândul că voi găsi una dincolo de tranzit. De parcă o forţă superioară ţinea cu tot dinadinsul să-mi demonstreze că viaţa poate fi mai uşoară, la exact cincisprezece metri distanţă apar din nou semnul şi uşa magică. Intru – de data asta mă uşurez în linişte, netulburat de nimeni. Zâmbesc fără să vreau şi ies din toaletă mai liniştit şi parcă mai demn. Până să trec de bagaje, pe culoarul cel lung am mai întâlnit vreo zece cabine de toaletă. Mai mult decât atât, într-o risipă de spaţiu menită să ne facă în ciudă nouă, celor care venim din lumea claie peste grămadă, toaletele pentru domni se înşirau pe stânga, iar cele pentru doamne, pe dreapta. Sosisem la Stockholm. Sentimentul de siguranţă şi linişte pe care l-am încercat la ieşirea din toaletă nu m-a mai părăsit pe tot parcursul scurtei mele vizite în acest oraş care m-a învăluit cu emoţia lui aparte.

Nu sunt obişnuit să scriu impresii de călătorie. Nu țin să descriu pas cu pas oraşul, într-un soi de compunere turistică cu valențe de ghid. Nu vreau să conving pe nimeni de frumusețea aparte a acestui oraş. Trăim într-o lume multimedia şi un simplu *search* pe Google-images ar transforma misiunea mea într-o încercare desuetă. Vreau în schimb să împărtăşesc o stare de bine, de linişte, de admirație mută față de un stil de viață atât de străin nouă.

În trei zile am înțeles că Stockholmul nu este o metropolă, ci un oraş înconjurat cu o dragoste enormă de locuitorii lui. În timp ce metropola este un pretext, oraşul este un mijloc. Suedezii se confundă cu oraşul ăsta pe care îl respectă până la ultimul coş de gunoi. Simți asta în liniştea lipsită de densitate care pluteşte ca o ceață deasupra oraşului. Te uimeşte până la zâmbet designul simplu şi natural al tuturor lucrurilor. Dragostea lor pentru lemn respiră până şi în trenul de mare viteză despre care ți se aminteşte că este un mijloc de transport ecologic. Piatra este la fel de importantă pentru că trăieşte şi se armonizată perfect cu materialele viitorului.

M-am plimbat mult în scurta mea şedere în oraşul năpădit de frig şi soare. Am fost în oraşul vechi, am cutreierat străduțele înguste, mărginite de casele şi palatele negustorilor de la sfârşitul Evului Mediu, am admirat povestea arhitectonică a monarhiei suedeze, am văzut oameni eleganți pe covorul roşu al Operei, am ascultat scârțâitul chilelor şi al odgoanelor pe marginea cheiurilor, la apus. Am traversat podurile simple dintre insulele care formează oraşul ăsta binecuvântat de natură şi de linişte. Am ajuns seara acasă, traversând holul uriaş al unui bloc cu apartamente suficient de mari cât să te simți în largul tău, dar îndeajuns de mici ca să nu transforme viața în risipă.

Am înțeles pentru prima dată că natura este un alt fel de a te apropia de Dumnezeu. Am văzut mii de biciclişti traversând oraşul ăsta în care, adesea, trotuarele pietonilor cedează spațiul în favoarea pistelor de biciclete. Am văzut mii de oameni alergând – şi erau atât de mulți, încât m-am convins că era un dat şi nu o nevoie. Ca şi când oamenii ăia nu o fac pentru că au nevoie de un corp sănătos, ci pentru că pur şi simplu nu pot concepe viața fără alergare. Este poate primul oraş în care brandurile globale de *food & beverage* trec aproape neobservate. Nimănui nu pare să-i pese foarte mult de McDonald's, Coca-Cola sau Burger King.

De câteva ori i-am întrebat pe oamenii ăştia diverse lucruri. De fiecare dată mi-au răspuns liniştit, fără patimă, fără vreo stare interioară exacerbată. Am stat o lună şi jumătate la Paris şi ştiu ce înseamnă politețea de complezență, acel *politically correct* al politeții. Nu, la Stockholm oamenii nu sunt politicoşi. Sunt liniştiți. Poate asta vine de undeva din gena lor de navigatori care au văzut multe şi ştiu să prețuiască liniştea mării atunci când corabia se aşterne frumos pe curs. Bunăvoința celor câțiva oameni cu care am intrat în contact avea ceva dintr-o pace lăuntrică moştenită în secole de aşezare şi reaşezare. Conştienți parcă de frumusețea locului în care trăiesc, suedezii te întâmpină calm, aproape seren, lipsiți de superioritate declarativă. E molipsitoare atitudinea asta pe care o regăseşti până şi în aglomerațiile oraşului şi m-am trezit de multe ori cutreierând pe străzi cu zâmbetul pe buze.

Un ultim gând. Nu sunt un om de stânga. Cred că sistemul capitalist care pare să se prăbuşească de ceva vreme este singurul potrivit naturii umane. Dar n-am putut să nu observ bătrânii, la Stockholm. Bântuiam printr-un muzeu al oraşului când mi-a fost dat să văd câteva grupuri de oameni în vârstă. Unii dintre ei în cărucioare, alții pe picioarele lor, unii sprijinind câte o cârjă, alții în toată puterea. Toți erau zâmbitori, plini de viață şi însetați să afle cât mai multe, de parcă acum porneau în cea mai lungă călătorie a vieții lor. Mi-am dat seama câtă bucurie şi poftă de viață se află în fiecare dintre ei. În oricare alt context m-ar fi încercat un sentiment de milă pentru o bătrână în cărucior, cu părul extrem de rar şi riduri adânci în jurul unor ochi umezi. Forța cu care această femeie trecea de la un tablou la altul, ascultând cu urechile ciulite povestea ghidului, m-a făcut să uit că mă aflu în fața unei bătrâne cu handicap.

Da, la Stockholm, bătrânețea este începutul vieții. Este momentul în care omul este cu adevărat răsplătit pentru munca depusă o viață întreagă. Însă nu s-ar putea întâmpla asta fără respectul celor din jur, fără prețuirea societății tinere. N-am putut să nu mă gândesc că în România bătrânețea e sinonimă cu finalul vieții şi cu umilința. Bătrânii noştri sunt vagoane trase pe linie moartă. Nu există mulțumiri, nu mai e nevoie de înțelepciunea lor, nu sunt decât o statistică sau o masă electorală. În România, perspectiva bătrâneții este sumbră pentru cei mai mulți dintre pensionari. Iar asta spune multe despre noi. Şi, cumva, despre o lipsă de viziune. Noi trăim clipa prezentă, fără a fi în stare să facem planuri pe termen lung. Vom îmbătrâni aici şi ne va aştepta aceeaşi umilinţă cu care sunt trataţi pensionarii de azi.

Viaţa este făcută să fie trăită până la capăt. Lumea modernă vorbeşte despre libertate şi demnitate. Stockholm este un oraş în care simţi asta cu adevărat. Fără diferenţe între generaţii. O legătură puternică străbate ca un curent electric întreaga populaţie. Sentimentul că împart cu toţii un oraş frumos. Sentimentul că sunt strâns legaţi unii de alţii. Prin lemn, prin apă, prin piatră şi prin istorie. Poate sunt cuvinte mari. Poate. Însă eu asta am simţit acolo.

Noi spunem despre Bucureşti că e un oraş urât şi dăm vina pe Ceauşescu. De douăzeci de ani, Ceauşescu este mort. Iar Bucureştiul este al nostru. Cât timp ne mai putem prevala de trecut ca să justificăm un prezent pentru care nu facem nimic?

BUNGEE JUMPING

25. 11. 2011

Uneori Dumnezeu mă ridică deasupra oraşului. Mă apucă uşor, cu mâinile Lui mari, ca pe o firimitură de pâine care strică perfecţiunea unei mese de bucătărie proaspăt curăţate. Atunci pot să văd oraşul de sus, de foarte sus, de unde e linişte. Mă aşază apoi cu grijă pe vreo stradă pierdută în ceaţă, iar eu fug, scap, ca un gândac surprins între rosturile plăcilor de gresie, şi mă ascund speriat de măreţia care s-a pogorât asupra mea.

Mă furişez prin holuri insalubre şi decrepite, mă îmbăt spre uitare în cârciumi sordide unde suferinţa amorţeşte şi speră, mă uit chiorâş la posesorii de fericire şi îmi vine să-i lovesc şi să-i jefuiesc – însă mi-aduc aminte în ultimul moment că nu pot să-i deposedez de haine care mie nu-mi vin. Mă trântesc prin bălţi şi rânjesc privind la gleznele grăbite ale domnişoarelor care traversează marele bulevard.

Din când în când stârnesc dezgust, oamenii mă scuipă, iar eu mă înrăiesc şi caut alte străzi mai ascunse, mai periculoase, la limita vieţii, străzi unde se întâlnesc toate duhorile abandonului şi degradării, unde râgâiala e zâmbet şi grohăiturile sunt respiraţie, străzi cu femei uitate de viaţă şi beţivi abrutizaţi, străzi unde mizeria creşte din pavaj ca o iarbă de neoprit şi copiii învață lecția urii. Acolo nimeni nu întreabă şi nimeni nu visează... oamenii se târăsc şi mă târăsc şi eu alături de ei. Nu e luptă, e încleştare şi uitare... Am nevoie să uit ca să renasc, mă prăbuşesc, decad, trupul meu devine din ce în ce mai vulgar, însă în buzunarul de la piept păstrez o fotografie care să mă ajute să mă întorc la suprafață atunci când rănile mi se vor fi vindecat.

E un joc mortal însă – de fiecare dată când cred că sunt aproape să pierd, Dumnezeu mă ridică din nou deasupra oraşului, sus, foarte sus, acolo de unde viața oamenilor devine amuzantă şi inutilă, fără miză şi fără câştigători, încât pare că merită să fie trăită. De acolo, de sus, nimeni nu se vede bine – e doar o țesătură abstractă de suflete fără sens. De acolo, din înălțimi, cu degetele lui Dumnezeu strânse în jurul gulerului meu, înțeleg că nici moartea şi nici viața n-au cine ştie ce semnificație, aşa încât n-are rost să te frămânți...

Când Dumnezeu simte că m-am liniştit, mă pune jos din nou, cu delicatețe, iar eu caut să scap ca un gândac de bucătărie...

BYE, BYE, TOCA

30.11.2011

Alexandru Tocilescu este primul regizor care mi-a încredințat un rol principal. Cu ajutorul lui am debutat la Teatrul de Comedie în *Mireasa mută* după Ben Johnson. Interpretam rolul lui Spirt, un tânăr rebel care îi joacă feste unchiului său posac şi surd în speranța că îl va determina să renunțe la avere în favoarea lui.

— Hai, mă, la Comedie, că am nevoie de un pletos aşa ca tine! Şi rocker! E mişto, mă, şi vreau să fie un soi de musical... Hai!

Aşa l-am cunoscut pe Alexandru Tocilescu.

Tocilescu era un cinic inteligent plin de umor. Umor negru, adesea. Până la urmă, numai prin cinism şi-ar fi putut domina constanta suferință. Cei care l-au cunoscut îndeaproape sunt convins că au descoperit un om bun. Bunătatea lui răzbătea dincolo de zidul de zeflemea inteligentă de care te loveai la o privire mai superficială. Dacă însă te apropiai cu atenție, puteai să vezi bunătatea cum străbate cu raze de lumină prăfuite prin cele câteva găuri împrăştiate în zid. Câțiva cred că au avut privilegiul ăsta.

Eu îi datorez acel spectacol şi rămân cu amintirea frumoasă a unui om de la care am învățat multă muzică şi am auzit prima dată de

Vladimir Nabokov şi Lolita. Iubea enorm muzica şi asta l-a făcut un regizor atât de special. Toca.

Nu sunt foarte multe de spus. Îmi pare atât de rău că s-a întâmplat aşa abrupt! Îmi pare că şi Toca e o victimă a unei lumi atât de radicale în nepăsarea ei. Voi rămâne cu râsul lui molipsitor care îl făcea să se zguduie până la tuse, medalionul de argint fără de care nu poţi să-l concepi pe Toca şi replicile lui ascuţite ca o rază de laser. Şi voi mai rămâne cu privirea blândă şi profundă. Acum ştiu. Privirea lui Toca îi îmblânzea cinismul, astfel că te întorceai de fiecare dată la el cu drag, uitând că ai fost taxat. Tind să cred mai mult în privire decât în cuvinte.

În *Mireasa mută* cântam cu toţii într-un fel de *grand finale*: „Gata, ai scăpat, du-te liniştit în pat,/ Leagănă-te-n somn, preatristule domn,/ Bye, bye, domnule Posac,/ Bye, bye, să ne vedem în Rai!".

Sper că Toca a privit moartea în ochi cu acelaşi tip de sfidare veselă cu care i se adresa în timpul vieţii. *Bye, bye, Toca, bye, bye!*

POVEŞTI DE IARNĂ
ŞI GERUNZIUL NEDECLARAT

1.03.2012

Prinţul moştenitor al tronului Japoniei priveşte placid cum o oaie îşi face nevoile pe pantoful lui imperial. Exclamă: autentic! Apoi mănâncă fericit nişte brânză românească achiziţionată din vreun hipermarket.

În biroul unui primar, o bătrână cere ca autorizaţia de înmormântare să-i fie eliberată direct de la biroul edilului. Că ea şi-a aranjat înmormântarea în cele mai mici amănunte. Are un nepot care se poate deplasa doar patru ore de la Bucureşti şi de aia şi-a pus coşciugul fix lângă pat. Dacă o ajută Dumnezeu, o să moară pe o parte şi tot ce trebuie făcut e s-o tragă uşor în coşciug. Cum timpul e limitat, nepotu' n-o să alerge ca nebunu' după autorizaţie prin vreo comună adiacentă, da? Ea asta solicită la cei 94 de ani... Încă n-a murit, aşa că nu ştim ce-o să se aleagă de ea.

Preşedintele Turkmenistanului a interzis fumatul în ţara lui. Sau o fi vreo legendă. Dacă-i aşa, legenda spune că preşedintele, după ce a scăpat de un cancer pulmonar, a interzis cu mărinimie fumatul concetățenilor săi. Poți fi oricând supus unei radiografii și, dacă te-au prins că tragi la fălci, te așteaptă doi ani de pușcărie. Altminteri, președintele se emoționează când vede un covor turkmen, asupra căruia se năpustește numărându-i nodurile și identificându-i, după tipul și vechimea țesăturii, originea exactă. Dacă se pișă, protocolul stabilește ca toți miniștrii să-l aștepte în picioare. Femeile sunt rău văzute în gașca asta.

Cei mai mulți masoni sunt în America. În România sunt vreo zece mii. Deși scopul declarat se învârte în jurul binelui, țara noastră nu reușește să beneficieze în vreun fel.

Pragul celui de-al doilea război mondial. Povestea unui smoching vienez comandat cu o zi înainte de o deportare și care după zece ani i-a fost livrat soției proprietarului, mort într-un lagăr de concentrare, ne reduce la tăcere preț de câteva zeci de secunde. Pare că lucrurile din jurul nostru își pierd culorile, alunecând în sepia. Vinul dezleagă limbi și leagă povești. Poveștile îi fac pe oameni mai buni.

Vorbeam cu o bună prietenă și am ajuns la concluzia că niciun fel de îndemn moralizator nu poate schimba un om. Doar o poveste bine spusă are șansa asta. Márquez are cele mai frumoase titluri de cărți: *Un veac de singurătate*, *Dragostea în vremea holerei*, *A trăi pentru a-ți povesti viața*. Tolstoi vine tare din urmă: *Război și pace*. Titlurile lui Márquez conțin un gerunziu nedeclarat. Un perpetuum mobile al substantivelor. Totul se întâmplă la nesfârșit. *Dragostea în vremea holerei.*

Când omul nu va mai ști să povestească, va muri. E mult mai periculos decât încălzirea globală.

Am auzit că în Coreea de Sud există un muzeu al unui fel de mâncare pe bază de varză și tot felul de alte legume și frunze. *Kimchi.*

FATA VISURILOR

2.04.2012

Mă aflu pe Calea Victoriei, chiar peste drum de Muzeul de Istorie. E o zi în care vântul zboară peste Bucureşti şi se strecoară printre blocuri, parşiv. Când răzbeşte cu putere, când se insinuează molcom, ca şi cum ar vrea să treacă neobservat. Dincolo de cheiul Dâmboviței şi intersecția cu Splaiul Independenței se află un bloc-turn pe care atârnă o fată îmbrăcată într-o rochie de vară. Vântul se înghesuie năvalnic în spațiul dintre bannerul pe care e imprimată fata asta într-o rochie de vară şi pereții gri ai blocului. Cearşaful prinde viață, fata începe să tremure, zâmbind. Pare atât de real, încât rămân suspendat cu privirea de zâmbetul ei. Însă repetiția zâmbetului mă trezeşte curând din visare. Fata continuă să se zbată vesel, prizoniera ghiduşiilor vântului. Corpul ei execută un dans dictat.

Mă gândesc la lupta asta acerbă asupra controlului fanteziilor. În câteva secunde, un tremur de cearşaf declanşează un mecanism care porneşte un film în care, fără să-ți dai seama, eşti personajul principal alături de o fată care ți-e aservită, nu? Este ea fata fricilor tale, e fata care vindecă spasmele, e fata adevărului? Greu de spus. „When you get what you want, but not what you need...", spune Coldplay. Mă gândesc că merită să lupți ca să afli cine ești. Ca să nu cazi pradă unui cearşaf care zâmbeşte, pentru ca foarte curând să n-o mai facă aici, în viața reală (parcă a scris un puşti un cântec pe tema asta, prin '99, despre cearşafurile care nu mai zâmbesc).

MARE ŞMECHERIE SĂ FACI UN CÂNTEC

6. 04. 2012

Mă întreb dacă îşi imaginează oamenii cât efort se depune pentru un cântec. Ies din discuţie fast-foodurile muzicale. Prin câte etape trece o piesă... Pe discul ăsta au fost cântece la care am lucrat şi câte două luni. Am schimbat structuri, am modificat linii vocale, am tras zeci de riffuri de chitară – şi, când credeam că totul este gata, o luam de la capăt. Alte linii de voce, alte ritmuri la tobe, alte chitări sau o structură complet diferită. Întotdeauna partea ideală a lucrurilor iese mai uşor la suprafaţă. Cinci băieţi relaxaţi într-un studio, vin când vor, pleacă oricând, au concerte, sex, drugs and rock'n'roll... Ce-i de muncit într-o gaşcă rock? Faci un cântec, îl înregistrezi şi gata.

Ar fi frumos să fie aşa. Poate că ar fi trebuit să scriu mai des despre momentele grele: când vii câte o săptămână la repetiţii şi nu iese nimic, când ai sentimentul că bruma de inspiraţie care îţi mai rămăsese a secat, când lansezi un cântec în care crezi orbeşte şi lumea îl aruncă la gunoi, copilul tău este lovit, nimeni nu-l place, toţi îl arată cu degetul, iar tu trebuie să mergi înainte, să te întorci în studio şi să faci un alt copil... pardon, alt cântec, de care ajungi să te îndrăgosteşti şi în a cărui şansă crezi orbeşte. Te lupţi să nu fii comercial, căci până şi comercialul pe care îl ştiai a ajuns un soi de nişă, o elită, eşti artist şi vrei ca lumea să audă mesajul tău şi să-l ducă mai departe, îţi pierzi încrederea, eşti aproape la pământ, dar apare o vorbă bună ca o mână întinsă şi te scoate un timp din prăpastie. Ar fi trebuit să vorbesc mai mult despre toate momentele astea.

Ar fi trebuit să afle lumea că un cântec este o poveste, iar o poveste se scrie foarte greu. Un cântec bun creează imagini, creează stări, e o chestiune de viaţă şi de moarte când intră toba şi când va cânta pianul, când tace vocea şi cât de tare se aude cântarea. Poate fi o diferenţă ca de la cer la pământ dacă basul cântă optimi sau pătrimi. O diferenţă ca de la cer la pământ, şi totuşi insesizabilă pentru publicul larg care aude o piesă, ştie că are versuri şi o linie melodică şi aia e, dar habar n-are că el dă din cap la refren tocmai pentru că basul cântă optimi, nu pătrimi, aşa că se află mai aproape de cer, mai departe de pământ. Când am început să fac muzică, mi-am pus întrebarea dacă ar trebui să ţin cont de public, fie el şi imaginar, atunci când compun: mi-am spus, instinctiv, nu.

Acum ştiu că nu trebuie să ţii cont decât de tine. Tu scrii povestea, tu o spui, e copilul tău, eşti tu întreg acolo, e pariul tău, e viaţa ta, pasiunea ta. Publicul o va taxa fără să stea pe gânduri, într-un sens sau altul. Aşa că nici măcar nu trebuie să ştie cât de greu e să faci un cântec sau să spui o poveste. Retrag tot ce am spus şi revin: e foarte uşor să faci un cântec şi e de cinci ori mai uşor să faci un hit. Vă pup.

ADEVĂR DE LEMN

8.04.2012

Aseară, un prieten m-a invitat entuziast la atelierul lui de tâmplărie. „Vino să vezi cum arată bancul tău de lucru. Ce îmbinări frumoase i-am făcut."

Am ajuns la atelier şi am ridicat cu greu o bucată lungă de frasin, după care am pus-o pe două capre. De fapt, erau patru bucăţi lungi de frasin masiv îmbinate aproape perfect, încât îţi trebuia ceva timp să intuieşti linia subţire unde lemnele se îmbrăţişau strâns.

Am comandat bancul ăsta lung ca să mă pot desfăşura în linişte. Mult spaţiu pentru „biroul" meu de acasă. Acum însă el devine mai mult decât o masă lungă. E o bucată de meşteşug, un meşteşug care îmi pare că se pierde într-o lume a prefabricatelor uşor de asamblat în familie. Lumea furnirelor, a palului tubular, rumeguş presat sau mai ştiu eu ce.

Mobila din lemn masiv e scumpă. E scumpă pentru că încă e nevoie de om ca s-o şlefuiască, s-o îmbine în „dinţi", s-o îndrepte atunci când se curbează cu încăpăţânare, s-o sculpteze...

Am văzut lucrări minunate în atelierul prietenului meu, care execută produse de tot felul, fie că e vorba de teatru, mobilă de interior, pentru publicitate sau diverse evenimente.

Am văzut un tâmplar bătrân care mânuia strungul cu dexteritate şi relaxare, uimindu-mă cu forme perfecte. L-am întrebat dacă mai există şcoli de tâmplărie. Mi-a zâmbit amar: „E o meserie pe cale de dispariție. La mine n-a venit nimeni să-l învăț. E prea multă muncă".

În ultima vreme – mai precis, de când am fost la Stockholm şi am văzut cât de legați sunt oamenii aceia de natură – am început să mă gândesc tot mai des la lemn. Mă întreb de ce facem atâtea eforturi să-l alungăm din viața noastră.

În ce mă priveşte, mi-am dat seama târziu, lemnul mi-a fost cel mai apropiat sprijin. Scândura scenei mi-a suportat rolurile, lemnul chitarei de Reghin a vibrat la primele mele încercări, lemnul clarinetului meu, masa de stejar a bunicilor mei căreia de prea multe ori i-am aplicat un tratament nu tocmai corect, ca şi laviței uitate pe balcon peste care au trecut prea multe ierni.

Când plecăm din lumea asta şi florile zac proaspăt aruncate peste mormântul abia închis, doar o cruce de lemn mai rămâne mărturie a trecerii noastre prin lume. Iisus a fost răstignit pe lemn. Oare cât o fi plâns lemnul crucii Lui?

Am mângâiat îndelung lemnul mesei mele de lucru. Părea umed. Prietenul meu mi-a spus că e doar rece. Că nu e umed. „Şi nu e mort", am zis. „Nu, nici vorbă. Lemnul nu moare. După zeci de ani, când recondiționăm mobila veche de pe care dăm jos toată vopseaua, începe să curgă şi răşină."

Într-adevăr lemnul trăieşte, ia formele lucrurilor care îl presează, se îmbibă cu timp şi aer, miroase a ceea ce se întâmplă în preajma lui. Absoarbe orice, e ca un copil curios care bagă te miri ce în gură – de aia lemnul trebuie tratat cu grijă, pentru că el creşte împreună cu noi.

Am ciocănit de câteva ori cu falangele strânse lemnul viitoarei mele mese. A răspuns uşor, dar răspicat: „Sunt aici, domnule, şi am ceva de spus de câte ori mă atingi". Apoi l-am mângâiat pe toată lungimea şi din frecarea moleculelor lui cu pielea nehidratată a palmei mele s-a născut un foşnet ca de vânt. În curând ai să scârțâi în casa mea, mi-am zis.

Spectacolul sonor al unei viori Stradivarius este unic şi devine magnific prin comparație cu o vioară normală. Pentru că lemnul trăieşte şi răspunde omului. Şi, aşa cum există har şi excelență la Om, aşa există şi în lumea lemnului.

Închei cu o imagine în gând: o pădure de mesteceni scârțâind uşor în bătaia vântului. În felul lui, lemnul răspunde până şi presiunii invizibile a vântului care suflă peste coaja aspră. Însă acelea sunt sunete pe care nu le auzim uşor. Oamenii tind să respecte mai mult ceea ce mişcă. Cu atât mai fragilă mi se pare viața lemnului.

ASTĂZI MI-AM ÎNTÂLNIT VOCEA

23.07.2012

Încerc aproape cu frică: „...de dimineață doar într-un tricou apari... somnoroasă am făcut eu ceai...". Vocea se sperie pe „ceai". Tremură. Casc ochii mari către doamna Duțescu, așezată la pian.

— Ce-ai, mă? De ce te-ai oprit?

Îi arăt gâtul.

— Pune sunetul sus! Lasă gâtu-n pace. Hai, încă o dată!

Îmi fac avânt. Sunt ca un copil care stă în dreptul unui șanț și evaluează situația. Dacă s-ar avânta cu putere, ar putea trece pe partea cealaltă. Îmi iau avânt, câțiva pași hotărâți, dar pasul ăla care trebuie să însemne bătaia ce m-ar propulsa de partea cealaltă a gropii e moale, șchiop, nesigur. Vocea tremură speriată sau se sperie tremurând – nici eu nu mai știu: „ceaaaai".

— Tudore, nu mă enerva! Pune sunetul unde trebuie!

Încă o încercare mai puțin timidă, dar tot nereușită. A patra sau a cincea oară ceaiul se articulează mai bine, sunetul e mai rotund, nu mai tremură ca o piftie pe farfuria abia scoasă din frigider.

Am aproape zece zile de tăcere și trebuie să reîncep să vorbesc, puțin câte puțin. De fapt, încep prin a cânta. Astăzi a fost prima dată când am încercat să cânt. De la capăt, de la zero. Acum zece zile mă trezeam într-o cameră de hotel fără să pot scoate un sunet. Am sunat la recepție să comand un taxi care să mă ducă la aeroport și cred că femeia de la celălalt capăt al firului mai degrabă a intuit ce voiam să spun. Am repetat cuvintele de câteva ori şi am scos un şuierat trist în locul lor. Era în ziua când ar fi trebuit să cântăm la Mioveni. N-am abandonat imediat lupta. Am tot crezut că voi fi în stare să urc pe scenă, încă o dată, după care potopul.

După ce am aterizat, am fugit la doamna Gabi, cu speranța celui care mai crede că cineva poate amâna execuția. Ea e optimistă prin definiție, un soi de cinic vesel care mă cunoaşte de prea mult timp ca să dea vreun ban pe ipohondriile mele.

— Tudore, nu cânți.

Linda mă priveşte galeş din spatele genelor ei aurii şi aşteaptă un semn. De obicei mă joc mult cu ea şi-i terfelesc blana frumoasă de labrador auriu. Nu dă semne că ar înțelege situația. Aşteaptă să-mi prindă privirea ca să se năpustească asupra mea în încercarea de multe ori reuşită de a mă linge pe față. Mă scurg pe canapea, căci simt că ghilotina o să mai cadă o dată.

— Tudore, nu cânți.

O masă mare, diformă de oameni care huiduie. Resemnarea sună la uşă ca un vecin care te somează să dai muzica mai încet. Apoi poliția – E ora patru dimineața, dom'le, ce faceți?

— Tudore, eu nu pot să te las să cânți.

Au trecut zece zile de atunci. Resemnarea s-a strecurat uşor prin uşa întredeschisă, ca o femeie de serviciu care s-a întors de la piață cu sacoşele pline şi îşi vede de treabă, intră în casă, trece pe lângă tine în timp ce te întreții cu sectoristul, cu administratorul sau cu un vânzător disperat să-ți plaseze produsele cosmetice care l-ar putea propulsa în vârful piramidei. Am acceptat mai greu ca în alte dăți situația asta. Da, am mai fost de vreo patru ori în viața mea diagnosticat cu noduli pe corzi. Mereu repaus vocal complet, o muțenie asumată de care m-am ținut tare, pentru că nu mă am decât pe mine. Iar vocea asta a mea e parte din mine. Au trecut zece zile. Acum poate că „ceai" nu sună încă perfect şi mai tremură în ceaşca lui scuturată de vibrațiile fricii, însă cânt.

E o surpriză să-ți auzi vocea după atâta pauză.

— Bună ziua, eu sunt Tudor Chirilă.

— Bună, Tudor, eu sunt vocea ta cea nouă. Ce spui?

Face o piruetă şi rochia neagră se desprinde uşor de pe trupul ei aproape transparent. E firavă, ca o păpădie, însă ochii negri parcă sug aerul din jurul lor şi strălucesc mai tare cu fiecare porție aspirată.

— Nu vrei să ne plimbăm puțin? Ai putea să-mi arăți împrejurimile.

Îmi vine să urlu, s-o strâng în brațe, e atât de frumoasă şi atât de firavă în acelaşi timp! Am senzația că m-am despărțit acum zece zile de un bețiv ridicol cu care devenisem coleg de cameră, care sforăia în somn şi, când se trezea, făcea glume de cabană, iar acum, fata asta în rochia ei subțire care-mi oferă brațul translucid. Trebuie s-o hrănesc bine pe căprioara asta care vrea să traverseze lacul înghețat dinaintea noastră.

— Vezi, mă, că poți? Numai prostii ai în capul ăla! Hai, gata, că mă şi enervezi! N-ai nici pe dracu'. De la început: mam mam oa oa oa, mam mam oa oa oa...

Doamna Duțescu e intransigentă şi pozitivă. Fumează ca un şarpe şi redă vocile oamenilor. Îi fac semn că nu mi se pare în regulă să fumeze de față cu mine:

— Ete-na! Mă, să nu te obrăzniceşti! Da' când vă duceți să cântați prin bodegile alea pline de fum şi de bețivi cum e? Ia mai lasă-mă-n pace!

E una din femeile alea pe care simți că te poți baza, care te disprețuiesc când întârzii şi pun preț pe cuvântul dat. Om cu suflet mare, ținut ascuns mai degrabă din delicatețe decât din vreo frică anume. Niciodată nu m-au dezamăgit oamenii care iubesc câinii. Acum ştiu că Linda o să-mi ducă dorul, căci i-am făcut multe capricii prin blana aia de labrador auriu cu privire inteligentă.

Seara mă plimb cu vocea mea pe deasupra oraşului. Încă n-am voie să stau prea mult printre oameni şi oricum mi-e greu să le scriu tot timpul ce şi cum. Am fost surprins să văd oameni râzând de mine când le făceam semn că nu pot vorbi. Nu înțeleg cum situația asta poate să-ți pară amuzantă.

— Ai cântat prea mult? Hahahaha...

Mi-am văzut de drum. Am vrut să le scriu că nu-i frumos să găseşti ceva de râs în suferința unui om, dar am renunțat. M-am gândit că nu-şi dau seama că există suferinţă în neputinţa unui actor care nu-şi mai aude glasul. „Cântăreţii ăştia, actorii, nişte neserioşi, dom'le – toţi o apă şi-un pământ..."

Seara mă plimb cu vocea mea pe deasupra oraşului. La început n-am avut curaj, dar acum o întreb privind absent către luminile din cele câteva turnuri corporatiste:

— Mă ajuţi să urc pe scenă la Braşov?

Ea mănâncă un măr şi-mi răspunde printre înghiţituri:

— Te ajut. Promite-mi că mă duci într-un loc frumos după aceea.

— Aş putea să te duc sus, pe drumul spre Poiană. De acolo se vede superb Braşovul. Şi e linişte.

— Da, e musai să tăcem după. N-ai chef să te îmbeţi după aia? Ai timp să stai cu mine?

Vântul se stârneşte de nicăieri şi-şi face de cap între rochia ei neagră şi sânii transparenţi al căror puf se unduieşte imperceptibil.

— Nu, nu mă-mbăt. Privim luminiţele şi mergem la culcare.

După un timp:

— Ştii, eu mă dau cu zmeul pe apă; ţi-ar plăcea să vii cu mine? E o insulă frumoasă, unde vara bate vântul tot timpul.

— Da, de ce nu, dacă ai grijă de mine.

— N-ai ce să păţeşti. E linişte, noi, zmeiele, marea, vântul...

— Aş putea să te aştept pe plajă. Înţeleg că n-ai nevoie de mine acolo în larg.

— Câteodată am, de cele mai multe ori, nu. Oricum, dacă mergi cu mine pe mare o să te bălăceşti în apa sărată.

Vocea mea a zâmbit timid. Am tăcut amândoi.

Seara îşi făcea apariţia ca o doamnă discretă care-şi însoţeşte mersul cu bătăi fine de evantai. I-am remarcat încheietura. Nu ne-am ridicat. Am lăsat doar căldura să părăsească câmpul de luptă. Maşinile se scurg uşor pe străzile întunecate. Câteva bulevarde mai încolo, Linda răsuflă greu, tolănită sub pianul negru al doamnei Duţescu.

CAMERISTA MI-A DAT VISELE LA SPĂLAT

23.08.2012

Atâtea vise abandonate în camere de hotel... Fumul de ţigară nu e atât de inofensiv. Pare că se pierde prin aer, dar nu e chiar aşa – se agaţă disperat de buricele degetelor. Ceva s-a schimbat abrupt. Camerista a înfăşurat visele odată cu cearşafurile. I-am spus că nu le vreau schimbate. Visele, nu cearşafurile. Nimic nu străluceşte la fel de la o zi la alta. Pământul se învârte şi tremură. Nimic nu stă în loc, totul e relativ, până şi visele îşi schimbă înfăţişarea. Se aburesc ca o fereastră de cabană iarna, îşi pierd virilitatea, sclipirile lor de acoperiş lovit de soarele Atenei se împuţinează. Visele sunt spermatozoizi. Milioane pleacă la drum, câte unul ajunge din când în când să fecundeze un destin. Se mai nasc şi monştri. Viaţa merge înainte. Pe Hitler nu l-au înfrânt nici americanii, nici ruşii. L-a înfrânt viaţa. Cine vrea să ucidă îşi doreşte asta cu mai puţină ardoare decât cel care vrea să trăiască. Viaţa şi-a dorit mai mult victoria. Apoi a venit Stalin şi a omorât treizeci de milioane de ruşi. Copiii de azi visează la comunism. Caruselul istoriei se învârte demonic. Nicio generaţie nu priveşte o rotaţie completă. Oamenii vor să vadă ca să creadă. Se dă lumină la kilogram. Dar vă rog, priviţi. Priviţi acest grup de oase aparţinând unor deținuți politici vinovați de prea multă cultură. Vai, vai, ce tragic... Aşa ceva nu se mai poate întâmpla acum. Noi am vrea tare mult să mai băgăm o fisă. Poate că nouă au să ne cânte altfel. Să mori tu! Ia încearcă. N-au cum să vadă. Caruselul istoriei nu face o rotație completă. Camerista mi-a luat visele. Odată cu cearşafurile. Pe naiba. Muzica anilor '60. Smochinguri. Femei frumoase şi inaccesibile. Era o vreme când femeile erau inaccesibile. Ca un drum forestier interzis. Oare unde o duce? Un drum forestier până la inima femeii iubite. Inaccesibil. O femeie poate să te țină în brațe toată viața fără să ştii că nu te iubeşte. Reformulez. O femeie te poate ține în brațe toată viața şi-ți dă să sugi iluzia că te iubeşte. Şi o sugi. Iluzia asta. O sugi ca pe țâța lu' maică-ta. Şi când te gândeşti că alegerile nu ne aparțin... Vreau aia, aia şi aia. Vrei pe dracu'. Vrea ăla micu' de cinci ani care n-avea ce trebuie. Ce trebuie? Nimic nu trebuie. Dumnezeu ştie ce trebuie. Şi Dumnezeu a zis: să fie lumină! Apoi, omul, care e făcut după chipul şi asemănarea lui Dumnezeu, hop şi el. A vrut să fie lumină. Şi a inventat becul. Omenirea asta prea a luat-o ad litteram. Întunericul ăla îşi avea rostul lui. Dormeam mai mult iarna, ne trezeam devreme vara. De când cu becul s-au dat multe peste cap. Peste care cap? Ăla care se împute primu', ar zice un bețiv hâtru. Şi femeia aia e în stare să se uite o viață întreagă la tine şi să nu te iubească. Camerele de hotel ştiu asta mai bine decât noi. Multe femei au iubit cu adevărat abia în camerele de hotel. Au zâmbit acasă şi au iubit pe fugă în camerele de hotel. Nu, nu sunt obsedat de chestia asta, dar cred că minciuna e repartizată în mod egal. Minciuna e peste tot. Mai e şi chestia asta cu iubirea. Toți vorbim despre iubire, da' nimeni nu ştie exact cum arată. Pune o sută de oameni să-ți definească iubirea şi vei avea o sută de definiții. Noi nu cădem de acord asupra unei căni. O, iubirea... A fost odată o gară în care nu venea niciun tren. Ce naiba a făcut camerista aia cu visele mele? Prea multe aparate de fotografiat. Prea multe fotografii. Aproape că viața nu mai are spații pentru sine.

MULȚUMIRI

Există câţiva oameni care au avut o contribuţie vitală la apariţia acestei cărţi. Aş vrea să-i salut şi să le mulţumesc. Este vorba despre Carina Sava (project manager la Agenţia de Vise), Sorin Trâncă şi Bojan Spasic (Friends Advertising), precum şi Alexandra Sandu (fotograf).

Am avut o colaborare foarte frumoasă cu echipa Polirom, căreia îi mulţumesc pentru răbdarea, promptitudinea şi calmul cu care a acceptat desele şi abruptele schimbări de direcţie din drumul acestei cărţi.

Publicul blogului meu m-a ajutat mereu să scriu. Comentariile (inclusiv cele critice) şi susţinerea cititorilor blogului meu au însemnat mult pentru mine.

De multe ori îmi amintesc cât de recunoscător trebuie să le fiu părinţilor mei, dar nu de fiecare dată pot scrie asta. Pentru felul în care m-au ţinut de mână până la intersecţia mare de unde am pornit singur. Pentru iubire şi libertate, chiar dacă aceste două noţiuni pot împovăra la fel de uşor cum transfigurează. Mulţumesc, mamă, mulţumesc, tată.

Aş vrea să le mulţumesc celor care, într-un fel sau altul, au inspirat textele din această carte.

Tudor Chirilă

CUPRINS

www.polirom.ro

Redactor: Cezar Petrilă
Tehnoredactor: Gabriela Ghețău

Bun de tipar: noiembrie 2012. Apărut: 2012
Editura Polirom, B-dul Carol I nr. 4 • P.O. Box 266
700506, Iaşi, Tel. & Fax : (0232) 21.41.00 ; (0232) 21.41.11 ;
(0232) 21.74.40 (difuzare) ; E-mail : office@polirom.ro
Bucureşti, Splaiul Unirii nr. 6, bl. B3A, sc. 1, et. 1,
sector 4, 040031, O.P. 53 • C.P. 15-728
Tel. : (021) 313.89.78 ; E-mail : office.bucuresti@polirom.ro

PRINT multicolor
Str. Bucium nr. 34 Iaşi
tel.: 0232/211225
fax: 0232/211252
office@printmulticolor.ro
www.printmulticolor.ro
SERVICII TIPOGRAFICE COMPLETE